日本中枢の狂謀

KOGA SHIGEAKI
古賀茂明

講談社

プロローグ——日本中枢との戦いの原点

「あれは本当に頭にきたなあ」「いや、本当、俺だったら放送法に違反してるって、いってやるところだけどな（笑）」——二〇一五年二月二四日午後、菅義偉《すがよしひで》官房長官が、定例の記者会見終了後、記者たちにオフレコで語った際の発言を、某大手メディアがメモしたものだ。

「ついに姿を現したか……宣戦布告だな」——そのメモを読む私の脳裏に浮かんだのは、その四年四ヵ月前のことだった。

そう、あれは、二〇一〇年一〇月一五日、参議院予算委員会での出来事。当時、まだ経済産業省の現役職員（大臣官房付）であった私は、参考人として参議院予算委員会に出席し、小野《おの》次郎《じろう》参議院議員（当時みんなの党）の質問に答えて、民主党政権の公務員制度改革が大きく後退していると批判した。これに対し、仙谷由人《せんごくよしと》官房長官が、私を事実上恫喝《どうかつ》する発言をしたことが問題になり、議場は大荒れとなった。審議は中断し、後に仙谷長官が正式陳謝に追い込まれるという「事件」があったのだ。

審議が中断しているあいだ、「いま自分は、権力との戦いを始めてしまった」ことを自覚した。まさに「日本中枢」との戦いだ。私は、言い知れぬ不安と恐怖感に襲われた。

それから四年四ヵ月、菅官房長官のオフレコメモを見たとき、そのときの光景がフラッシュバックして甦《よみがえ》ってきたのである。

二月二四日のオフレコメモで、菅官房長官が「頭にきた」と語ったとされるのは、一月二三日放送の、テレビ朝日「報道ステーション」での私の発言に関してだ。

当時、後藤健二《ごとうけんじ》さんがイスラム国（ＩＳ）の捕虜になっており、後藤夫人は事実上、政府にも見捨てられた状況で、懸命に後藤さん解放のための身代金交渉を行っていた。われわれ国民は何も知らされていなかったが、それを知りながら安倍晋三《あべしんぞう》総理は中東を歴訪し、エジプトで、あたかもイスラム国に宣戦布告するかのような発言をした。

私は、後藤夫人の心中を察し、さらに、日本人の心は好戦的な安倍氏と共にあるのではなく、大半の人々は後藤さんを支持しているという思いを抱いていた。

折しも、後藤さんが囚《とら》われの身となっている映像がイスラム国によって流された一月二〇日直後から、「I am Kenji」というプラカードを掲げて後藤さんへの支持と連帯を表明する人々の映像が、世界中で流されていた。

私は、安倍総理によって、「日本はアメリカと一緒に中東で戦争する国になった」というイメージが発信されている状況を覆したかった。そのためには、「日本人は安倍総理とは違う」ということを世界中に発信する必要があると思った。

その気持ちを込めて、「報道ステーション」で、「日本人はいま『I am not ABE』というカードを掲げる必要がある」と発言したのだ。当然、この放送は大きな反響を呼んだ。そのことが菅官房長官を怒らせることになったのだろう。

「オフレコ取材」——それは、記録に残さない取材という意味で、日本のマスコミの取材方法として多用される非常に不透明な手法だ。建て前では、そうした情報は外部に漏らさないということになっている。が、複数社を相手にしゃべった場合は、誰かが外に出しても、それが誰だか分からない。したがって、自《おの》ずと、その情報は外部に漏れるのだ。

もちろん、菅官房長官はそんなことは百も承知のはず。政治家というのは、それを分かったうえで発言するものだ。私は先述のメモを見て、菅氏の意図を次のように解釈した。

まず、そのメモがテレビ局の幹部に渡れば、事実上、強い圧力になる。そして必ず、それは、私にも伝わるだろう。菅氏は、「俺がこんなに怒っているんだぞ。どういうことになるか分かっているんだろうな」と、間接的に伝えることができる。ヤクザのようなやり方である。

そして、多くの場合、そうしたメッセージを受けた者は、日本政府を敵に回してはとても戦えないことを理解し、おとなしく振る舞うようになるのだ。

もちろん、私にもそういう選択肢はあった。しかし、私が考えたのは、まったく逆のことだ。「ここで黙っていてはいけない。表に出そう」

そして、それが、二〇一五年三月二七日の「報道ステーション」での「大事件」へとつながっていったのである。

ことの顚末《てんまつ》については、本書第二章で詳しく述べるが、それは、多くのマスコミが伝えるような単なる「古舘伊知郎《ふるたちいちろう》vs.古賀茂明《こがしげあき》」のバトルといった矮小化《わいしょうか》された話ではない。

その背景にあるのはテレビ朝日上層部の変質であり、他のテレビ局を含めたメディア全体の劣化であり、そして安倍晋三政権のメディア支配と、日本を戦争に導く暴走である。私が本当に伝えたかったのは、そのことなのだ。

本書では、日本中枢で巡らされている様々なはかりごと——私はこれを「狂謀《きょうぼう》」と呼ぶ——を、図らずも私が「電波事故」の犯人とされてしまった「報道ステーション」生放送中の事件の裏事情を入り口として、読者諸賢に伝えていきたい。

真実を語るには、いまがギリギリのタイミングだ。なぜなら、二〇一七年一月二〇日にアメリカ大統領に就任したドナルド・トランプ氏と共に、安倍総理が日本を戦争する国に変えようとするからだ。

本書が、いずれ大きな災厄《さいやく》に巻き込まれかねない日本国民にとっての警鐘《けいしょう》となれば、そして、日本を救う縁《よすが》の一つになれば——そう願ってやまない。

目次◉日本中枢の狂謀

第二章　「報道ステーション」の闇

第三章　新聞テレビから漂う腐臭

第四章　日本人だから殺される時代

第五章　日本沈没の戦犯たち

第六章　甦った原発マフィア

終章 東京都知事選挙と民進党の全内幕

エピローグ――日本を救う一四の踏み絵

日本中枢の狂謀

第一章　総理大臣の陰謀

人質事件の裏で見えた安倍政権の本質

この第一章では、まず安倍政権が、いかに国民を欺《あざむ》き続けたのか、そして、いかに無慈悲に弱者を切り捨てるのかを、いくつかのエピソードから明らかにしてみたい。

それを最も端的に表したのが、プロローグで触れた、二〇一五年のイスラム国（ＩＳ）による邦人人質事件だ。

まず安倍総理が中東歴訪中の一月二〇日、二人の日本人がイスラム国の人質になり水面下で解放交渉が行われていたことが判明した。当初、あまりに衝撃的な話だったので、マスコミは、安倍総理がその件をどこまで把握していたのか分からない、というような報道をしていた。知っていて中東歴訪したとはにわかには信じられなかったからだ。

その後、すぐに、これは突然の話ではないことが分かった。前年の一二月初旬には、人質となった後藤健二さんの夫人宛にイスラム国と見られる犯人側からメールが届き、外務省も遅くとも一二月には把握していたのだ。その瞬間、誰もが思った。では、いままで政府は国民にその事実を隠し、何をしていたのか？

映像が公開されていることもあり、日本中のテレビがこの事件を大々的に放送した。しかし、イスラム国と交渉をしている政府を批判するのは、敵を利することになるからという理由で、キャスターたちは自ら、「いまは国民が一つにならなければなりません」「安倍総理がテロと戦っているときに政府批判をするのはテロリストを利することになります」などと叫んだ。一切の政府批判を封印したのだ。するとコメンテーターたちもそれに従い、それに逆らって批判的なコメントをすると、番組出演依頼が来なくなるという事態にまで及んだ。

一月二〇日に公開された映像では、安倍総理の中東歴訪中にエジプトで行った中東政策に関する演説に対し、イスラム国から痛烈な批判が述べられていた。とりわけ、安倍総理が「イスラム国と闘う周辺各国に二億ドルの支援を行う」と高らかに謳《うた》いあげたくだりを、彼らは、イスラム国との取引の拒絶、さらには宣戦布告と受け取ったことは明らかだった。

イスラム国が安倍総理に対し、八五〇〇キロも離れた日本からわざわざ十字軍の側に付き、彼らの聖戦の敵となったと非難した言葉については、第四章で詳しく紹介するが、これを日本のメディアはあえて大きく報じなかった。まったく触れなかった新聞やテレビさえあった。

もちろん、イスラム国がやったことは許されない。また、安倍総理でなければ、後藤さんがイスラム国の捕虜となる事態が避けられたというわけでもない。したがって、この事件の悲しい結末について、すべて安倍総理の責任だというつもりは毛頭ない。

しかし、この件で政府が行った世論操作とその裏に見える安倍総理の人間性の問題を取り上げないわけにはいかない。なぜなら、そこには、自らの野望のためには人間の命などいとも簡単に切り捨てることができる、安倍総理の非人道性、残虐性《ざんぎゃくせい》が隠されていると思うからだ。

そうした人間が「美しい国」と呼ぶ日本の行く末がどんなものになるのか、それを想像したとき、どうしても皆さんに問いかけずにはいられないのである。

イスラム国人質事件「五つの疑問」

当初、官邸官僚の一部は、実は安倍総理は後藤さんがイスラム国に捕まっていることを知らなかったという情報を流そうとしたようだ。現に、私が、一月二三日の「報道ステーション」で、安倍総理のエジプトでの発言を非難し、「I am not ABE」のプラカードを掲げようと視聴者に呼びかけた直後に、官邸の官房長官秘書官の一人からは、「安倍官邸は知らなかったのに、ひどいじゃないか」という趣旨の抗議のメールが番組関係者に届いた。

完全に安倍批判を封じ込めたと思っていた官邸から見れば、私の発言は核心を衝くものだっただけに、慌ててしまったのだろう。だから、こんな見え透いた嘘が出てきたのだ。

その後、官邸には後藤さんと湯川遥菜《ゆかわはるな》さんの件で対策本部まで作られていたことが判明した。この官僚のいったことが大嘘だということが明らかとなったのだ。

二三日の放送時点では、あまり詳しいことは分かっていなかった。それでも、私にはある種の確信があった。

前年の一二月初旬までに後藤健二さんが捕虜になっていることが夫人にメールで知らされたという事実を前提にすると、その後の安倍総理の行動には、いくつもの疑問が湧いてくる。

第一に、なぜ中東を歴訪したのか？　第二に、なぜ訪問国として、エジプト、ヨルダン、イスラエルというアメリカの盟友ばかり選んだのか？　第三に、なぜイスラム国と闘う周辺各国を支援するなどといった誤解を招くスピーチを行ったのか？　第四に、なぜ現地対策本部を、トルコでなくヨルダンのアンマンに置いたのか？　第五に、なぜ政府は、後藤夫人のイスラム国との取引を支援しなかったのか？

なぜ官房機密費を使わなかったのか

後藤さんの映像公開直後は、「総理はいつから、どの程度のことを知っていたのか」ということが話題になった。しかし、永年官僚をやっていた私から見れば、この事件について、安倍総理が詳しく知らなかったということはあり得ない。

まず、外務省の官僚がこうした事実を知れば、すぐに大臣まで情報を伝える。官邸にもほぼリアルタイムで報告され、ただちに総理や官房長官の知るところとなるはずだ。官僚は自身のリスクを嫌うからである。

もし重要な情報の伝達を遅らせ、それが別ルートで先に総理の耳に入る、などということになったら大目玉を食らう。そのため至急、上司に報告し、自分の責任を免れるのだ。

もちろん官僚は、大事な情報を大臣や官邸に上げるのを意図的に遅らせることもある。しかしそれは、自分たちの利権に対して都合の悪い情報の場合だけだ。たとえば傘下《さんか》の独立行政法人の不祥事などは、直ちに大臣に報告することはない。まず、もみ消すことができないかを考え、それは危ないと判断したら、次はどうやって自分たちの利権（たとえば、天下りポスト）への悪影響を最小化するのか、その対策を考えたうえで報告するのだ。だから報告は遅れる。

しかし後藤さんの件は、そんな心配のいらない事件だ。したがって、唯一のリスクである「報告の遅れ」を回避することが当然の対応となる。もちろん、状況の詳細も報告される。つまり安倍総理は、後藤さんたちの身に危険が迫っていることを、十分に知っていたということだ。

そうした危険な状況であれば、わざわざ中東などに行く必要はないと、誰でも考える。外務官僚だって同じだ。もちろん、安倍総理は独断専行というイメージが強く、外務省の幹部といえども、行くべからずと直接的なアドバイスをするのは、かなり勇気のいることではある。

しかし、そういう場合でも官僚は、万一、中東歴訪中に何らかの事件が起きたときに、自分たちに落ち度があったといわれるのは困ると考える。政治家というのは、何か悪いことが起きると、すぐに官僚の責任にして逃げようとするからだ。そこで、あらかじめ様々なシミュレーションを行ったうえで、「こういう事態が起きるかもしれないので危険ですよ」というくらいの情報提供はしただろう。

そもそも普通の官僚なら、中東に行く前に官房機密費などで人質を解放してもらおうと考える。そういう打診もしたかもしれないが、おそらく安倍政権は、そんな案が出ても相手にしなかったであろう。では、どうして安倍総理は、そこまで知っていたにもかかわらず、中東歴訪をしたのだろうか。

日本の外交史上に残る大失態

次に、歴訪した国が、エジプト、ヨルダン、イスラエルというアメリカの盟友ばかりで、しかも、よりによってイスラエルという、いわば「アラブ諸国の敵」とみなされる国に行ったのか？　あの緊急事態の最中にわざわざ……大きな疑問である。外務省も当然心配し、いろいろな案を出したと思うが、結局、官邸サイドの意向が通ったのだろう。

さらに、最大の疑問が、エジプトで行った安倍総理の日本の中東政策に関するスピーチである。総理は、「イスラム国と闘う周辺各国に、総額二億ドル程度の支援をお約束します」と語った。この言葉は、イスラム国はもちろん、世界中の国々が、まるで、日本が、イスラム国との戦いのために軍事支援を行うと誤解するような表現である。現に、当時の国会でも、そうした指摘がなされた。しかし、実際には、これらの支援のほとんどは、人道支援的なものであった。

従来から日本は、中東で特定の勢力を応援する立場にはない、という姿勢を貫いてきた。援助を行うときは、本来の意図が何であれ、それが軍事支援でないことはもちろん、政治的成果や経済的利益を追求するものではないことを繰り返し述べて、すべて人道的観点だけでやっている点を強調してきた。この事件でも、外務省は、そういう案を上げたはずだ。

しかし結果は、むしろその逆。いかにも日本が、イスラム国と闘うための軍事的支援を行うかのような表現にした。官僚からすれば、これは無用な誤解を生む表現であるから、完全にNGの声明だ。しかも、本来、軍事支援ではないのに、あたかも軍事支援が含まれているかのように見せかけた……逆の意味でも、詐欺的な発言である。

案《あん》の定《じょう》、このメッセージは、まずイスラム国に悪用された。日本がアメリカと共にのこのこと中東まで出てきて戦争に参加した、という形で宣伝され、そのイメージはあっという間に全中東に、さらには世界中に広まった。いまや世界中のイスラム教徒がこのことを知っている。

これは、日本の外交史上に残る大失態である。しかし安倍総理は、どうしてこんなことを、わざわざ外務官僚のアドバイスを無視してまでやってしまったのか。普通の感覚ではとても理解ができない。

なぜアンマンに対策本部を置いたのか

その後、現地対策本部がヨルダンの首都アンマンに置かれていたことが分かった。外務副大臣も、そこに派遣された。

この話を聞いたとき、何ともおかしな話だと思った。後藤さんはシリア国内のイスラム国支配地に向かったのだから、シリアにいる確率は極めて高かったはずだ。

シリアとトルコは九一一キロもの長い国境で接しており、クルド人などが日常的に両国のあいだを行き来している。トルコの独裁的大統領とも、安倍総理は非常に仲がよい。イスラム国支配地と国境を接していることは、人質解放が行われるときに極めて便利である。また、トルコがイスラム国とのあいだで裏取り引きする有力なルートを持っていることもはっきりしていた。

たとえば、二〇一四年九月には、イラクのトルコ総領事館員ら四九名をイスラム国から取り戻したことが大きく報じられていたから、日本政府もその実績をよく知っていたはずだ。後藤さんたちを何とかして取り戻そうと考えたのなら、トルコに対策本部を置くのが普通だ。トルコの協力を得れば、取引の可能性は飛躍的に高まるからである。

それに比べてアンマンは、米ＣＩＡの拠点はあるが、それ以外、人質解放交渉を行う拠点としての利点はなかった。にもかかわらず、日本政府は、拠点をトルコではなくヨルダンに置いた。私にとっては非常に不思議なことだった。

人質を見殺しにした安倍政権の狙いは

そして最もおかしいと思ったのは、外務省が後藤夫人の身代金交渉を知りながら、交渉自体にはタッチしていなかったということ。私は報道機関からの情報などで、それを知った。

表向きは、もちろんテロリストとの交渉はできない。しかし、トルコだけではなく、フランスやイタリアなどといった先進国で、かつNATOのメンバーであっても、実際にイスラム国と裏取引をして人質を解放させている。日本も、古くは「よど号事件」などで超法規的措置を取ってまで、人質解放を優先してきた。政府は常に人命第一の路線を堅持してきたのだ。

現在でも、国民の大多数は、後藤さんを助けるために日本政府が裏取引をしたからといって、政府を非難することはないだろう。むしろ、一切交渉をしなかったということを知った場合、世論が安倍政権を批判する可能性のほうが高い。現に人質事件発覚後、一部の官邸官僚が総理は知らなかったと嘘をついたのは、後藤さんを助けようとしなかったという批判を怖れていたことの証《あかし》ではないか。

そのときに思ったのは、後藤夫人の心中やいかに、ということだ。最愛の夫を残虐非道なテロリストに人質にとられ、数億円ともいわれる身代金の交渉をしているときに、外務省からは情報提供をしつこく迫られ、しかし情報を渡しても、一切支援を受けられなかった。

後藤夫人はＪＩＣＡ（国際協力機構）という政府機関に勤めている。乳飲み子を抱えて、万一の場合、将来の子どもの養育のことを考えれば、その仕事を失うことは絶対にできない。したがって、政府の命令には逆らえないし、批判めいた声を上げることすら許されない。中東専門の記者たちからの情報では、夫人はひたすら声を潜めながら、外国の支援者たちのサポートだけを頼りに、それこそ命懸けといってもよい必死の交渉を行っていたのである。

どんなに心細かったか、どんなに悲しかったか……そして、政府に対してどんなに憤《いきどお》りを感じていただろうか……。

もちろん、当事者でもないのに、そんなことを軽々に想像するのは不謹慎《ふきんしん》だといわれるかもしれない。しかし、それを承知であえていえば、少しでもこうした想像ができれば、これほど冷淡な態度を、日本政府は取り得なかったのではないか。そして外務省の官僚も、おそらく心の底から、後藤夫人、そして後藤健二さんを助けたいと思っていたのではないか。それを止めた安倍政権の狙いは、果たして何だったのであろう。

私の頭のなかは、ここまで述べてきた五つの疑問でいっぱいだった——。

アメリカが自分を見てくれる絶好のチャンス

私は、二〇一四年九月、『国家の暴走』(角川新書)という本を出した。そのなかで、一つの仮説を紹介した。それは、「安倍総理は、日本が世界の列強の仲間入りすることを目指している」というもの。列強になるとは、日本が軍事力を背景に、自国の利益確保のため、世界の秩序に大きな影響力を行使する国になる、ということだ。

もちろん、「列強日本」のリーダーは「安倍晋三」でなければならない。さらにいえば、世界の列強のリーダーとして、他の列強国、とりわけ、米、英、仏など西側のリーダーたちに認めてもらいたい。そんな邪《よこしま》な願望を抱いている、ということにもなる。

この説を唱えたとき、ネトウヨなどから、「何を根拠にそんなことといっているのだ」「また根も葉もないことで大騒ぎしている」と、批判を受けた。しかし私は、先述の五つの疑問への答えを探したときに、すぐにこの仮説に思い至ったのだ。

この話を進める前に、もう一つ重要な事実を指摘しておきたい。当時はあまりマスコミも報じていなかったが、アメリカもまた、安倍総理とほぼ同時に、後藤さん拉致《らち》の事実を知らされていたはずなのだ。

アメリカ国防総省、国務省、CIAなどは、ほとんど同時に、後藤さん事件の情報を日本国外務省から提供されていたはずだ。それが、日本外交の慣わしだし、実務的にも関連情報を収集するため、アメリカの協力は不可欠なのだ（もちろん、アメリカは独自の情報ルートで安倍政権より早くこの情報を入手していた可能性も十分あるが）。

だとすると、二〇一四年一二月初旬から、日本の外務省などは、完全にアメリカの監視下で後藤さん事件への対応に当たっていたということになる。「監視下で」と書いたのは、後藤さんを助けようと思えば、何らかの形でイスラム国側と取引をしなければならないが、これは、アメリカが表向き非常に嫌うことである。したがってアメリカは、「裏取り引きしたりしないだろうな」という目で監視していた、ということになるのだ。普通に考えれば、日本側は非常に難しい状況下にあったということである。

しかし、私の仮説に立って安倍総理の心中を想像すると、まったく違った絵が見えてくる。

「アメリカの監視」とは、すなわち「アメリカが関心を持って自分を見てくれる絶好のチャンス」ということになるのだ。そう考えると、五つの疑問は瞬時に氷解する。

後藤さんを人質にとられて、一つ間違えばその命が奪われる。それだけでなく、その対応で失敗すれば、国民世論の批判を招くリスクも高い。そうした逆境のなかでも、わざわざ中東を歴訪し、アメリカの盟友であるイスラエルまで訪問し、エジプトでイスラム国と闘うための軍事支援を行うかのような演説を行った。

さらに、日本政府の現地本部をアメリカが望むであろうアンマンに置き、しかも馬鹿正直に、イスラム国との一切の裏取引を行わず、という行動をバラク・オバマ大統領に見てもらう……アメリカから見れば、これは一〇〇点満点の対応だ。そのため安倍総理は、嬉々《きき》として、こうした行動を取ったのではないか。

もちろん、後藤さんと湯川さんの命がその代償となるのは百も承知のうえでのことだ。すべては、安倍総理の狂った願望を実現するために組み立てられた謀略だといってよい。

私が、この本のタイトルを「日本中枢の狂謀」としたのは、まさに、「狂気」としかいえない安倍総理の野望、そしてそれを実現するための「策謀」を表現しようと考えたからに他ならない。

安倍総理は、「人命第一」という方針を口にしたが、これほどまでに国民を裏切る大嘘をつけることに、本当に驚かされる。もちろん安倍総理は、「とんでもない、いい加減な臆測でモノをいうな」と反論するだろう。しかし、論理的に推測していった場合、ここで述べてきた仮説以上に説得力のある話は存在しない。

後藤さんが見た不都合な真実

ここから先は、さらに深い闇のなかの話になるが、仮に政府が本気で後藤健二さん救出に乗り出していたらどうだったか、それを考えてみたい。

このシナリオでは、相手側を不必要に刺激しないことこそ、まず求められる。したがって、中東歴訪は中止されていただろう。また、現地本部はトルコに置かれ、同国などの協力を得て裏交渉を行う。高額の身代金支払いもオファーしたであろう。もちろんそれでも、後藤さんや湯川さんが解放されたかどうかは分からない。

しかし、トルコやフランスなどの例を見れば、解放された可能性は十分にあったはずだ。では、仮に後藤さんが解放されて無事に帰国したら、何が起きていたか……後藤さんは湯川さん救出のためにイスラム国支配下にある地域に入った。ということは、そこで取材をすれば、アメリカ中心の有志連合の容赦ない空爆による被害の映像がたくさん撮られていたであろう。

もちろん、アメリカなどは建て前上、イスラム国の拠点だけをピンポイントで爆撃したといっているが、そんなことは大嘘であることは、後に海外メディアが暴いて大問題になった。その空爆の巻き添えになった被害者には、民間人、それも女性や子どもが多数含まれている。病院や学校がイスラム国の拠点として多用されていることから、誤爆すればとんでもない悲惨な事態になる。そうした画像や映像を、もし後藤さんが日本に持ち帰ったとしたら……。

もちろん、テレビ局などは、ほぼ安倍政権の支配下に収められているので、そんな映像は流れないかもしれない。しかし、いまやネット上にこうした映像が流れれば、国民の目に触れないようにしておくことはできない。当時、ただでさえ成立が難航視されていた安全保障関連法案の国会審議中に、そんなことが起きたら……。

政権から見れば、これは、絶対に阻止したい「不都合な真実」の暴露だったのである。

一四年前の「放送禁止事件」の映像

後藤さんは、安倍政権から見れば、帰って来てほしくない人だったのではないか。そのことが安倍政権の対応を決定する要因として働いていたのではないか。そんな疑いを口にすることは、現在の安倍政権の言論統制のなかでは、ほとんど不可能である。大手メディアは沈黙しているが、そうした疑念を呼ぶ、非常に興味深い事実を紹介したい。

遡《さかのぼ》ること約一四年前の話だ。米軍がイラクのフセイン政権を倒して国内を平定していたときのこと。後藤さんがイラクから持ち帰った、米軍の攻撃によるイラク民間人被害者の映像が、NHKの「クローズアップ現代」で放送される予定だった。しかし、放送直前に経営陣の圧力で放送禁止になってしまった。当時は、その映像が後藤さんの撮影によるものだということは伏せられていたが、後にそれがフリージャーナリストの横田《よこた》一《はじめ》氏によって明らかにされた。

直接放送を止めたのはM理事だといわれているが、実はその裏に、小泉《こいずみ》純一郎《じゅんいちろう》政権の圧力、あるいは何らかの影響があったのではないかという報道がなされていた。そして、当時の官房副長官が、安倍晋三氏だったのである（詳細は『亡国の首相　安倍晋三』横田一）。

イスラム国による後藤さん捕虜事件が官邸に報告される際に、内閣情報調査室などから、どういう人間であるかというレポートも送られたと思われるが、当然、当時のいきさつも報告されていたはずだ。安倍総理が当時、官房副長官として、その件に関与していなかったとしても、「不都合な真実」を持ち帰る男だということを認識していた可能性は十分にある。

……だから後藤さんが殺害されてもかまわない、という判断になったとしたら。そんなことは決して考えたくないのだが、いずれにせよ、この事件は、安倍総理の「国民の命を軽視する」特徴と、「国民に堂々と嘘をつく」性格を如実《にょじつ》に表すことになった。

海外メディアが飛びついた総理の発言

安倍総理の姿勢は、列強国には高く評価された。「テロに屈せず闘う安倍」というイメージは、これまでの日本のリーダーにはなかったものだ。これを中東だけではなく世界中に広げることができたのだから、安倍総理は大喜びだったであろう。

特に総理を喜ばせたと思わせるのは、米、英、仏など、ＮＡＴＯの中心的メンバー国のリーダーが、後藤さんが殺害された直後に安倍総理の「闘う姿勢」を称賛し、日本への連帯を示したことである。各国首脳が、記者会見で、わざわざ自分の言葉で褒《ほ》め称《たた》えてくれたことで、安倍総理の気持ちがどれくらい高揚したことか……「これで、晴れて世界の列強の仲間入りができた」と、小躍りしたとしても不思議はない。

当時の安倍総理の精神状態は、かなりの躁《そう》状態だっただろう。二月一日、後藤氏殺害のビデオが流されたのを受けて、尋常《じんじょう》とは思えない勇ましい発言で世界中を驚かせた。「テロリストたちを絶対に許さない。その罪を償わせるため、国際社会と連携してまいります」というコメントには、世界中のメディアが飛びついた。「罪を償わせる」という言葉は非常に強い。アメリカのような国が使うのであればそれほどの驚きはないのだが、平和主義のイメージが強い日本の総理がこういう言葉を使ったので、海外メディアも驚いたのである。

実は、安倍総理の躁状態を心配した外務省が用意したと思われる海外向け英文テキストでは、この発言は「hold them responsible（責任を取らせる）」というような弱い表現にしてあったのだが、海外メディアは、安倍総理の日本語での発言を直訳した内容を、そのままに伝えた。外務官僚の苦肉の策も無駄に終わったわけだ。

また安倍総理は、一月二五日のＮＨＫ「日曜討論」で、「たとえばこのように海外で邦人が危害に遭ったとき、その邦人を救出する。自衛隊が救出するための法律……そうした法制も含めて、今回、法整備を、まず進めてまいります」と発言した。聞き方によっては、自衛隊がシリアに飛んで行って、イスラム国と直接戦闘し、人質を救出する、そのための法律を作る、とも取れる。とんでもない発言だった。

根底から覆された日本国のイメージ

安倍総理としては、望外の展開となったが、その一連の言動が、人質解放にマイナスに働いたことは明らかだ。

しかし、私がそれ以上に問題であると考えたのは、世界における日本のイメージが根底から覆《くつがえ》されてしまったことである。これまでの日本国憲法に基づいた日本の外交努力は、戦後七〇年かけて、「日本は戦争しない国だ」という、強力な平和ブランドを確立した。日本は、主要国のなかで最も敵が少ない国という地位を獲得したのだ。

一方、米英などの列強は敵が多い。安倍総理の言動によって、イスラム国だけでなく、イスラム諸国、さらには世界中に、「アメリカの正義こそが日本の正義」「日本はアメリカと一緒に戦争する国」というイメージが急速に広まり、アメリカの敵がそのまま日本の敵にもなる、そんな懸念が高まることになった。

これは、日本国民全体を危険にさらす行為にほかならない。仮に後藤さんたちが解放されていたとしても、そのイメージは解消されなかっただろう。安倍総理によって、日本人がテロリストに狙われるリスクが、世界中で飛躍的に高まったのだ。

一国の指導者に課された最大の責務は、国民を無用な戦争に巻き込まないことだ。しかし安倍総理は、これとは正反対の方向に進んでいる。

私たち日本国民の心を表すのは、むしろ後藤さんの行動だ。戦争などの犠牲者、特に女性と子どもたちの姿を世界に伝え、戦争の根絶のために貢献しようという姿勢こそ、日本国憲法が求める精神ではないか。安倍総理の、軍事力による「似非《えせ》積極的平和主義」とは対極にある、日本国憲法が求める「真の積極的平和主義」だ。

後藤さんの心を共有する「I am Kenji」とともに、安倍総理の考えを否定する「I am not ABE」という言葉を、いますぐ世界に向けて発信することこそ、平和を愛する日本人に課せられた責務ではないか、そう思い、私は「報道ステーション」の二〇一五年一月二三日の放送で、初めてこの言葉を発信したのである。

「I am Kenji」と「I am not ABE」――。

この二つの言葉は、まさに、平和を愛する日本人の命を守るための一対の救いのフレーズなのである。

イスラム国が問題とした点をすり替えて

イスラム国の問題に関して、堂々と嘘をつける安倍政権がついたもう一つの大嘘がある。それは、あたかもイスラム国が、もともと人道支援を止めろといっていたかのようにいい募ったことだ。実は、イスラム国が問題にしたのは、「人道」というところではない。「イスラム国と闘う周辺各国への支援」という部分に反応したのだ。だが、安倍政権はそこを完全にすり替えた。

勇ましい言動で、アメリカの歓心を買うことに成功はしたが、後藤さんの命を危険に晒《さら》したという国民世論の反発を受けることになるリスクが生じたので、慌てて一計を案じた。イスラム国は、安倍総理の「イスラム国と闘う周辺各国を支援」という言葉に反応したのではなく、あたかも、人道支援のほうを問題にしているのだと国民に信じさせようとしたのである。

常識的な人間なら誰も批判するはずのない人道支援にことさら難癖をつけたといえば、「イスラム国はひどい集団だ」「安倍総理はとんだとばっちりに遭った」ということになる。また、そんな極悪非道な集団を相手にしては、まともな交渉などできるはずもなかった、とも主張できる。しかし実際には、イスラム国と交渉して人質を救出した国は、たくさん存在する。

繰り返しいうが、イスラム国は「人道」支援の事実は認識していたが、ことさら「人道」を問題にしたわけではない。安倍総理が、あえて「イスラム国と闘う周辺各国への支援だ」と、いかにも軍事的意味合いのある支援であるかのように発言した、その部分に反応したのだ。

マスコミも知ってか知らずか、このすり替えのプロパガンダに乗ってしまった。たとえば、新聞やテレビの世論調査では、「イスラム国がやめろといっても人道支援を続けるべきだと思うか」という趣旨の質問をしていた。人道支援を続けるべきかと聞かれれば、答えはイエスに決まっている。新聞のなかには、明らかに安倍政権のすり替えを支援する目的でこうした調査を行ったところもあった。これこそ偏向報道ではないか。

「敵味方に関係なく戦争の犠牲者の支援を行うべきではないか」「安倍政権が宣言したようにアメリカと一緒に戦う国を優先した支援にすべきか」——そんな質問だったら、まったく違う結果が出ていたのではないか。

しかし、そんな質問をすれば、後に述べるように、安倍政権に支配されたマスコミの世界では「偏向」とされてしまう。

こうしたすり替えは、後にも紹介する通り、安倍政権に際立った特徴である。そして、それをマスコミが擁護する——それが現在の日本の政治の仕組みなのである。

自民党の三つの大罪

イスラム国による後藤さん殺害事件を通して、安倍政権が国民の命を軽視していることと、堂々と嘘をつくことは理解していただけたのではないかと思う。

ここでは、もう一つ、忘れてはならない安倍政権の特徴について触れておきたい。それは、「自らの非を認めない」ということ。これは、安倍総理の個人の性格にも強く影響されているようだ。

第二次安倍政権が誕生（二〇一二年一二月二六日）したとき、私が一番おかしいと思ったのは、自民党総裁・安倍晋三氏が、過去の自民党政治についてまったく反省せず、日本が抱えているあらゆる問題が民主党政権のせいであるかのような態度をとったことである。そして、この態度はその後も続いている。

日本が抱える大きな問題は、よく考えれば当然だが、ほとんど自民党政治の結果である。つまり、政治的責任はすべて自民党にあるといっても過言ではない。

このことを考えるとき、私が思い出すのは、いま自民党でもっとも人気のある若手政治家K氏の言葉だ。この話は、第五章で詳しく紹介するが、ある会議で私の講演を聞いたK氏は、自民党の失敗について、「三つの大罪」という言葉で要約した。

第一は、九〇〇兆円超（当時）の借金大国にしたこと。第二は、少子高齢化を放置して社会保障の基盤を危うくしたこと。第三は、原発の安全神話を作り福島の事故を招いたことである。

K氏はさらに、自民党が過去の過ちを反省せずに政権に返り咲いたら、同じ過ちを繰り返すのではないかと心配だと述べた。私には、そのときの記憶が鮮明に残っている。

大マスコミも既得権の一翼を担う

残念ながら、先述したK氏の懸念は、まさに現実のものとなっている。

K氏の言うとおり、自民党には大きな罪がある。それが原因で政権を追われたが、たまたま民主党の失態のおかげで、何もせずに政権に戻ってきた。しかし、安倍政権には、過去の過ちに対する反省や謝罪の気持ちはまったくない。したがって、同じ過ちを繰り返す。これが安倍政権の大きな特徴なのだ。

アベノミクスといっても、これまでの自民党政治と違うのは、日銀が金融緩和をして、莫大な量の円をばら撒《ま》いていること、すなわち第一の矢だけである。第二の矢、つまり公共事業のバラマキは、さんざん失敗した歴史をまた繰り返している。そして、第三の矢の成長戦略に至っては、まったく鳴かず飛ばずのまま……。

このままでは、失われた二〇年の再来となる。いや、今回は、二〇年も余裕がない。

アベノミクスの失敗という短期的な問題ではなく、日本をダメにした自民党がまったく変化せず、改革を進められないことこそが、深刻で根本的な問題なのだ。もちろんその原因は、既得権層との癒着である。

既得権層といえば、実は、マスコミも同じだ。たとえば、格安の電波料で免許を得ているテレビ局は大新聞と系列化し、記者クラブという談合組織を使って情報を得ている。だから、既得権の実態を本気で暴くことができない。その結果、自民党の「大罪」にうすうす気づきながらも、「少なくとも改革を進めようといっている安倍政権を支持するべきなのではないか」と考える有権者が増えてしまった。

過去を反省せず、しかも自らを改革者と偽る安倍政権……そして、その嘘をそのまま伝えるマスコミ。この構図が政権の暴走を助長しているといって間違いないであろう。

起死回生の二枚のカード

二〇一四年一二月の解散総選挙は、欺瞞《ぎまん》に満ちたものだった。表向きの理由は、安倍総理が消費税増税を先送りするに当たり、その是非を含めてアベノミクスの信を問う必要がある、というもの。なぜなら、この増税延期が、二〇一二年六月の自公民の「三党合意に反する」からだという。

しかし、これは取って付けただけの屁理屈《へりくつ》でしかなかった。三党合意にも、それに基づいて成立した消費税増税法の附則にも、景気条項というものが入っていた。これは簡単にいえば、「経済状況をよく見て、悪ければ増税を延期する」というもの。安倍政権が各方面から有識者を集め、景気の状況について意見を求めたのは、まさに経済状況をよく見るためだったはずだ。

その結果として、増税ができる状況ではないと判断して先送りをするのは、法律に沿ったものだ。三党合意にも違反していない。野党もほとんどは増税延期派で、「増税か、増税延期か」は政治的対立点ではなかった。にもかかわらず行われた解散総選挙に、大義などなかった。

この解散総選挙には、安倍政権が自民党内の増税推進派や野党を脅すためという面もあった。それに加えて、一回目の消費増税の影響でアベノミクスが完全に行き詰まり、追い詰められていたということもある。

仮に財務省のいいなりになって消費税を再び増税すれば、デフレ脱却と景気回復の両方が腰折れになる。一方、増税を先送りしても根本的な解決にはならないから、行く先はジリ貧……どう転んでも先行きが暗い。それなら、野党の準備が整わないうちに解散総選挙に打って出て、議席を確保しておこう。いまなら、議席が減ったとしてもダメージは小さい。そんな計算が働いて実施された二〇一四年の解散総選挙は、安倍政権にとって「起死回生」の策となった。

もともとの安倍政権のシナリオでは、二〇一五年九月の自民党総裁選が一つのターゲットになっていた。それまでは、集団的自衛権の行使容認のための関連法案の成立、九州電力川内《せんだい》原発（鹿児島県）をはじめとする原発の再稼動《さいかどう》など、不人気政策が目白押しで、支持率が下がることは覚悟しなければならない。そこで、その後の反転攻勢のために、当初は二つの切り札を用意したつもりだった。

一つがアベノミクス。二〇一四年の消費税増税の影響は年央から年末までには確実に克服し、二〇一五年春には実質賃金も大きく増加を始める。生活が豊かになれば、安保や原発で一時的に支持率を下げても、国民はすぐ忘れるはずだという計算だった。そしてもう一つが、二〇一五年の通常国会終了直後の七月に設定した、北朝鮮による拉致被害者の調査の締め切りだ。不人気政策を七月いっぱいでやり切り、支持率ががくんと落ちた後に訪朝して、拉致被害者や日本人妻などを何人も連れ帰ってくるというシナリオを考えたのだろう。

思惑どおりになれば、確実に日本中は大フィーバーになる。落ちた支持率は急回復し、総裁再選は確実に。二〇一四年夏に北朝鮮の調査開始を発表した直後の安倍政権のはしゃぎぶりは、その「夢」への期待の大きさを表していた。

その後、先述のとおり、第一の切り札、アベノミクスは二〇一四年の消費増税で失速したままだった。二〇一四年秋の安倍政権では、この「北朝鮮カード」だけが頼りという状況になっていた。

しかし、同年秋頃から、北朝鮮の態度が急変する。安倍政権が嬉しそうに触れ回った「二〇一四年九月に行われるはずの中間報告」では、拉致被害者の調査については報告しないと伝えてきた。

そもそも北朝鮮は、拉致被害者に関するあらゆる情報をすでに持っていると考えられる。ただ、日本側から最大限の見返りを得るため、小出しにしながら交渉をしようと考えたのだろう。

そして北朝鮮は、安倍政権の苦境を正しく把握していた。アベノミクスの失敗で、国民は景気回復をまったく実感していない。そうなれば、自分たちが持つカードが、安倍政権にとっては喉から手が出るほど欲しいものとなるはず。そう悟った北朝鮮は、要求のハードルを一気に上げ、しかも肝心な「成果」はほんの少ししか出さないという姿勢を取り始めた。

これによって安倍政権は、一気に困難な状況に追い込まれてしまった。経済と北朝鮮……二枚のカードを失い、この時点で翌年（二〇一五年）夏までに落ち込む支持率を回復させて総選勝利を収めるための戦略を根本から描きなおすことを余儀なくされたのである。

総選挙の大義が変わり続けたわけ

「解散の大義と争点」が、あれほど議論された選挙も珍しかった。まず、突然の解散に完全に虚を衝かれた野党からは、解散に対する恨み節が「大義論」として噴出。本来なら、野党は「解散は望むところ」であるはずなのだが、「大義がない」としつこくいい募ったのは、よほど選挙に自信がなかったからだろう。

一方の安倍政権側も、「こちらも苦しいが、野党が準備不足のうちに奇襲攻撃をしかけて勝利を目指そう」という本音を隠すために、もっともらしい大義を掲げる必要があった。

そこで展開された安倍政権の「大義」は、根拠がないゆえに次々と変わっていった。

まずは、「消費税増税延期は三党合意を覆すものだから国民の信を問うのは当然」と主張。しかし、先述したとおり、「三党合意に基づく消費税増税法の景気条項には、景気回復未達成のときには増税を延期すると書いてある」と反論されて完敗する。

次に持ち出した大義は、「税制は民主主義の根幹。増税延期で国民の信を問うのは当然」というものだった。安倍氏のブレーンは、「代表なくして課税なし。そんなイロハもわからないのか」と、税制を変えるなら選挙で国民の代表を選び直す必要があると語っている。

しかし「代表なくして課税なし」は、選挙で議会に代表を送る権利がなければ課税は不当だという、アメリカの独立戦争時の標語だ。明らかに使い方がおかしいのである。結果、「そんなことも知らなかったのか」と逆に切り返された。そのうえ、「集団的自衛権行使容認の閣議決定のときには、実質的な憲法改正なのに、国民に信を問わなかった。憲法は民主主義の根幹ではないのか」という致命的な批判を受け、この議論もすぐに消えた。

その後、安倍政権の大義論は、選挙の争点論にシフトしていく。そこで主張されたのは、「アベノミクスを進めるのか止めるのかを問う」との議論。しかしこれも、「アベノミクスの第三の矢を止めているのは安倍総理自身だ」という批判を誘発することになった。

そして最後に安倍総理の側近が展開したのが、「今回の選挙は、財務官僚・自民党内守旧派族議員連合と改革派・安部総理の闘いだ」という主張だ。これはある意味、嘘といえない面もあったが、そんな政府・与党内の対立を選挙の大義にしても、誰もピンと来ない。結局、「大義論」はいつしか話題から消えて、投票日を迎えることになった。

報道自粛したメディアが自民党に大勝を

二〇一四年一二月の解散総選挙における報道のあり方は、奇妙なものだった。有権者にとって有益な情報が、まったく得られなかったのだ。ほとんどのメディアが、「選挙前に政権批判をしてはいけない」と、自主規制に走ったためである。その結果、これまでの安倍政権の実績についての評価がまったくといってよいほど伝えられなかった。

安倍政権は、先述のとおり、この選挙の争点は、アベノミクスを進めるのか止めるのかを問うものだとした。そこには、アベノミクスの第三の矢である成長戦略は全体として前進している、という前提がある。しかし実際には、成長戦略に中身はなく、安倍総理のいう「岩盤規制に穴を開ける」ドリルは空回りを続けてきたといっていい。誰も改革を止めてはいないのに、既得権との戦いに怖気《おじけ》づいてしまい、何もできなかったのだ。

改革は日本再生の鍵となるもの。それを前進させることができなかったのは、他ならぬ安倍総理の勇気のなさゆえである。そんな安倍自民党に政権を任せたままでいいのか——本当の争点はそこにあったはずだが、メディアがそれを伝えることはなかった。

後にいくつかの分析が行われたが、この総選挙では、選挙に関するテレビ局の放送時間が極端に少なかったという共通の結果が出ている。放送しても、主に選挙区情勢でゴシップ的な話を流すだけで、政策に関する放送はほとんど自粛されてしまった。

争点を正しく伝えないマスコミによって、有権者は完全に思い違いをさせられた。「他に頼りになる野党もいないし、安倍さんは命懸けで改革したいといっているのだから、まあそっちのほうがマシじゃないの」と。この誤解で自民党大勝が実現したといってもいい。安倍政権の「嘘を支持」したマスコミの罪は重い。

そして逆に、総選挙前に安倍総理の側近がマスコミに流した「安倍総理は官僚と戦っている」という情報……これは大嘘なのだが、それを追及するメディアはなかった。

安倍総理は就任早々、公務員改革を封印している。たとえば、第二章で述べるとおり、巨大政府系金融機関のトップを民間人から財務・経産両省の次官級OBの天下りポストに戻してやった。これは「天下りは完全にフリーにするから政権に協力しろ」という官僚たちへの密かなメッセージだと受け取られた。

そして二〇一四年四月には、東北復興予算の財源として平均七・八％削減していた国家公務員給与を元に戻し、一〇月には月給平均〇・二七％、年間ボーナス〇・一五ヵ月分の引き上げを決めた。それに続いて一五年も一六年も国家公務員給与は引き上げられている。

増税で対立しかねない財務省には好きなだけ国債を発行させ、彼らが一番喜ぶ公共事業の配分という利権を増やした。総選挙における自民党の分厚い公約集には、各省の予算要求項目がずらりと並ぶ。官僚への配慮が見え見えで、アベノミクス第三の矢である規制改革の本気度もゼロだということがよく分かる内容だった。

ちなみに、本格的な選挙報道を避けるテレビ局の姿勢は、二〇一六年の参院選では、さらに極端になった。この点について放送倫理・番組向上機構（BPO）が、「選挙期間中に真の争点に焦点を合わせて、各政党・立候補者の主張の違いとその評価を浮き彫りにする挑戦的な番組が目立たないことは残念」と苦言を呈するほどである。

辺野古基地問題に見る「弱者抑圧四つの哲学」

後藤さんを見殺しにした安倍政権の「無慈悲性」については先に述べたが、安倍政権のもう一つの怖ろしい特徴は、「弱いものいじめ」である。露骨な沖縄バッシングが、その際たるものだ。もはや犯罪といってもよいだろう。

とりわけ、米軍普天間《ふてんま》飛行場の辺野古《へのこ》への移設に反対する翁長雄志《おながたけし》知事への「いじめ」のむごさは、誰もが驚き憤《いきどお》りを感じるものであった。それは「脅し」でもあり、そして「侮辱」そのものである。

二〇一四年一一月、沖縄県知事に当選した翁長氏は、年末、就任のあいさつで上京し、年明け後にも東京を訪れた。しかし、安倍総理はじめ外相、防衛相、さらに沖縄基地負担軽減担当の菅義偉官房長官までもが揃って面会拒絶。会ったのは沖縄担当相の山口俊一《やまぐちしゅんいち》氏だけだった。

二〇一四年末には、二〇一五年度予算の概算要求で三七九四億円を計上していた沖縄振興予算を減額するという情報も流した。政府は表向きは「振興策と基地問題はリンクしない」という立場だ。しかし二〇一三年末には、当時の仲井眞弘多《なかいまひろかず》知事に対して概算要求を上回る異例の予算を約束しているのだから、それと比較すれば、これは際立った冷遇ぶりであった。

これに対し、沖縄だけでなく本土からも、「さすがにひどいんじゃないか」という批判が出た。それでも「沖縄いじめ」をやる背景には、安倍総理と側近官僚たちの「哲学」がある。

哲学の一つは、「政府の方針に反する国民の要求はいつも間違っている」というものだ。その前提になっているのは、「自分たちの政策は絶対に正しい」という驕《おご》り。自分たちが考えに考え抜いて「これしかない」という政策を作った。それが辺野古移転であり、県外移転などは凡人の浅知恵でしかない。だから相手にする必要などない。そういう思考なのだ。言い換えるなら、国民は馬鹿だと軽蔑《けいべつ》しているのである。

哲学その二は、「最後は金目《かねめ》でしょ」である。これは、福島の中間貯蔵施設に関連して、つい本音を漏らして大顰蹙《だいひんしゅく》を買った石原伸晃《いしはらのぶてる》元環境相の言葉。あの発言は、官邸で菅官房長官と話した直後に出たものだった。おそらく、官邸でそういう話をしていたのだろう。「理不尽《りふじん》な要求の裏にはたかりの構造がある。だから金さえ出せば最後は解決する。逆に、金を出さないぞと脅せば、いつかは折れてくる」――安倍政権はそう考えているのだ。

三番目の哲学は、「既成事実を作れば勝ち」。「辺野古移設工事をどんどん進めてしまえば、もう後戻りできないと、国民は諦《あきら》める」と考えている。原発推進とまったく同じ考え方だ。

そして四つめの哲学は、「希望を与えるな」。住民運動で政策が変わるのではないか、という期待を持たせるのは絶対にダメだという意味である。住民のデモは無視する。阻止行動は淡々と排除。小さなことでも、安易に要求を呑《の》むと、「自分たちの力で何かができる」と勘違いして、さらに運動が激化する可能性があると考えているのだ。重要なのは「何をやっても無駄だ」という徒労感を与えること。その結果、時間の経過と共に住民運動も下火になっていくと、安倍政権は読んでいる。

アフリカで学んだ人間の尊厳を踏みにじる罪

沖縄県知事選やその後の二回の国政選挙では、いずれも辺野古移設反対を掲げた候補が当選した。しかしこの沖縄の民意を、安倍政権は完全に踏みにじっている。そのやり方に、私は大きな懸念をいだいている。

沖縄の人々は、沖縄人であると同時に日本人だ。いや、その前に、同じ人間同士である。しかし本土の政府は、まるで沖縄県民を日本人ではないかのように、そして本土の人間よりも一等低い人間であるかのように扱っているのではないか。

私は二〇一四年の夏に、アフリカのケニアとルワンダを訪問した。ルワンダといえば、日本でも『ホテル・ルワンダ』という映画で有名になった大虐殺《だいぎゃくさつ》の起きた地である。それから二〇年以上経ったいま、その国は、アフリカでも有数の治安のよさを誇る。ビジネス環境も東アフリカで一位にランクされるほどの優等生である。

ケニアでもルワンダでも、中国の目覚ましい進出ぶりに驚いた。日本や欧米諸国は、中国の経済進出を「経済侵略だ」と批判する。確かにそういう側面はあるが、アフリカ諸国の人々は、それを一部肯定しつつも、それほど批判的ではない。中国の進出は危険ではないかという趣旨の質問をすると、多くの人々がこう答えた。

「確かに中国人は計算高い。しかし、彼らは軍隊で侵略してくるわけではない。すべては契約ベースだ。お互い自分の利益を最大にしようとする駆け引きはあるが、われわれも馬鹿ではない。ウィンウィンになれば、多少のことはいいじゃないか」

そして、やや強く中国人を悪者扱いすると、こう答えた。

「中国は欧米諸国よりずっとましだ。欧米人は、われわれを力でねじ伏せ、奴隷として連れていったり、植民地にして家族や友人を殺したり、われわれの富を奪い、われわれを支配した。彼らは、われわれを人間として扱わなかった」

声を震《ふる》わせて訴える人々も多かったのだ。

私が感じたのは、人間の命は何よりも尊いものだが、それと同じか、あるいはそれ以上に尊いものがあるということ。それは文字通りの言葉だが、「人間の尊厳」である。ある国を植民地にするということは、その国の人々の「人間としての尊厳を踏みにじる」行為なのではないか。そして、その罪は普通の罪とは違い、時間が経ったから忘れるという類《たぐい》のものではなく、長い年月をかけて語り継がれ、容易には拭《ぬぐ》い去ることはできないのではないか。

韓国や中国の人々が、なかなか過去の日本の過ちを許してくれないと感じている日本人も多いようだが、アフリカで感じたことを当てはめると、日本政府による植民地支配は、両国民から見て、彼らの尊厳を踏みにじる行為だったのではないか。

同時に、これまで歴史のなかで、日本政府が沖縄に対して行ったいくつかの行為は、沖縄の人から見て、その尊厳を踏みにじる行為だったのではないか。

そして、いま安倍政権が沖縄に対して行っていることは、まさに植民地支配と同じくらい沖縄の人々の尊厳を踏みにじる行為なのではないか——その思いが、いつか確信へと昇華していった。

沖縄が日本でなくなる日

このままでは、沖縄の人々が日本人であろうとする気持ちを失ってしまうのではないか。そんな懸念さえ抱かざるを得ない。

沖縄の人々は、温厚でとても優しい。だから、他の国で起きているような過激な民族闘争や独立運動は生じない。それをいいことに、安倍政権は、「地方は国のいうことを聞け」「すべては金だろう」といわんばかりに、沖縄県民を馬鹿にしきった態度で臨んでいる。しかしそれは、もしかしたら取り返しのつかない大愚行かもしれない。

私の家の上空は、神奈川県の厚木基地と東京都の横田基地を結ぶ線上にあるらしく、毎日のように、米軍機が轟音《ごうおん》を響かせながら超低空飛行を行っている。そのあいだはテレビの音も聞こえなくなるほどだ。そのたびに、わが家では、米軍の理不尽《りふじん》さを呪っている。

しかし沖縄の状況は、それとは比べ物にならない。普天間にオスプレイを見に行った際には、その轟音に驚かされた。本来なら行ってはいけないはずの、住宅密集地の上での飛行モードの転換も、超低空飛行も、当たり前のように行われていた。「低空では飛ばない」「危険なことはしない」「夜間は飛ばない」といった取り決めは、まったくの嘘だったのだ。

そして、「広大な面積を有する北部訓練場の過半を返還して基地負担を軽減する」といいながら、高江《たかえ》の集落を取り囲むように六つのヘリパッドを建設したのも、まったく同じことの繰り返しだ。当初の合意にはオスプレイによる使用は入っておらず、住民は、まさかこんなに凄《すさ》まじい騒音や健康被害を受けるとは夢にも思っていなかった。まったくのダマシ討ちである。

沖縄の人々はどれだけ忍耐強いのかと、本当に頭が下がる。中東などと違って、沖縄では米軍機を撃ち落とそうという人は出てこない。どんなに安倍政権に侮辱されても、である。だからこそ、日本政府と米軍が平気で嘘をつくのかもしれない。

こうした悲しい現実を前に本土の人間がすべきなのは、沖縄の人々と連帯することだ。草の根で本土の人間と沖縄の人々がつながることである。二〇一五年春、沖縄の辺野古基地建設反対の運動を支援する「辺野古基金」の呼びかけに本土から多額の寄付が集まった、という嬉しいニュースがあった。こうしたことが沖縄の人々を勇気づけ、沖縄人が日本人であり続ける鍵となるのではないだろうか。

一方、こうした人と人とのつながりが消失すれば、いつしか沖縄独立運動に火がつくような気がする。沖縄の人々が「そんなことはしたくない」と思っていても、そうせざるを得なくなってしまうのではないか、そんな不安が拭いきれないのだ。

「国民は馬鹿である」という政治哲学

このような安倍政権の戦略の根底にあるのは、「国民は馬鹿である」という基本哲学である。これを噛《か》み砕いて、しかも短く解説した私のツイートを紹介したい。

> 安倍さんの政治哲学：「国民は馬鹿である」
> 1. ものすごく怒っていても、時間が経てば忘れる
> 2. 他にテーマを与えれば、気がそれる
> 3. 嘘でも繰り返し断定口調で叫べば信じてしまう
> 私たちは、そんなに馬鹿なのでしょうか？

これは、安倍政権が集団的自衛権の行使容認の閣議決定を行った二〇一四年七月一日から約二週間後、七月一七日のツイートである。二〇一七年三月末現在、リツイートは増え続け、三九〇〇件を超えている。

この三つの柱からなる「国民は馬鹿である」哲学を頭に入れて安倍政権の政策の進め方を振

り返ると、いたるところで「そういえば……」と思い当たる例が出てくる。

二〇一五年七月一五日に衆議院平和安全法制特別委員会で安保関連一一法案が可決され、翌一六日に衆議院本会議で可決、参議院に送られた。延長された国会の会期末まで六〇日超あった。そのため仮に参議院が六〇日以内に法案の議決をしなければ、有無をいわさず衆議院のほうで、三分の二の多数決で可決してしまえばいい。参議院の議決のないままでも法案は成立してしまうのだ。

もちろん、国民の怒りは爆発し、一五日の国会前の反安保法案のデモは六万人（主催者発表）に膨れ上がり、さらに、連日のように数万人単位のデモが続いた。

内閣支持率も急落し、ほぼすべての報道機関調査で、内閣不支持が支持を上回った。第二次安倍政権発足以来、初めてのことだ。低くても五〇％前後の高い支持率を維持した安倍政権にとっては、異例の状況になったといってよいだろう。

しかし、安倍政権の基本政治哲学から見れば、それほど深刻に考える必要はない。こう考えるからだ。

――まず国民は、いまは強行採決に怒っているかもしれないが、時間とともにその怒りは収まり、参議院選挙がある翌二〇一六年夏までには、ほぼ忘れてしまうだろう。次に、それまでの間に、何か他に関心をそらせば、さらに忘れるスピードとその程度は上がる。

そう考えて繰り出したのが、新国立競技場建設計画の白紙撤回だ。その正式発表が、衆議院本会議強行採決翌日の七月一七日。しかも、安倍総理がわざわざ会見して発表するという念の入れよう。もちろん、これは先述したツイートの第二法則「他にテーマを与えれば、気がそれる」を念頭に置いた対策だ。

また、七月二七日に始まった参議院での安保法案審議では、安倍総理はこんな発言をしている。「二〇一二年の総選挙以来三回の選挙で常に公約に掲げてきた」「先の総選挙では昨年七月の閣議決定を踏まえて法制を速やかに整備することを明確に公約に掲げた」「総選挙の主要な論点だった」「今国会でその実現を図ることは当然だ」。

これだけ聞いた有権者は、「ああ、そうだったのか」と思ってしまうかもしれない。「みんなで安倍政権を選んだのだから、仕方ないな」と。

しかし実際には、二〇一四年一二月の衆議院選では、自民党側は、安保問題とりわけ集団的自衛権が選挙の争点になることを極力避けようとしていたことは、周知の事実だ。安倍総理は一一月二一日夕方の記者会見で、「この解散はアベノミクス解散だ。前に進めるのか、それとも止めてしまうのか、それを問う選挙だ」と語っている。自民党の選挙スローガンも「景気回復、この道しかない。」だ。集団的自衛権については、選挙公約にその言葉を掲載せず、「七月一日の閣議決定に基づいて、安全保障法制を速やかに整備する」と書くにとどめていた。

にもかかわらず安倍総理は、七月二七日に始まった参議院の審議でも堂々と、「安全保障法制が総選挙での主要な論点の一つであったことは明らか」だと断言した。この一事にも、安倍政権の政治哲学が如実《にょじつ》に表れている。

二〇一六年夏の参院選までは一年近くある。それだけの時間があれば、どんなに国民が怒っていても、そのうち忘れてしまうだろう（第一法則）。

とりあえず、新国立競技場の見直しを表明すれば、マスコミはそれに飛びつき、国民の関心がそこに集中する。それによって安保法案への関心はかなり薄れる（第二法則）。

どんな批判に対しても、白々《しらじら》しくていいから、同じ嘘を繰り返し大声で強調し続ければ、かなりの国民は、そうなのかなと信じる（第三法則）。

政権に就いてからの安倍総理の言動は、この哲学に忠実に従ってきた。そして、おおむね成功してきたように見える。

しかし、ここまで馬鹿にされ続け、騙《だま》し続けられたら、どんなにお人好しの人間でも、「何かおかしいな」と感じるものだ。二〇一五年七月から九月にかけて、国会前から始まったデモは全国に拡大し、夏の猛暑のなかでも衰えるどころか、さらに勢いを増していった。

新国立競技場問題も、国民の目をそらすためだろうと、すぐに見破られ、むしろ政権批判に勢いを与える結果となった。その後の支持率も低下に歯止めがかからないかのように見えた。

ついに国民も安倍政権の本質に気づき始めたのではないか。このときばかりは、そんな「希望の灯《ひ》」が見えた気がしたのだが……。

第二章　「報道ステーション」の闇

古舘伊知郎は被害者だったのか

二〇一五年三月二七日のテレビ朝日「報道ステーション」での私の発言——。

実際に見た方は、それほど多くはないかもしれないが、その直後から様々なメディアで報道されたので、その「事件」の存在をご存知の方は多いだろう。

イエメンなどのVTRが流れたあと、私は最初のコメントをする場面で、こう切り出した。

「テレビ朝日の早河《はやかわ》（洋《ひろし》）会長、古舘プロジェクトの佐藤《さとう》（孝《たかし》）会長のご意向で、今日が最後（の出演）になりました……」

スタジオ内の空気が一瞬で凍りつく。私は、途中でさえぎられないよう、番組内で安倍政権批判をしたために菅官房長官らからの猛烈なバッシングがあったことなどを続けて語った。

しかし、その後の展開が意外な方向に向かった。古舘氏が「いまのお話は承服できません」と、正面から反論してきたのだ。

キャスターとコメンテーターが、生放送中に口論したのだから、世間は大騒ぎになった。当初の報道では、「古舘対古賀のバトル」という面ばかりクローズアップされ、その結果、本質的な問題が明確にならなかった。

もちろん、そのような報道は権力側の思うツボだ。というより、たとえば一部の雑誌などが、安倍政権の報道抑圧という問題の本質から、国民の目をそらそうとした。そして、意図的な嘘も交えながら、これは単なるゴシップの話題ですよ、という方向に世論を誘導した。そう見たほうが正確なのかもしれない。

とはいえ、記者たちばかりを責めるわけにもいかないだろう。当日の放送では、古舘氏が真実と違うことを話し始めたために時間がなくなり、私が本来、伝えたかったことを、半分も話せなかった。そのため問題の本質が伝わりにくかったという事情もある。

私が「報道ステーション」に出られなくなったことを番組内で告げたのには、これまで受けた多大なる応援に対し感謝の意を表することの他に、大きく二つの狙いがあった。その第一が、マスコミと権力のあいだで何が起きているのかを視聴者の皆さんに知ってもらうということだ。

私は、古舘氏のことを批判するつもりは、そもそもなかった。彼は、ある意味で被害者の一人だったからだ。

官邸や自民党から様々な形で圧力を受け、自分の身を守るので精一杯という状況……そんななかで、政権と対峙《たいじ》してきた番組の屋台骨であるチーフプロデューサーや朝日新聞論説委員の恵村順一郎《えむらじゅんいちろう》コメンテーター（月〜木のレギュラー）がクビになるのを、内心の葛藤《かっとう》はあったものの、結果的には黙認してしまった。そのことに深い自責の念を持っていることを、二〇一五年三月六日、古舘氏は私に素直に語り、謝罪している。そういう古舘氏を番組内で非難するなどという発想は、私にはなかった。

年間三〇億円の利権

重要なのは、古舘氏をそういう状況に追い込んだ最大の責任者が、権力側とそれに媚《こ》びるかのように擦り寄るテレビ朝日、古舘プロジェクトの両トップであること。それを示そうと考えて「真実」を語ったのだが、それは彼らから見ると、「爆弾発言」以外の何物でもなかった。

古舘氏は私の発言に対し、「そういう話は置いておいて、本題であるイエメンの話をしましょう」と軽く流すだろうと思っていた。私はそのときまで、古舘氏と私の考えは大きく違わないと思っていたからだ。ところが古舘氏は、私の言葉を完全に否定するような話を始めた。私は驚き、どうしようかと一瞬迷ったが、反論しなければ自分が嘘をついたことになってしまう。そこで、短時間で最も効果的だと思う反論をしたのである。

その後も古舘氏は、チーフプロデューサーと恵村氏は更迭《こうてつ》されたのではないと発言。最後は上からの指示で渡されたメモを読み上げた。それも、私が発言する時間がなくなる番組終了間際のタイミングを狙ってである。

「何をそんなに焦《あせ》っているんだろう」——それが、そのときの私の正直な気持ちだった。結局は保身なのだろう。それ以上の理由は分からなかった。

その後、「文藝春秋」の記事を見て驚いた。「報道ステーション」関連で、テレビ朝日から古舘プロジェクトに流れているお金は、年間三〇億円近くにもなるというのだ（のちに私は、関連資料を入手して、事実関係を確認した)。古舘氏のギャラは一〇億円とも書かれていた。

これはもはや利権といってもいいだろう。普通の番組制作の費用としては、なかなか説明できない。外から派遣などで来ている番組スタッフの給料は、過酷な勤務にもかかわらず極めて少額だ。しかし古舘氏と古舘プロジェクトには、これだけの大金が動いている。

おそらく古舘氏は、利権を生み出す世界に呑み込まれてしまったのだろう。そして、もう自分ではどうにもできないがんじがらめの状況に陥ってしまった。私はそう理解した。そこから逃れ出るためには、自分の持てる物すべてを投げ捨てる覚悟が必要になるはずだ。

一般的に見て、という話だが、私は人間について性悪説でも性善説でもなく、「性弱説」が当てはまるという見方をしている。どんな人間も普段は概《おおむ》ね正しい判断をしているのだが、自分の損得がからんでくると、それが難しくなるのだ。間違っていると分かっていても、ついつい自分の利益を優先してしまう……古舘氏にもそれが当てはまった、ということだ。

一つの過ちをもって人間を断罪するのはよくないことだろう。そういう意味では、古舘氏には同情する余地があると思っている。

幻のフリップに書かれていたこと

「報道ステーション」最後の出演後、何人かの記者から、「放送中に一度出そうとして、古舘さんに止められて出せなかったフリップがありましたよね。何が書いてあったんですか?」という質問を受けた。

記者たちの関心は、そのフリップに何かとんでもないことが書かれていたのではないか、ということだったようだ。スキャンダルの告発、いわゆる爆弾発言のような類のものを想像したのだろう。

だが彼らにとっては残念なことに、あのフリップには極めてまじめなことしか書いていなかった。そのフリップに書かれていたことは、①原発復権：自然エネルギー抑制、原発推進　②官僚復権：政府系金融機関トップに天下り次々復活　③行革埋没：日本政策投資銀行と商工中金の完全民営化時期を削除、の三点である。

それは、安倍総理自身が「改革断行国会」と名づけた国会の審議の裏で、淡々と進められる「原発推進」と「反改革」の動きである。私が指摘したかったのは、当時の「報道ステーション」でさえ、これらのニュースをほとんど伝えていなかったということだ。

私は古舘氏に、こんな質問をしようと思っていた。

「法律に明記されていた政投銀と商工中金の完全民営化時期が、今国会に出された改正法で削除されてしまうのを知っていますか？」

「安倍政権になってから、すべて民間人だった四大政策金融機関トップのポストのうち三つに、財務省や経産省の次官級の天下りOBが就任したことを知っていますか？」

そのうえで、「これが五年前なら大変なニュースになって新聞の一面トップを飾り、国会でも審議が紛糾していたでしょう。それなのに、なぜ大きなニュースにならないのでしょうか？」と問題提起したかったのだ。

その答えは、「政権の圧力」なのか。それとも圧力を怖れた「マスコミ側の自粛」なのか
——私の考えは、そのいずれでもない。

マスコミの現場の記者やディレクターが、圧力に負けたり自粛したりしているうちに、自分たちの重大な責務である政権の監視という仕事を果たす能力を失ってしまったのではないか。私はそう考えている。政権とのあいだで問題とならない範囲での報道をしようとしているうちに、大問題に気づく能力さえ失ってしまった、と。しかも、そのことに本人たちが気づいていない。

そうなったら、権力から圧力を受けることもないし、会社の上層部から自粛しろといわれて悩むこともない。その代わり、国民に大変な不利益をもたらす。

古舘氏には、そういう状況についてどう思うかを聞いてみたいと思っていた。こうした話はテレビ局ではタブー。私でなければ、決して議論できないと思ったのだ。

そこまで話したうえで、テレビ朝日だけでなく、日本中の記者やマスコミ関係者に、「いま私たちは、大変な危機に直面しているのではないか。われわれはそれに気づくことさえできなくなっているのではないか。すなわち、自分自身が変えられてしまったのではないか……」ということを問いかけ、最後の言葉にしたいと考えていたのだ。最初に「爆弾発言」をしたのに

は二つの狙いがあると書いたが、これこそ、その第二の目的であった。

ところが古舘氏は、「時間がない」という理由で、そのフリップを出しかけた私を制した。そのため、途中の話をちゃんと話すことができなくなってしまった。

そこで、やむを得ず、最後のフリップを強硬に引っ張り出して、ガンジーの言葉を紹介した。

「あなたがすることのほとんどは無意味であるが、それでもしなくてはならない。そうしたことをするのは、世界を変えるためではなく、世界によって自分が変えられないようにするためである」

やや唐突感のある出し方だったので、ほとんどの人には理解してもらえなかったのではないかと危惧したのだが、あとになって大変多くの方々から、あの言葉に感銘を受けたという反応があった。無理をしてでも、あの言葉を紹介してよかったと思っている。

番組の大黒柱がクビになった経緯

番組内でも話したように、私が「報道ステーション」を降板することになったのは、テレビ朝日の早河洋会長の意向を受けたと思われる篠塚《しのづか》浩《ひろし》報道局長が、現場の意見を無視して、二〇一五年四月以降の私の出演を拒否したからだ。

実際には、それ以前、具体的には二〇一四年一二月の総選挙の前から、私を降ろそうという動きはあったようだ。他のテレビ局と同じく、テレビ朝日の早河会長も、安倍総理と食事に行くなど仲がいい。局内のスタッフの話を聞いていると、政権におもねる雰囲気が蔓延《まんえん》していることが手に取るように分かった。

篠塚報道局長も、政権批判に神経を尖《とが》らせていた。そうしたなか、番組の内容を統括する番組チーフプロデューサーらの尽力によって、私の出演が可能になっていたのだ。

しかし、そのチーフプロデューサーも、私と同じく三月二七日でクビ（他部署への異動）になった。

「報道ステーション」のVTRが素晴らしいのは、各ディレクターの頑張りだけでなく、報道局幹部や政治部・経済部からの圧力と戦う、このチーフプロデューサーの働きによるところが大きかった。そして、この優れたVTRと恵村順一郎氏のコメントで、番組の九割方が決まるというのが、当時の「報道ステーション」の実態だったのだ。しかし、その恵村氏も、三月二六日で降板……。

番組内で私が語った古舘氏からの謝罪の中心は、実はこの件についてであった。チーフプロデューサーと恵村氏は番組の大黒柱であり、キーパーソン。その二人を追放しようという動きを察知していながら、古舘氏は何の抵抗もしなかった。そのことについて、私に「自分は何もしなかった」と告白したのである。場所は、私の楽屋だった。

古舘氏は二人の降板について、「わざと知らないふりをしました」と打ち明けた。そして

「大変申し訳ない」と頭を下げた。にもかかわらず私の番組内での発言に反論したのは、先述したように、私の推測ではあるが、巨額のお金が動く利権構造に呑み込まれてしまったからだろう。

テレビ朝日は、三月下旬まで、この二人の降板をひた隠しにして、「四月以降はまったくの白紙」といい続け、発表後も、「四月からの番組リニューアルに伴う人事異動とコメンテーターの通常の交代に過ぎない」といい張った。

しかし、チーフプロデューサーと恵村氏の更迭は一二月には決まっていて、古舘氏にも伝えられていた。一月初めには、朝日新聞にも正式に恵村氏の後任選びを依頼している。つまり、テレビ朝日は大嘘をついていたことになる。

私の降板がはっきりしたのは、二月初旬のことだった。年が明けて、四月以降の私の出演について、当時のチーフプロデューサーに相談したら、彼女には権限がなくなったという理由で、話ができなくなった。おかしなことに、後任のプロデューサー内定者も、古舘氏も、「古賀さんには出てほしい」といっていたのに、それでも出演が決まらない……。

実は、第一章で述べた一月二三日の私の発言に対する官邸からの抗議に怖れをなしたテレビ朝日が、それを受けて、二月初旬に最終的に私の降板を決めたのだ。もともと、そうした意向を持っていた幹部から見れば、官邸の抗議は渡りに船、ということだったのかもしれない。篠塚報道局長が現場に指示したという情報は、複数の関係者から、すぐに私にも伝わった。

テレ朝会長の「番組で使うわけにはいかない」

古舘氏は、官邸の圧力がないことの根拠として、九州電力川内原発の危険性など政府を批判するニュースを取り上げていることを挙げている。だがこれらの報道は、古舘氏の功績ではない。こうしたニュースのVTRを作る責任者は、クビになったチーフプロデューサーなのだ――。

番組スタッフによれば、彼女は記者クラブ所属の政治部や経済部の記者からの、「あまり厳しく批判するとニュースがもらえなくなる」という苦情も排除してきた。官邸やテレビ局幹部からの圧力もはねつけてきたという。そんな大黒柱ともいえる人を、なぜ交代させるのか。

レギュラーコメンテーターの恵村氏も、物腰は柔らかいが、圧力をものともせず、信念を貫く人物だ。従軍慰安婦問題に関して、「旧日本軍の管理下で、自由を奪われて人権や尊厳を踏みにじられた女性がいたことは確かだ」と発言したが、そのためテレビ朝日の放送番組審議会で、幻冬舎社長の見城徹《けんじょうとおる》委員長から、「ひどすぎる」「番組をだいなしにした」「トンチンカン」などと、名指しで批判されたこともある。

私にいわせれば見城氏の意見のほうが「ひどすぎる」のだが、それだけ骨のある人物だということだ。この発言の直後には、早河会長から現場に、「恵村を番組で使うわけにはいかない」という指示が出されたという。

このチーフプロデューサーの指揮下で作られた素晴らしいビデオは、恵村氏のコメントでさらに生きてくる。古舘氏はしばしば、自分がコメントしにくい場面では何もいわず、恵村氏に振っていた。そういうことからも、恵村氏がいかに大事な役割を果たしていたかが分かる。

ちなみに、私が三月二七日の「報道ステーション」で「I am not ABE」のフリップを出したので番組を降板させられた、という報道もあったが、それはまったくの的外《まとはず》れだ。私の降板は二月には決まっていた。三月二七日が最後なので、何を伝えようかと考えて上述したような発言をし、「I am not ABE」のフリップを出したというのが真相なのである。

月に一回、私が出演するかしないかで番組が大きく変わることはない。しかし、番組の屋台骨であるチーフプロデューサーと、週四回出演するレギュラーコメンテーターをまとめて変えるということは、番組の内容を根本から見直すことにほかならない。「報道ステーション」は、二〇一五年四月をもって、以前とはまったく違う番組になってしまった——。

CM中に怒鳴り込んできた番組幹部

元チーフプロデューサーと恵村氏は番組の最重要人物だ。映画にたとえるなら、主演のアイドル、すなわち古舘氏を残して、監督や脚本家をクビにするようなものだといっていい。それが一大事だと分かっていたから、古舘氏は見て見ぬふりをしたことに罪悪感を覚えたのだろう。

だがあの日、番組本番での古舘氏は、保身に走った。それは幹部スタッフも同じだった。テレビ朝日の早河会長と古舘プロジェクトの佐藤会長の意向で番組に出られなくなることを語った直後のこと……CMに入ると、ある番組幹部が血相を変えて飛んできた。そして「打ち合わせにないことをいわないでください」という。私はこう反論した。

「僕は顔と名前を出してコメントをしている。あなたは顔も名前も出さず、裏で圧力をかければいいと思っているのでしょう？　そんなことでは済みませんよ」

「打ち合わせにないことを話してはダメだと○○さんがいうので、打ち合わせで話したことしか話せなくなってしまいました、と番組で話しますよ」

それはやめてほしい、と○○さん。私は「僕は勝手に話します」と通告した。そして、「I am not ABE」と印刷したA3の紙を取り出し、プロデューサーの更迭《こうてつ》についても触れた。

次のCM中、古舘氏に、「私は古舘さんを攻撃しているわけじゃないんですよ」といって、冷静になるように促した。しかし彼は、「私としては、はっきりいわせていただかざるを得ません」というようなことをいって、まったく聞く耳を持たなかった。立場上、反論せざるを得ないということなのか。パニックに陥って判断能力を失っていたのか。

そして番組の最後、為替のニュースを流す前のCMの際に、スタッフが古舘氏にメモを持ってきた。番組の途中だと論争が続くことになるため、終了直前、つまり私が発言できないタイミングでメモを読み上げさせたのだろう。

なぜ楽屋ではなく廊下で非難するのか

番組が終わると、後任のチーフプロデューサーが、「ひどいじゃないですか」と難癖をつけてきた。しかし私は、「何がいけないんですか」と取り合わなかった。楽屋を出ると、今度は篠塚報道局長と数人の社員が現れる。

「どうしてあんなことをいうのか」「チーフプロデューサーは更迭ではない」……そういうクレームだ。

しかしこれは、単なる「ポーズ」ではないかと思う。形だけでも抗議しておかないと、「なぜ、いわせっぱなしにしたのか」と、早河会長が激怒する、そう心配したのだろう。なぜ私がそう思うのか。それは、彼らが楽屋ではなく、わざわざ人がたくさんいる廊下で非難してきたからである。

——他の社員たちが見ている場所で私を取り囲むことで、いわば証拠を残そうとしたのではないか。

彼らは、エレベーターに乗ってからも私を非難し続けた。私も黙ってはいられない。

「圧力に屈して政権監視や批判の番組を作らなくなるのは、報道機関の役割の放棄です。こっちは（事情を）すべて分かっていますよ」「官邸の圧力から番組を守るのが報道局長の仕事でしょ。あなたのやっていることは、まったく真逆じゃないですか！」

そういうと、彼らは何もいえなくなってしまった。

権力に懐柔されたメディアは簡単に分かる

私が番組で語ったことについて、テレビ朝日の広報部は、雑誌の取材に対してこんな回答をしている。

「古賀氏がニュースとは関係のないご意見の表明や、事実に基づかないコメントをされたことについて、極めて遺憾に思っております。古賀氏に対しては、放送終了後、報道局長や番組幹部が口頭で厳重抗議しました」

そして、私の出演予定がないことは「降板」ではなく、チーフプロデューサーも「更迭」ではなく、春の改編期に合わせた恒例《こうれい》の「異動」であるとしている。そう聞いても私は、「やっぱりそうか」としか思わなかった。テレビ朝日はそういう体質になってしまったのだ。

もちろん、私への批判があることも承知だ。「テレビで発言することの責任が分かっているのか」という声もあるし、「番組から降ろされて発言する機会を失ってしまったら、それこそ終わりではないか」ともいわれた。

だが、私は、降板が決まったから、あの発言をしたわけである。あの発言をしたから降板させられたのではない。安倍政権の圧力によって、「報道ステーション」までが真実を報じられなくなるという事態に、真実を知っている私が沈黙するわけにはいかない。ましてや、四月からは出演できないことが分かった以上、自粛していても意味がない――そう考えたからこそ、最後の機会をとらえて、視聴者と心あるメディアの人々に訴えようと決めたのだ。

逆に、もし私が発言しなければ、日本で起きているマスコミの機能停止について議論されることさえなかったかもしれない。あの発言を契機に、マスコミやネットでは、報道の自由について様々な議論が始まった。私の行動を称賛する論調もあれば、逆に明らかに「叩く」目的の報道もあった。私へのバッシングを見れば、どのメディアが権力に懐柔されているのかが簡単に分かった。

また多くの一般市民の方々から、「あの放送を見て、日本の報道機関で、いかに怖ろしいことが起きているのかが分かりました、ありがとう」というような声も、たくさん届いた。

私は「報道ステーション」という人気番組でコメンテーターを務めることはなくなったが、市民がこの問題の存在を知り、議論が起きただけでも、大きな意味があったと思っている。

私はその後も、いいたいこと、いうべきことはいい続けた。それが私の信念、生き方であるからだ。

官房長官秘書官から「古賀は万死に値する」

放送後のマスコミの取材では、官邸の圧力は本当にあったのかという点に関心が集中した。

菅官房長官はそれを否定したが、週刊誌やネット情報などでは、官房長官秘書官が「報道ステーション」の幹部に宛てたメールで私を批判していたことが報じられている。このことは、私も複数のテレビ朝日関係者から確認した。

最後の出演から二ヵ月ほど前のこと、先述した一月二三日の最初の「I am not ABE」発言の直後、なんと番組放送中に、まず中村格《なかむらいたる》官房長官秘書官（当時）から、報道局ニュースセンター編集長の中村直樹《なかむらなおき》氏に電話があったという。たまたま中村編集長が電話を取り損ねると、今度はショートメールが入った。テレ朝関係者に聞いた話では、その内容は「古賀は万死《ばんし》に値する」といったような、強烈な内容だったそうだ。

これを受けて報道局はパニックに陥った。番組終了直後から、篠塚報道局長が藤岡信夫《ふじおかのぶお》政治部長らと対応策を協議。チーフプロデューサーが呼び出されて、「なぜあんな発言をさせたのか」とつるし上げられるのを、複数のスタッフが目撃している。もちろん、チーフプロデューサーは、「番組で了承していて、何の問題もないではないか」と反論していたそうだ。

報道によると、この日、菅官房長官は、秘書官と一緒に官邸で番組を見ていたそうだ。その真偽《しんぎ》はさておき、仮に直接聞いていなくても、私の発言を知れば、菅官房長官が激怒することは容易に推測できる。

秘書官としては、アリバイ作りのためにも、すぐに抗議しておかなければならない。それが秘書官の務めだ。そこで、とにかく放送中にアクションを起こしたことを菅官房長官に示すため、ショートメールを送ったのではないか、といわれている。

政権に全面降伏したテレビ朝日

本書の冒頭で述べたとおり、菅官房長官自身も、複数社の前でオフレコで私の批判を行い、「俺だったら、放送法違反だといってやるのになあ」と、放送法までちらつかせて脅していることも報道された。

これを受けて、私は「報道ステーション」で、「文句があるなら直接いってくれ」と発言したのだ。もちろん、これらについては、私もメモや証言（訴訟になったら証言してくれるという人）などで確認している。

さらに、ネットニュース「ニューズオプエド」や「文藝春秋」では、二〇一四年一一月二六日、「報道ステーション」の更迭されたプロデューサー宛に、自民党から具体的な放送内容について介入するような文書が送られていたことも報じられた（内容および解説は一三〇ページ）。

これまで知られていた在京キー局向けの文書とは違い、番組と放送内容まで特定して圧力を加えるものだ。これは放送法三条の「放送番組は、法律に定める権限に基づく場合でなければ、何人からも干渉され、又は規律されることがない」という定めに違反する可能性が強い。まさにとんでもない暴挙である。

また菅官房長官は、「報道ステーション」での私の発言に何か対応するのかという質問に対し、公式な記者会見の場で、「事実に反するコメント。公共の電波を使った行為であり、極めて不適切。放送法という法律がありますので、まず、テレビ局がどのような対応をされるかということをしばらく見守っていきたい」と発言している。

政府中枢にいる人物が放送法を持ち出したということは、放送免許取り消しをちらつかせているようなものである。つまりテレビ局に対して、「古賀の発言は嘘なのだから、しかるべき対応をせよ」と圧力をかけているのと同じことなのだ。

そして「報道ステーション」では、古舘氏が私の発言について謝罪を行っている。

「テレビ朝日といたしましては、そういった事態を防げなかった点におきましても、テレビをご覧の皆様方に重ねてお詫《わ》びをしなければいけない」

しかしこのお詫びは、本当は誰に向けて行われたものだろうか。テレビ朝日の早河会長は、三月三一日の定例会見で、「菅官房長官の名前も出てきたが、そういった方々にはお詫びをしないといけないという心境です」と語っている。形の上では「私の不規則発言を止められなかったこと」をお詫びしているわけだが、果たしてそうだろうか。この謝罪、テレビ朝日が政権に全面降伏した、と見るほうが、真相を突いていると思われる。

古舘伊知郎との勉強会で

先述したとおり、私は古舘伊知郎氏を批判したかったわけではない。

私には、古舘氏は「正直な人」「普通の人」という印象がある。

いつだったか彼に、「私は古賀さんに頑張ってくださいとはいわないんです」といわれたことがある。これがどういう意味かも、古舘氏は語ってくれた。

「頑張ってくださいという人は、実は、『私は頑張れないので、あなたが頑張ってください』という気持ちを心のどこかに持っていることが多いからです。本当の意味で頑張ってくださいというときには、『最後まで行動を共にするから』という決意も必要なはずです。しかし立場上、私にはそれができないかもしれない……」

つまり、その時点から古舘氏には、「共演者やスタッフを守れないことがあるかもしれない」という思いがあったのだ。そういう自分の弱さに、自覚的であり、しかも、正直だったということになる。

——土曜日の夕方。西麻布の隠れ家風レストラン。

「古賀さん、すみません。一つだけ、あと一つだけ教えてください」

そう、古舘伊知郎氏が問いかけてくる。

店の外にはもう、ハイヤーが到着して待っている。しかし、彼の熱心さに押され、私は浮かしかけた腰を席に下ろす。古舘氏が私に、政治や経済、原発問題など様々なテーマについて質問する。それに対して私が、その場で考えながら解説をする。

二人だけでの食事会であり、勉強会。ひと月かふた月に一度程度のペースで行われる恒例行事だった。一回につき四時間以上話をしただろうか。古舘氏は、とにかく勉強熱心な人物なのである。

招待される店も常に高級店だった。時には、本来は休業日の店を開けてまで、「勉強会」の場を作ってくれたこともある。そうすることで、私に敬意を表してくれたのだろう。

だがそれも、二〇一四年の中頃からなくなってしまった。そしてそれは、衆議院議員選挙で勝利を収めるべく、安倍晋三政権が、マスコミ支配を完了させようとしていた時期に重なる。

この「勉強会」が行われなくなると、私が番組に出演する時は必ず、古舘氏自ら楽屋に差し入れを持ってきてくれるようになった。たとえば、いかにも高級そうなケーキが二〇個以上も届くのである。私が下戸《げこ》で甘党だと知っているからだろう。夜の一二時頃に家に帰って開けようとすると、その箱には「本日中にお召し上がりください」というシールが貼ってあった……。

ともあれ、そういう行為は、古舘氏なりの気遣いである。「勉強会」をなくしたことに対する後ろめたさや、裏切られたと思われたくないという気持ちもあったのではないか。

実は、一月の「I am not ABE」騒動の際にも、古舘氏は番組終了後の反省会（私は出席していない）で、私のコメントについて、こんなことをいっていたそうだ。

「古賀さんのコメントが、官邸との兼ね合いで問題になっているようだけど、中身は本音ベースの非常によい内容だった」

ただ、こう付け加えてもいたという。

「本音の話をすると必ず官邸から咎《とが》められ、問題が生じる。その兼ね合いなんだよな……」

正直な人だと思う。弱さを持った普通の人でもあると思う。「政権に楯突《たてつ》く古舘」という硬派なイメージを演出したいが、さりとて政府やテレビ朝日の上層部に睨《にら》まれ、番組を追い出されるわけにもいかない。しかもそこには、巨額の制作費、すなわち古舘プロジェクト全体の利益も絡んでくる。

このように、古舘氏を擁護すべき要因はいくつもある。同じ状況に置かれたら、ほとんどの人が同じような思いになるのではないだろうか。ただ、古舘氏は「ほとんどの人」とは違う立場にある。権力を監視し、批判する役目を負ったニュース番組のメインキャスターなのだ。自ずと世間の評価は厳しくなるであろう。

テレビ業界のナベツネを目指して

ところで、実は、先述した恵村順一郎氏の降板には、「朝日新聞切り」という要素が大きいと見るテレビ朝日関係者もいる。

恵村氏は朝日新聞の論説委員だ。そこにはテレビ朝日の「何かあっても朝日の庇護《ひご》があれば」という、いわば危機管理的な意識が存在したのである。もちろん、朝日新聞はテレビ朝日の株主でもある。

二〇一四年に旧テレビ朝日は衣替えをしたが、新設されたテレビ朝日ホールディングスでは、会長に定年を設けなかった。早河会長の意向でそうなったといわれている。いつまでも自分が会長の座にいようというわけだと解釈されている。

テレビ朝日のトップは、代々、朝日新聞の天下りポストだった。早河会長はテレビ朝日史上初のハエ抜きのトップだ。つまり、定年を設けなかったことは、朝日新聞に「大政奉還」をしないと宣言したことになる。社内では、テレビ業界の「ナベツネ」、すなわち読売新聞の渡邉《わたなべ》恒雄《つねお》氏のような立場を狙っていると囁《ささや》く人もいる。

時を同じくして、朝日新聞は「吉田調書」と「吉田証言」の二大「事件」で信頼を失墜し、大きな危機に直面していた。早河会長が自分の天下を作るには、大チャンスだったといえる。

朝日新聞の庇護を失うことも怖くはなかっただろう。なぜなら、それに代わって、安倍政権の庇護があるからだ。

テレビ朝日の早河会長と安倍政権の橋渡しをした「代理人」は、幻冬舎の見城徹社長だというのが衆目の一致した見方だ。

その見城氏は、テレビ朝日の情報番組スタッフによれば、大手芸能プロダクションを率いるS氏とも懇意《こんい》だ。そして、S氏と早河会長も親しい間柄だといわれる。現在のテレビ界においては、視聴率を獲得するためには、人気タレントをどれだけ集められるかが勝負になる。S氏という後ろ盾の存在は、早河会長にとっては、朝日切りをするうえでも心強い材料となるのであろう。

見城氏が安倍総理と親しい関係にあることは、二〇一四年の総選挙の際、幻冬舎から安倍氏の宣伝になる本が出版されたことからもうかがえる。この見城氏は、現在、テレビ朝日の放送番組審議会の委員長を務めている。先述したとおり、この審議会で、更迭《こうてつ》された恵村氏に対して口を極めて批判したのが見城氏だった。

ちなみに、見城氏の前任の委員長は堀田《ほった》力《つとむ》氏。検事としてロッキード事件を担当して法務省の官房長まで務めたのに、トップに上り詰める前に退官。その後は弁護士として活動しながら、介護保険成立を訴えたり、各種のボランティア活動で活躍している人物だ。各界からの信頼も篤《あつ》く、深い尊敬を集めている。

一方の見城氏は、放送番組審議会委員長という極めて公共性の高い地位にありながら、二〇一七年三月に、自らの幻冬舎の資本金を一億円に減資し、中小企業に衣替えさせた。もちろん、様々な補助金や税制上の恩典を受けるための抜け道狙いだという批判覚悟のうえだろう。違法でなければ何をしてもいいと考えているのだろうか。

こういう人が、堀田氏の後任となったことは、テレビ朝日としては、企業理念を根本から変える大転換だったといってもいいだろう。

第三章　新聞テレビから漂う腐臭

外国特派員協会で日テレとフジは

「報道ステーション事件」を受けて、私は日本外国特派員協会（ＦＣＣＪ）に招かれて記者会見を行うことになった。日本の大手メディアで、この件をまじめに扱うところはほとんどなかったので、ＦＣＣＪから会見の依頼が来たときには、正直驚いた。

どんな会見になるのかと恐る恐る臨んでみると、海外のメディアは、会場入りしたときから、私を非常に温かい雰囲気で迎えてくれた。そうして私の講演に真剣に耳を傾け、メモを取る姿を見ていると、単に面白い話を聞きたいということではなく、まじめな記事を書こうという熱意が伝わってきた。

驚いたのは、特派員たちの理解度の高さだ。もちろん、ゴシップ的な質問は皆無。「報道の危機」という問題の本質をついた問いが相次いだ。しかも、質問した全員が私の行動を称賛し、私以上に日本のマスメディアの問題点を鋭く指摘した。私にとっては、久しぶりにまともな世界に身を置いて、自分自身が解放されるような感覚に包まれた。

ところが、せっかくの有意義な会見の後味を悪くする「事件」が起きた。日本のメディアによる会見後の「囲み取材」だ。ここでは、ごく一部だけをまとめて紹介しよう。

まずは、日本テレビの記者の質問が驚きだった。

「打ち合わせにない発言をしたことが、逆にメディアへの政治権力の介入を許したのでは？」

私は思わず笑ってしまった。要するに、「あなたが勝手なことをして、お上《かみ》に怒られる材料を作ってしまった」ということなのだ。私はこう答えた。

「日本テレビは、打ち合わせなしで発言しちゃいけないということですね？　ドラマは台本通りやるものですが、日本テレビでは報道も打ち合わせ通りだ、と。私はいつも思ったことをいっているだけですよ。仮に打ち合わせで『こういうことはいわないでくれ』といわれたら、私は帰ります。帰ろうとしたことも過去にはあります。それで、『いってください』ということになった。そういうことを、なぜ、みんなやらないのかと思います」

次に質問したのは、フジテレビの記者。会見で、官邸がNHKとテレビ朝日を呼び出した件について「集団リンチのようになるかもしれない」と発言したことを「非常に強い言葉」だとし、その真意を聞きたいという。「古賀茂明　集団リンチ暴言！」などと、面白おかしい放送をしたいというのがミエミエだ。

「日本テレビもフジテレビも、一生懸命、政権の側に立って質問されていますが、その意味が私にはまったく分からない。あなたには（政権と）闘う気持ちはないんですか？」

そう私が逆に質問する。

「それは、時と場合によると思います」

「では、闘わない場合には、闘っている人間を追い詰めるんですか？」

「古賀さんが番組で主張したことについて、まったく興味のない視聴者もいると思うんです。

そういう意見を、誰が見ているか分からない場所を使って……」

「自分がいっていることがおかしいって分かりませんか？　いろんな意見があるから、私の意見に関心がある人も、ない人もいるんですよ。私をこれまで応援してくれた人もたくさんいる。そういう人たちに、本当のことを伝えたいという気持ちでした。それをあなたに批判されるいわれはまったくないし、そういうこと（レポーターがいっていること）を公共の電波で放送するのであれば、そっちのほうがはるかに問題じゃないですか？」

　フジテレビの記者は黙ってしまったが、日テレがさらに質問してきた。「権力に介入させないために打ち合わせをやっているのに、打ち合わせにない発言をすることで介入を許してしまうのではないか」と。繰り返しの質問だし、あまりにも馬鹿げている。

「（介入など）拒否すればいいじゃないですか。私はそのチャンスを作ったんです。これで日本のメディアが萎縮するのかどうか、世界中が見ていますよ」

　その記者は、発言をする際には事実であるかどうかが大事だともいっていたが、それは私の反論に慌てて、とってつけた理屈だった。この囲み取材からは、テレビ局が政権と戦う意欲を失ったことだけでなく、私を「悪者」にして政権に媚《こ》びようという意図まで見えてしまった。

　あまりに馬鹿げた質問が続いたので、のちのち話題になり、その模様を伝える複数の動画がYouTubeにアップされた。これまでに合わせて約一七万回も再生される大ヒット動画となったが、その後、何故か削除されてしまった。こんな言い方はおかしいかもしれないが、ニュース映像として近年で最大の「作品」ではないだろうか（現在は、「古賀茂明　日本外国特派員協会」で動画検索して出てくる動画の一時間五〇分くらいのところから見れば、視聴できる）。

日本会議に恐れをなした財務省は

世耕弘成《せこうひろしげ》前官房副長官など、安倍総理の側近とされる政治家たちのなかには、過去の自民党政権と比べても「優秀だな」と思える人がいる。もっとも「優秀」というのは、日本を悪い方向に導く手腕が、という意味なのだが……。

これは安倍総理が、組閣などに当たって派閥のバランスをあえて取らず、自分に考えが近い人間を「一本釣り」したからだろう。

こうした側近の外側には、取り巻きともいうべき政治家たちがいる。安倍政権の支持率に乗っかり、虎の威を借る狐《きつね》のように保守的な思想をネットなどで拡散し、反対する人には罵倒《ばとう》や嘲笑《ちょうしょう》を平気でぶつけるような政治家である。

「安倍親衛隊」と呼んでもいいだろう。その数は急速に膨れ上がった。派閥の力が衰え、党内でのポスト獲得には安倍総理の覚えがめでたくなければ不利になるという情勢が、彼らの行動パターンの背景にあるのは確実だ。

そんななか、特に注目を浴びているのが、「日本会議」という組織だ。もともと、いくつかの右翼的な団体が発展してできた組織だが、その議員連盟である「日本会議国会議員懇談会」

には、第三次安倍第二次改造内閣（二〇一六年八月三日発足）の一九人の閣僚のうち、実に一五人が名を連ねている。

いまや安倍内閣は、日本会議に乗っ取られている、といってもよいくらいだ。

日本会議の思想について、憲法学の大家で、過去には自民党のブレーンも務めていた小林《こばやし》節《せつ》・慶應義塾大学名誉教授は、以下のように解説している。

「日本会議の人々に共通する思いは、第二次世界大戦で負けたことを受け入れがたい、だから、その前の日本に戻したいと……（略）……日本が明治憲法下で軍事五大国だったときのように、アメリカとともに世界に進軍したいという、そういう思いを共有する人々が集まっていて、かつそれは自民党のなかに広く根を張っているように見える」

そんな日本会議の隆盛ぶりを象徴するような事件が起きた。二〇一七年二月、財務省の近畿財務局が、大阪の国有地を、日本会議大阪の元役員、籠池泰典《かごいけやすのり》氏が理事長を務める学校法人「森友《もりとも》学園」に、時価から八億円も値引きして売却し、また、小学校新設について、大阪府が、審査基準に違反して条件付き認可をしたという事件だ。しかも、その「日本初で唯一の神《しん》道《とう》の小学校」（同校のホームページより）の名誉校長は、安倍晋三総理の妻、昭恵《あきえ》氏であった……。

一つ一つの不正もさることながら、この騒動で名前が出てきた政治家のほとんどが、日本会議と思想信条を同じくする勢力であった。通奏低音として、こうした勢力には逆らいにくいという雰囲気が、日本の支配層に広がっている――そんなことを想像させる出来事である。

アメリカの慰安婦像でも大失敗

彼らは、自らを「保守」だと考えているようだ。しかし彼らは、もはや保守ではないといっていい。

保守とは、日本のこれまでの歴史を真摯《しんし》に学び、それを活かしていこうとする人たちだ。過去には意味があるから、決まったことをむやみには変えない。だから保守なのである。そして過去に学ぶということは、「自分たちは完璧ではない。何から何まで知っているわけではない」という考えがあってこそのものだ。

しかし安倍政権と、その取り巻き議員たちには、そんな謙虚な姿勢はまったく見られない。安倍総理は、口ではときどき「歴史に対して謙虚に」などというが、国会の答弁を聞いていても、とにかく「上から目線」で謙虚とは対極の姿勢を貫いている。

安倍親衛隊の議員たちも、「批判されて結構。分からない奴らは馬鹿だ」という自己過信、妄信に憑《と》りつかれている。だから、意見が違う人間とまともな議論ができないのである。

安倍総理が海外メディアから「ナショナリスト」として批判されていることは有名だ。しかし、彼らは「海外メディアにも変な奴がいる」と思うだけ。ニューヨーク・タイムズが批判記事を書いても、「偏向している、左翼だ」とレッテルを貼って、中身の議論をしない。ニューヨーク・タイムズが左翼とは、開いた口が塞《ふさ》がらない。

取り巻き議員の行動は、実は安倍政権にとってもマイナスだといっていい。

たとえば、アメリカに設置された慰安婦像に対して自民党の議員が大騒ぎしたことがあったが、これは本当は、大した問題ではなかった。公園に女性を象《かたど》った像が置いてあるからといって、よほどの名所ならともかく、それが何を意味するのかをいちいち気にする人などほとんどいない。仮に地元のニュースになったとしても、数日もすれば忘れられるような話だ。

しかし、自民党議員らが、それをわざわざ騒ぎ立てたことで、逆に慰安婦問題をクローズアップさせることになった。これでは、韓国や中国にとっては「してやったり」となる。安倍政権に批判的な立場の人々から見れば、やっぱり、安倍自民党は「ナショナリスト」だとか、「戦争を反省していない」などと思われてしまう。

安倍親衛隊は憲法無視もへっちゃら

安倍親衛隊の特徴として、知的レベルの低さが挙げられる。学歴だけは、東大卒などという者も多いが、その議論のレベルは、およそ国会議員とは思えないお粗末なものが多い。

そういう例は枚挙《まいきょ》に暇《いとま》がないのだが、マスコミが安倍政権に支配されているので、「問題発言」がこれまで問題とされない傾向があり、安倍総理は随分、助けられてきた。しかし、調子に乗り過ぎて度を越すと、大きくではないものの、問題発言があることをマスコミが面白おかしく取り上げる場面も何回か見られた。

その典型が、二〇一五年六月二五日の自民党文化芸術懇話会での自民党議員の暴言集だ（朝日新聞デジタルより引用）。大西英男《おおにしひでお》衆院議員（東京一六区）の「マスコミを懲《こ》らしめるには、広告料収入がなくなるのが一番。政治家にはいえないことで、安倍晋三総理もいえないことだが、不買運動じゃないが、日本を過《あやま》つ企業に広告料を支払うなんてとんでもないと、経団連などに働きかけしてほしい」という発言では、安倍総理も同じ考えだと暗に認めてしまっている。

井上貴博《いのうえたかひろ》衆院議員（福岡一区）に至っては、「福岡の青年会議所理事長のとき、マスコミをたたいたことがある。日本全体でやらなきゃいけないことだが、スポンサーにならないことが一番（マスコミは）こたえる」……スポンサーから圧力をかけることに言及している。

長尾敬《ながおたかし》衆院議員（比例近畿ブロック）は、さらに、「沖縄の特殊なメディア構造をつくったのは戦後保守の堕落だ。先生（百田尚樹《ひゃくたなおき》氏）は沖縄のゆがんだ世論を正しい方向に持っていくために、どのようなアクションを起こすか。左翼勢力に完全に乗っ取られている」と述べて、自分たちの意に沿わないメディアに「左翼」とレッテル貼りをして、排除しようとしている。

マスコミの第一報では、百田氏の発言を大きく取り上げていたが、百田氏は民間人。発言内容には、もちろん非難されるべきところがあるが、発言すること自体は表現の自由として認められる。他方、国会議員の発言は、そう簡単に許されるべきものではない。憲法九九条で憲法遵守《じゅんしゅ》義務を課されている国会議員が、憲法二一条の表現の自由を完全に否定する発言をしたことは、どう考えても許容されるものではない。

しかし、安倍総理は、当初、これらの議員の処分に難色を示したという。問題発言をした議員たちは、安倍親衛隊の一員だ。安倍政権のお家芸であるマスコミ弾圧を無邪気に真似してやっただけの末端議員を処分しては、親衛隊の士気が下がるとでも考えたのであろう。

それにしても、この深刻な憲法無視の発言を処分なしで済ませようとしたというのだから、安倍総理の憲法観がどんなものかがよく分かる。

さらに二〇一五年八月には、磯崎陽輔《いそざきようすけ》総理補佐官が、安保法案の集団的自衛権の部分をめぐり「法的安定性は関係ない」などと述べて、国会で陳謝させられる事態が発生した。チンピラ議員とは違い、総理の側近中の側近の発言だけに、危機レベルはかなり高かったが、これもマスコミの追及不足で何とか難を逃れた。

その後も、武藤貴也《むとうたかや》衆議院議員が大学生の団体「SEALDs」について、ツイッターで「彼ら彼女らの主張は『だって戦争に行きたくないじゃん』という自分中心、極端な利己的考えに基づく。利己的個人主義がここまで蔓延《まんえん》したのは戦後教育のせい……」と述べたり、ブログで憲法の三大原則（国民主権・基本的人権の尊重・平和主義）が日本精神を破壊する大きな問題を孕《はら》んだ思想だと述べたりして、大きな批判を浴びた。

ここまで来ると、自民党議員の思想がどうこうというよりも、彼らの知能に疑義が生じる。これほどレベルが低い人間には、何をいっても理解不能なのではないかとさえ思えてくる。安倍親衛隊は忠誠心だけは非常に強いが、低能議員の集まりであることが鮮明になってきている。彼らが熱心に活動すればするほど、安倍政権の広報戦略の阻害要因になっているのだ。

ダメ官僚とまともな官僚の手法

安倍官邸の側近で、広報戦略の足を引っ張っているのは、政治家だけではない。当初は、圧倒的高支持率の追い風と強圧的なマスコミ弾圧を背景に、大胆に安倍カラーの演出を行っていた官僚たちが、安倍総理と思考を完全にシンクロさせてしまうことによって、逆に、大きなリスクを生み出すようになってきている。

こういう人たちには、もともと官僚本来の緻密《ちみつ》な思考は苦手だが、大雑把《おおざっぱ》な考えで強引に物事を進めるというタイプが多い。人の意見を聞くことができず、大きな声で自分たちの意見をごり押ししていくタイプだ。彼らは政権に勢いがあるあいだはそれなりに役に立つが、いったん守りに入らざるを得ないような状況になると、ほとんど機能しない。

官邸の強権的な広報戦略は、日本の外務省の広報戦略にも影を落としている。最も有名なのが、独紙フランクフルター・アルゲマイネ（FAZ）のカルステン・ゲルミス記者に対する信じられないような弾圧事件だ。

外務省は、ゲルミス記者が、安倍総理に関して書いた批判記事などを問題にして、昼食会への招待という形で呼び出して、抗議した。そこまでなら、まだ分かるのだが、何とドイツ本国で、日本の在フランクフルト総領事がＦＡＺ本社を訪問し、中国がこの記事を反日プロパガンダに利用していると抗議したのだ。

しかも、この総領事は、何の根拠もなく、「金が絡んでいると疑わざるを得ない」と、暗にゲルミス記者が中国側から金をもらって反日記事を書いていると侮辱したのである。外交官でなければ、名誉毀損《きそん》罪で告発されてもおかしくない話だ。

しかし同記者はもちろん、その上司も含めてＦＡＺ紙は、安倍政権に対してまったく臆することなく、むしろ非常に鋭い批判記事を書き続けている。

このように、低知能の官僚たちは、安倍総理の意向を忖度《そんたく》し、官邸と同じように強面《こわもて》の広報戦略を採っている。それは、サラリーマン記者ばかりの日本のメディアには極めて有効だが、海外の記者にはまったく通用しない。むしろマイナスの効果ばかりが目立ってきているのだ。

急降下した報道の自由度ランキング

こうした強圧的な安倍政権の広報戦略の影響が世界中に知れわたることによって、日本のイメージは非常に悪くなっている。これを最も端的に表す指標が、「国境なき記者団」が発表している「報道の自由度」世界ランキングである。

その二〇一七年のランキングで、ついに日本は、G7のなかで最下位に沈んだ。先進国中でも異例の下位にあり、二年連続の七二位だ。民主党政権時代は、二〇一〇年に一〇位、その後は悪くても二〇位台だったのに、そこから急落しているのだ。第一次安倍内閣のときも五一位を記録しているから、安倍総理は、構造的に報道に対して弾圧的だと世界にも認識されているといっていい。

もちろん日本は、中国やロシアのように、報道の自由が制限されているわけではない。それに比べればはるかに自由なように見える。しかし、だからといって安心できるわけではない。

なぜなら、過去の歴史に学べば、ワイマール憲法下の民主的な政治体制を築いていたはずのドイツが、あれよあれよという間にアドルフ・ヒトラーという独裁者に支配され、怖ろしいホロコーストへとつながっていった……現にそんなこともあったのである。

そう考えると、後に詳しく述べるとおり、日本は独裁国家へ至る三段跳びのステップを着実に踏んでいるようにも思えてくる。

政府が報道機関に圧力や懐柔をしかけてくる――ホップ。その効果が浸透してくると、次第に政府が何もしなくても報道機関自らが政府に迎合《げいごう》して、真実が伝えられなくなり、その結果、政府に都合のよい情報ばかりが流れて国民が洗脳されていく――ステップ。そして最後には、洗脳された国民が、選挙という「民主的」手続きによって一党独裁国家を選択する――ジャンプ。行き着く先には人権弾圧、そして最後は戦争……というのは、私の杞憂《きゆう》だろうか。

外国特派員たちの危機感

二〇一五年、「世界報道自由デー」に当たる五月三日、日本外国特派員協会（ＦＣＣＪ）は「報道の自由推進賞」（Freedom of the Press Awards）の受賞者を発表した。

実は、この賞は、この年に初めて設けられたものだ。日本外国特派員協会ホームページに掲載された発表文を見ると、日本にいる外国特派員たちが、日本の報道の自由をめぐる状況に対し抱いている危機感がよく伝わってくる。その一節を紹介しよう。

「日本では今、報道の自由が脅《おびや》かされています。世界報道の自由デーの五月三日、日本外国特派員協会（ＦＣＣＪ）は報道の自由の推進に貢献した記者、媒体そして個人を表彰します。二〇一五年、国境なき記者団による報道の自由度ランキングで日本の報道の自由度は世界第六一位へと後退しました」

「国境なき記者団は特定秘密保護法が制定されたことで、特に原子力や対米外交に関連した情報の公開度が後退し、もはやそうした情報は日本ではタブー視されるようになったと酷評しています」

「このように、政府にとって都合の悪い情報を出させないようにするために、公共性の高い情報を伝える調査報道や、記者の取材源の秘匿《ひとく》などが脅かされています」

これほどまでストレートに、日本の報道の自由が脅かされていることに対し、公に警鐘を鳴らしている。だからこそ、賞が設けられたのだということも分かる。

驚いたことに、受賞者のなかには私の名前が含まれていた。

いくつかの部門があるなかで私が受賞したのは、報道の自由を促進する運動に取り組んだ個人に対して贈られる「報道の自由の友賞」だ。受賞理由は「表現の自由を抑圧しようとする政府に対する批判と、東京電力の問題を含む日本の政治や産業界に関する鋭い評論活動に対して」と書かれている。

英文を見ると、二〇一一年に、現職の官僚でありながら東京電力の破綻《はたん》処理計画を作ったことなどを紹介し、「数年間にわたり、日本の政府と産業界に対し、洞察力に優れた批評を行った：provided insightful criticism of the government and industry in Japan for several years」と、言論活動を評価してくれた。

つまり、『日本中枢の崩壊』（二〇一一年五月・講談社刊。このなかで、日本初の東京電力破綻処理計画と発送電分離を含む改革案を発表した）も読んでくれているということだ。その意味で、私にとっては二重の喜びであった。

さらに私は、この授賞式における海外特派員たちとの会話で、むしろ私よりも彼らのほうが日本の報道の自由に対して強い危機感を持っていることを知り、ますます意を強くした。

しかし本来、日本で報道の自由が脅かされていなければ、このような賞は必要なかったはずだし、自分の危機感が正しいと分かっても、それは喜ぶべきことではない。そういう意味では、安倍政権の報道弾圧がなくなったときに初めて、私は受賞を喜ぶことができるのだと思った。

雰囲気に支配された報道自粛

私の二〇一五年一月二三日の「I am not ABE」発言に対して国内で批判が高まったことに対し、危機感を募らせた報道関係者や学者らが記者会見を開いた。そこで「翼賛体制の構築に抗する言論人、報道人、表現者の声明」を発表したのは、二〇一五年二月九日のことだった。もちろん、会見には私も参加した。

インターネットを通じて名を連ねたのは、是枝裕和《これえだひろかず》、坂本龍一《さかもとりゅういち》、香山《かやま》リカ、内田樹《うちだたつる》、菅原《すがわら》文子《ふみこ》（菅原文太《ぶんた》夫人）氏ら、各界で活躍する人々。ごく少数ではあるが、現職のNHKや民放のプロデューサー、ディレクター、そして新聞記者も名を連《つら》ねた。

声明では、以下のような警鐘が鳴らされている。

「現政権の施策・行動を批判することを自粛する空気が国会議員、マスメディアから日本社会までをも支配しつつある」

「『非常時』であることを理由に政権批判を自粛すべきだという理屈を認めてしまうなら、原発事故や大震災などを含めあらゆる『非常時』に政権批判をすることができなくなってしまう」

ネットで署名を呼びかけてから一週間で一二〇〇〇人の署名が集まり、その後も続々と増加していった。今日の状況に危機意識を抱いている人々が、それだけ多いのだ。

実際、当時は政権批判をすると激しいバッシングが起きるようになっていた。「バカ」「極左」といった誹謗《ひぼう》中傷にとどまらず、「死ね」「次はお前だ」などと、生命の危険すら感じるような言葉も浴びせられる。

わが家にも神奈川県警の巡査部長二人が訪れ、「何か変わったことがあったら、小さなことでも、遠慮なく通報してください」といって帰っていった。ここまで来ると、まさに背筋が寒くなる思いだ。人権侵害そのものだといってもいいだろう。

一方で、大手テレビ局のプロデューサー、ディレクター、そして新聞社の記者からは、悩みの声も多く聞いた。「子どもが小さいので、先のことを考えると、どうしても名前を出す勇気が出ない。社内での立場が悪くなるから」という声が意外と多いのである。

「賛同者として名を連ねたいが、社内の手続きが必要だ」という人に、「では、その手続きをとったらどうですか」と聞いたら、「そういう雰囲気ではないんです」という答えが返ってきたことも……。

しかもこれは、上からの命令ではない。具体的な圧力でもない。ただの「雰囲気」に支配されているというのが実際の状況なのである。

メディアのトップと官邸の癒着

今日、各社のトップが、これ見よがしに安倍総理と会食している。なかにはゴルフに興《きょう》じ、親密ぶりを競い合うといった事態も起きている。他の先進国でそんなことをしたら、そのメディアには国民がそっぽを向くことになるし、現場からものすごいクレームが来て、トップはクビになるだろう。

ここまで露骨に経営トップが政権に擦り寄れば、役員クラスは出世のために経営トップの意向を忖度し始めることになる。そして、その雰囲気はすぐに全社に蔓延する。

これは、安倍政権の巧みな戦略だ。テレビ局や新聞社の幹部が、総理や官房長官に食事に誘われたら、まず断れない。いまやマスコミみんながやるから、結果、政権批判するのはマイナーなメディアだけ。誘いを断れば、政権との関係が悪くなって、大事な情報をもらえなくなるかもしれないという恐怖感もある。だったら、いっそ、相手の懐《ふところ》に飛び込んで情報をもらったほうが得だと、安易な道を選びたくなる。だから、まず断ることはないのだ。

そして、日本人の習性というべきか奥ゆかしさというべきか、食事やゴルフの場で議論を戦わせるようなことはない。お互いに褒め合ったり激励し合ったり……そうして政府の中核と仲よくなれば、メディアの人間も悪い気はしないものだ。総理や官房長官に「ご意見」を聞かれるうちに、「自分が日本を動かしているんだ」という勘違いをしてしまうのかもしれない。

するとなかには、社内の会議中に「官房長官から電話だ！」と、これみよがしに中座するような民放のトップがいるというから驚きだ。それがジャーナリズムに携わる者として恥ずかしい行為なのだとは、まったく思っていないのである。

政治とテレビという日本の特殊事情

海外のジャーナリストには、日本のメディアの姿勢が理解できないという人も多い。「圧力なんて、あって当然じゃないか。みんな、命の危険さえ顧みずに報道している。それがジャーナリストというものだ」というわけである。

たとえば、中国メディアの心ある記者たちは、毎日が緊張の連続。いつ政府の弾圧の網にかかるか分からないからだ。一方、日本では、政府批判をしても、身柄を拘束されたり、処罰されることはない。好きなことが書けるはずだと、中国人はいう……もっともな見方である。

だが、日本における政治とメディア、特にテレビとの関係には、日本独自の事情がある。

日本では、テレビ局は総務省の管轄下にある。放送事業を行うためには、総務省からの免許が必要だ。免許を取り消したり、更新したりという権限を、総務省が持っているわけである。そのトップは、内閣総理大臣によって選ばれる大臣であるから、安倍総理の意向によって動く。実際にそうするかどうかはともかく、少なくとも、制度的にはそういう仕組みになっている。欧米などと違って独立性の高い委員会などが放送局の監督をしているわけではないのだ。

そういう意味では、テレビ局は新聞社とかなり性格が異なる。いってみれば、役所の顔色をうかがわざるを得ない、弱い立場なのだ。

この問題がもっともはっきり現れた、岸井成格《きしいしげただ》バッシング事件については後で述べよう。

新聞が軽減税率を得るために

飲食やゴルフとはまったく異なる次元で、新聞業界には政権と本気で戦えない事情があることも忘れてはならない。

まず、新聞、雑誌、書籍には、普通の業界では独占禁止法違反となるはずの、販売価格を維持する行為が特別に許されている。基本的に本や雑誌や新聞の「バーゲン」がないのは、このためだ。新聞社が販売店に新聞の定価を守らせるのは当たり前のことではない。本来は違法行為なのだ。

仮に独禁法上の適用除外を止めてしまうと、販売店によっては、売り上げを伸ばすために、「春の特別キャンペーン」などと銘打って、新社会人限定の安売りを行うというようなことが起きかねない。そうなると、販売店同士の競争が激化し、潰れるところも出るだろう。

価格競争が起きれば消費者は喜ぶ。逆にいえば、そういう制度改正をしないよう、時の政権にしっかり歯止めをかける必要がある。だから、安倍政権を強く批判することはできないのだ。

一方、安倍政権としては、再販売価格維持制度は守るという立場を採って、新聞・雑誌業界に恩を売っているのである。

もう一つ、新聞業界としては、どうしても得たい利権がある。それは、消費税の軽減税率だ。二〇一七年四月に予定されていた消費税引き上げに際し、食料品などに軽減税率を導入することについて、政府と与党のあいだで議論された。生鮮食品だけにしようという財務省と、アルコール類を除く食料品全般に拡大したい公明党などが綱引きをしたが、新聞もそのなかに入れてもらいたいと考えた。

二〇一五年ごろになると、この関連の新聞記事では、軽減対象とすべき「生活必需品」として、「コメ」「味噌」「醤油」「新聞」などという書き方が普通になっていた。私は、いつもこれを揶揄《やゆ》していたが、本格的な議論が始まると、さすがに気が引けたのか、この表現は使われなくなった。世論に訴えるとかえって批判が出ることを怖れて、水面下で自民・公明両党の議員に陳情し、これを実現しようという作戦に転じたのだ。

その議論や報道では、ハンバーガーを買って持ち帰る場合は八%、店内で食べると一〇%などという珍妙な話ばかりが盛り上がり、新聞の話はまったく伝えられなくなった。そして、蓋を開けたら、しっかりと新聞への軽減税率の適用が決まっていたのである。しかし、つねに政府に弓を引いている雑誌や、夕刊紙の日刊ゲンダイなどは、その対象外だ。

その後、増税が延期されてしまったので、軽減税率の適用範囲も再び議論されることになる。新聞業界は、いまも弱みを握られているのである。

読売新聞が官房長官の威を借りて

二〇一五年八月二八日金曜日。安保法案で揺れる国会周辺の騒ぎをよそに、永年住み慣れた霞が関を追われ、さいたま市の新都心のビルへと静かに去っていった男がいた。

――実は、さいたま市に去っていったその男は、消費者庁で「ある問題」を担当する「参事官」だった。

ことの顚末《てんまつ》を説明しよう。

二〇一五年三月、老人などの消費者被害で問題となっている訪問販売の規制強化を行うため、消費者委員会特定商取引法専門調査会で議論が始まった。現在、「特定商取引法」には、「再勧誘禁止」というルールがある。訪問販売などで、一度断られたら、再度勧誘してはいけないというルールだ。違反すると行政罰がある。

しかし実際には、これに違反してしつこく勧誘し、それによって被害を受けるお年寄りは後を絶たない。ニュースでもたびたび報じられる問題だ。

そこで、この調査会では、訪問販売拒否を示すステッカー表示のある家に対し、訪問販売の勧誘を禁止するという、画期的な規制の導入について議論がなされた。もちろん、関連業界は猛反発したが、その急先鋒は、新聞業界だった。

実は新聞業界は、消費者からの苦情が断トツに多い業界なのだ。そんな業界がいくら反対論をぶっても、他の委員の共感は得られない。彼らは、徐々に追い込まれていった。

しかし、メディアというのは、常に上から目線だ。「われわれは文化の向上に寄与している」「そこらの訪問販売業者の連中とは格が違う」という態度に終始していた。その極めつけが、業界のドン、読売新聞だ。

満を持して委員会に出席した読売新聞東京本社山口寿一《やまぐちとしかず》社長が、偉そうに持論を述べたのだが、そこで、とんでもない失言をしてしまった。

「(勧誘に行って)断られたけれども(最終的には新聞を)とっていただくということは多々あるんですね」

つまり、読売新聞は、断られても粘って勧誘をしているととられかねない発言。これは明らかに「再勧誘禁止」違反だ。これに気づいた委員の一部に冷笑が広がると、同社長は「笑わないでください」と制止。その後、長々と言い訳をした。そのすべてがビデオで公開されたのだ。

しかし、驚いたのはそこから先だ。山口社長が、委員会で笑われたことに逆切れしたのか、同社は、山口俊一《やまぐちしゅんいち》消費者担当大臣や河上正二《かわかみしょうじ》消費者委員会委員長などに謝罪を求める抗議文を送り、さらに、その抗議文の写しを菅義偉官房長官にも送ったという。

違法行為ととられる失言を笑われて逆切れし、さらにマスコミの支配者である菅官房長官にいいつけた……理屈で勝てないので、「俺には菅が付いてるんだぞ」と、恫喝に出たのである。前代未聞《ぜんだいみもん》の暴挙。しかし、公開の調査会に来ていた大手新聞はもちろん報道せず。自分たちの利権を守るために、だんまりを決め込んだ。

その後、抗議文が出されたことを一部の週刊誌などが報じると、今度は、情報が漏れていると、再度政府に抗議した。これは秘密でもなんでもない。単に読売新聞が、知られると恥ずかしいというだけの話だ。しかも新聞は、政府や企業が外に出したくない情報を入手して、真実を国民に伝えるのが使命のはず。それなのに、国民にとって重要な情報を漏らしたことに抗議するのは、自己矛盾《むじゅん》もはなはだしい。

しかし、これで新聞社の抵抗が弱まるかと思ったら、まったく逆。抗議文を突き付けられた消費者庁幹部は萎縮してしまい、その結果、「お断りステッカー」の導入は、あっさりと見送られた。読売新聞が菅官房長官の威を借り、まんまと消費者庁を押し切ってしまったのだ。

そして、本節の冒頭の話に戻ろう。この「お断りステッカー」規制を事務方で推進していた参事官が、「見せしめ」とばかりに、報復人事で飛ばされたのである。

この参事官は、経済産業省からの出向者だ。霞が関では、他省庁出向の場合は任期二年という暗黙のルールがある。ところが彼の場合、着任から一年で異動したのだから、極めて異例だ。しかも、経産省の異動は七月末から八月初めに終わっている。タイミングも変だ。官僚であれば、誰がどう見ても「おかしい」、つまり、「あれは左遷《させん》だ」と分かる。

実は、官僚たちに分かることが大事なのだ。読売新聞と菅官房長官には逆らえないぞ、ということが、全省庁に伝わる効果が計算されている。

一方で、マスコミの突っ込みには回答が用意されている。彼の移動先は、出先機関の関東経済産業局の地域経済部長。前職の参事官は課長職だから、見かけ上、出世したように見える。ただ実際は、経産局の地域経済部長とは名ばかりで、経産省では、完全な冷遇ポストである。

消費者のために大新聞と命懸けで闘い、菅官房長官のお友だちの読売新聞に睨《にら》まれ、最後は幹部にはしごを外された参事官……この左遷劇、現在の安倍政権と大手新聞社の癒着振りがよく分かる事件だった。

ジャーナリストである前に会社員

このように、安倍政権はメディアのトップを懐柔し、さらには運命共同体のごとくメディアと一体化していく。会食やゴルフはアメで、再販制度、軽減税率、不招請勧誘規制はアメでもありムチでもある。

さらに、安倍政権が籠絡《ろうらく》しているのは、マスコミトップだけではない。マスコミに登場する有識者、コメンテーター、評論家、さらにはキャスターなどに、幅広くその魔手が及んでいるのだ。菅官房長官は連日、朝と夜に、こうした人々と会食を行っているという。

こうしてマスコミの幹部が政権トップに迎合《げいごう》し、それが公然と分かるようになると、まず自分の出世のために、役員クラスが政権とのトラブルを避けるようになる。そして、その雰囲気を報道の現場が感じると、どうなるか――。

安倍政権の特色は、あらゆるメディアの報道をチェックして、自分たちの意に沿わない内容があると、いちいち細かくクレームを入れるところにある。クレームといっても、多くは、もともと付き合いのある記者などにやんわりと伝える、そんなやり方だ。しかし、安倍氏や菅氏の情け容赦のないイメージはかなり広く知れ渡っているので、それほど強くいう必要はない。

一例を挙げよう。ある大手メディアの世論調査で、安倍内閣の支持率が他社よりも大きく落ちたことがあった。そのとき、安倍総理の側近が、普段から付き合いのある、その会社の記者を呼んで、クレームをつけた。しかも驚いたことに、世論調査の質問の仕方をこと細かく批判したというのだ。

このように、官邸や自民党から日常的に揚げ足取りのようなクレームが入ると、現場で働く多くの記者やスタッフは、これまでのように無視したり、自由に反論したりできない。上に文句が来たら、最終的には会長や社長が自分を守ることはないと分かっているからだ。その結果、記者たちは、クレーム対応に追われることになる。彼らの日々の仕事は時間との勝負。クレーム処理は、仕事の大きな邪魔だ。

もちろん、精神的なストレスにもなる。取材先の役所や政治家から情報をもらえなくなるかもしれないという恐怖感も頭をよぎるはずだ。

ここで問題となるのは、日本のメディアには経営と現場の分離という、海外では当たり前の仕組みがないことだ。

また、海外の記者やテレビマンは、どの会社の所属であるかの前に、「ジャーナリストである」ことが第一義。だから経営陣が現場に口を出してきたら、ライバル社のことであっても、一致団結して戦う。会社を渡り歩くジャーナリストも多い。読者や視聴者に何を伝えるのかが大事なのであって、どこに所属しているかは重要ではないのだ。

それに対して日本では、会社員であることが第一義だ。ジャーナリストである前に、「読売の○○」「フジテレビの○○」であること、いってみれば、会社の看板が大事なのである。

その結果、特に具体的な圧力などかかっていなくても、社の上層部の意見を勝手に忖度して、時の政権に問題視されることを避けるようにもなってしまう。それを繰り返していくうちに、こうした行動の問題点すら認識できない記者が増えてしまうことになるのだ。

記者クラブという名の究極の既得権益

それにしても、日本の大手メディアの記者は、なぜ「ジャーナリストの倫理観」を持ち得ないのだろうか。その最大の理由は、彼ら自身が既得権グループの一員になっていることにある。

大手メディアは、日本の官庁、政党、業界団体などに、共同で「記者クラブ」というものを置いている。ほとんどの場合、取材先の組織の入居する建物のなかにオフィススペースを無料で提供され、毎日そこに出勤するのである。

記者クラブでは、何もしなくても、各取材先からの公表資料が配付されてくる。記者会見もクラブのメンバー以外を排除して主催するのが普通だ。同じ建物にいるから、質問があれば、簡単に担当者などにアクセスして取材ができる。各社は、取材先から与えられた同じ情報を元にして、同じような記事を書く。だからニュース項目は、どの新聞を見ても同じになるのだ。

欧米諸国では、そもそも、単なる発表ものを個別の新聞社が取材して書くということはしない。そういう仕事は通信社が行って、各社に配信するのだ。日本では、同じフロアにいる各社の記者が、他社と情報交換しながら、同じような記事を書く。こんなに楽な仕事はない。欧米では、他社と同じ記事を書いている記者はクビだ。

日本外国特派員協会は、先に紹介した「報道の自由推進賞」の発表文の冒頭で、ジョージ・オーウェルの言葉を引用した。

「ジャーナリズムとは報じられたくないことを報じることだ。それ以外のものは広報に過ぎない」

つまり、日本外国特派員協会から見れば、日本の報道は単なる取材先の広報部に成り下がっている。そう、警鐘を鳴らしてくれたのだ。

このように、大本営発表を垂れ流すだけの記者たちは、終身雇用で、犯罪でも犯さない限り、高給を一生保証される。一五〇〇万円、二〇〇〇万円という給料をもらい、運がよければ、定年後も関連会社に「天下り」できる。一度やったら止められない仕事だ。

だから彼らにとって、自分の就職先に安住することが最も合理的な生き方になってしまうのである。

一方で、記者クラブに入れてもらえないような小さなメディアの記者はどうか。まず、役所などの発表を知る術《すべ》がない。ニュースを見て初めて知るというのが普通だ。記者会見にも入れてもらえないから、大臣などへの質問の機会がない。担当者への取材ですら、事前に申し込み、それでもなかなか会ってもらえないのが普通である。

こうした状況は、外国人記者でも、ほとんど同じだ。ある外国人記者が私にいった。「記者クラブは、明らかに独禁法違反だ。こんなものが放置されている国が、果たして民主国家といえるのですか」と……。

そのとおりだと思う。ＯＥＣＤ（経済協力開発機構）も記者クラブ廃止を求めているし、国境なき記者団も日本の記者クラブ制度を大きな問題だとしてきた。そして、国連人権委員会任命の特別報告者デビッド・ケイ氏は、二〇一六年四月の訪日調査後の記者会見で記者クラブ制度の廃止を求めるなど、世界中から問題とされている。

逆に、大手メディアの記者たちは、この特権を縮小させようとするいかなる試みにも抵抗してきた。取材先が記者クラブの解放を検討するなどというと、それだけは止めてくれと圧力をかけたり、ときには泣きを入れる。この既得権は、取材先の協力あってのものだから、どうしても取材先への配慮というものが必要になる。毎晩、取材先の官僚などと飲み会をやって仲よくなることは、記者たちの大事な仕事なのである。

もちろん、そうして癒着してしまえば、取材先が本当に困る記事など書けなくなるのだが……日本の民主主義の根幹に影響を与える記者クラブ制度は、直ちに廃止すべきだ。

欧米でメディアが権力者とゴルフをするか

日本のような民主国家において独裁政治が出現することはあり得ない——私も、ずっとそう思ってきた。しかし、最近の日本の報道をめぐる状況を見ていると、そんなに安心していてもいいのか、という不安が頭をもたげてくる気がする。

なぜなら、報道の自由は民主主義成立の大前提であり、逆にいえば、報道が正常な機能を果たせなくなったら、民主主義の根幹が揺らぐ可能性があるからだ。

では、仮に独裁への移行が起きるとしたら、その経路はどういうものになるのであろうか？

その第一段階として既に見られるのは、政府側からのマスコミへの圧力と懐柔だ。先述したとおり、放送免許が大きな力になるし、圧力だけではなく、「軽減税率の対象にしますよ」といった懐柔もある。いわばアメとムチだ。さらに、個々の報道について記者クラブの記者たちへの圧力・介入は日常茶飯事《さはんじ》だ。これが、三段跳びにたとえれば、最初の一歩、「ホップ」である。

次に、最近のメディアは、こうした圧力と懐柔を受けて、トップ自らが政権側に擦り寄っている。それを見た報道の現場は、トラブルに巻き込まれないよう、自分たちが記事にすることの範囲を少しずつ狭《せば》めている……そんな傾向が、はっきりと見られるようになった。なかには積極的に政権に迎合する内容を記事にしたり放送することもある。

こうしたことを続けていくと、ついには、政府側からの積極的な圧力と懐柔がなくても、メディアの側が積極的に自粛し、政権に擦り寄っていく——これが第二段階、三段跳びの「ステップ」である。

そのことを示す例の一つが、二〇一五年四月一三日、日本民間放送労働組合連合会が出した声明である。これは、自民党の報道介入に対して抗議する内容。そのなかでは、最近、報道機関トップが安倍総理とのゴルフや会食に積極的に応じる一方で、政権サイドのメディアへの高圧的な態度が目立つ、という言及がなされている。

メディアの人間が権力者とゴルフや会食に行くこと自体、欧米では考えられないことだが、現場で働いている人たちが、「何でそんなことをするんだ」と感じ、経営者の意向がどうしても忖度されてしまい、現実に報道への悪影響が生じていることをはっきりと危惧している。

こうして、政府が何もしなくても、マスコミ自身が萎縮、自粛、迎合《げいごう》し、政権に都合の悪い情報を伝えなくなると、当然のことながら、国民は真実を知ることができなくなる。知らず知らずのうちに、政府寄りの情報によって洗脳されることになるのだ。

その結果、選挙という合法かつ民主的な手段によって、政権与党が圧倒的な議席を獲得。実質的な一党独裁が実現する。これが、三段跳びの最終段階、「ジャンプ」である。

民主主義から独裁が生まれるホップ、ステップ、ジャンプ……いま日本は、確実にステップの段階からジャンプの入り口にさしかかっているような気がする。

しかし、日本でそれが本当に起きる可能性は、まだまだ少ないと私は信じている。そのきっかけは、マスコミが変わるということではない。どこかで逆バネが働き、国民が覚醒し、それによってマスコミが機能を再生させていく、そう予感しているからだ。

目の前の天下りもテレビでは

こうした日本全体の報道の危機が進行する過程で、マスコミの現場では、個々の記者やテレビマンのあいだで、深刻な状況が生まれている。

前章で紹介した「報道ステーション」の私の最後の出演の際、問題提起しようとしたテーマを思い出してもらいたい。「小泉行革」以来の目玉の一つ、財務省と経産省の所管である日本政策投資銀行と商工中金という大きな政策金融機関の民営化、その期限を事実上なくす法改正が、二〇一五年の春に成立した。民営化の期限がなくなる……ということは、民営化されない可能性が出てきたのだ。

民間金融機関の活動の圧迫に加え、天下りの温床となる国営形態から、なるべく早く民営化するという改革路線の放棄──もし民主党政権下であれば、一面トップで扱われたはずのニュースだ。もちろん、国会でも非常に大きな議論になっただろう。しかし実際には、このニュースは非常に小さくしか扱われていない。

また、日本政策投資銀行と商工中金に加え、国際協力銀行と日本政策金融公庫という、経産省・財務省系機関のトップは、改革の過程で全員、民間出身になっていた。それが安倍政権になってわずか二年ほどで、四つのうち三つのポストが、経産省や財務省の次官級OBのポストとして、「大政奉還」された。あれだけ「天下り廃止」と叫んでいたにもかかわらず、一気に逆戻りしているのだ。このことも、ほとんどのマスコミが問題にしていない。

こうした重要なことが大きく報じられない理由は、政権の圧力でもテレビ局の自粛でもない。では一体なぜなのか……。何人かのテレビ局関係者に聞いてみると、驚いたことに、彼らは、このニュースの重要性に気づいていなかった。数年前ならあり得ないことだ。

二〇一七年一月に大きく騒がれた文部科学省の天下り問題。私のところに取材に来た大手紙の中堅記者がこう嘆いた。若手に取材しろというと、「官僚にも働く権利がある」とか、ひどい記者は、「政府は問題ないといっているのに、どうしてそんなに大騒ぎするんですか。あなたは少し偏っていませんか」という答えが返ってきたというのだ。

私が、報道の危機が民主主義の危機につながる最後の段階、「ジャンプ」の入り口まで来ていると感じている最大の理由は、ここにある。つまり、彼らは、記者として最も重要な素養である、政権を監視し、おかしいと感じたことを掘り下げていくという能力を失いつつある。

国民が洗脳される前に、記者が記者でなくなってしまうという段階に入っている。これこそ最大の「報道の危機」ではないだろうか。

自分で取材しないコメンテーターの罪

「報道ステーション」での「事件」をめぐって、「古舘対古賀のバトル」という面ばかりがクローズアップされ、面白おかしく報道されたことは、官邸から見れば願ってもない展開だった。より本質的な「権力による報道の自由の抑圧」という論点が完全にかすむことになったからだ。

本質論が展開されない原因の一つは、「官邸からの圧力があった」ことについて異論を唱えるコメンテーターがいることだ。現実に取材をしているまともなジャーナリストにとっては、権力側が直接的な圧力も含めて異例なまでのマスコミ工作を繰り広げていることは、周知の事実。すでに報道もされている。

しかしメディアのなかには、自分で取材をしない、もしくは偏った取材だけをしている「自称ジャーナリスト」もいる。そうした人たちが、圧力を否定するような愚かなコメントを繰り返すのだ。彼らの罪は重い。なぜなら、視聴者はそのコメントに騙されて、「圧力があったのかどうか」という入り口の議論にばかり関心を持ってしまい、本質論にたどり着けないからだ。

　このような、国民を惑わせるコメンテーターは、いくつかのグループに分類することができる。第一のグループは、そもそも政権寄りであるため、圧力を受けるはずがない人たち。

　第二は、テレビ局に媚びることで出演機会を確保する人たちだ。その多くは自分の信念など持たず、自ら局側の意向を汲《く》んでコメントする。一番多いのが、このグループだ。テレビに出演して自分の名前と顔を売ることが最優先。そうすることで他の番組や講演の依頼が増え、ギャラが上がり、著書も売れる。それが最優先されるのである。当然、彼らも圧力とは無縁だ。

　そして第三のグループは、政権の監視や批判がマスコミの重要な役割だと分かってはいるが、信念を貫けない人たち。テレビの外では政府批判もするのだが、在京キー局の本番では、本質を語ることを避ける。この場合、番組外でのイメージがあるので、視聴者は、本当は非常に大きな問題があるにもかかわらず、「いつも政権に批判的なあの人が批判してないのだから、そんなに大きな問題ではないのだろう」と勘違いしてしまうことにつながる。その意味では、このケースも非常に罪が重いといわなければならない。

　彼らは必ず、「テレビに出られなくなったら政権批判もできない、多少の妥協は必要だ」と言い訳をする。しかしその考えでは、政権の圧力によってテレビ局が自粛を強めるにしたがい、自分の発言の自主規制ラインも自動的に狭まってしまう。テレビに出て、視聴者に誤った認識を与えてしまうのであれば、出ている意味がないどころか、有害ですらあると思う。

そして、そのような行動を続けているうちに、最初は常に問題意識を持っていた人でも、いつしか自動的に政権のいうことに合わせる人に変わってしまう。さらには、自分が変わってしまったことにさえ気づかなくなってしまう。そうした人を、私は何人も知っている。

私が妥協せず、自分の考えを発言し続けるのは、そうしなければ私自身が変わってしまうことを怖れているからなのだ。

しつこいようだが、もう一度いおう。

「あなたがすることのほとんどは無意味であるが、それでもしなくてはならない。そうしたことをするのは、世界を変えるためではなく、世界によって自分が変えられないようにするためである」——私が「報道ステーション」で、最後にマハトマ・ガンジーのこの言葉を紹介したのは、そのことをマスコミの人たちに考えてほしいと思ったからだ。

評論家の「テレビに出てなんぼだからね」

二〇一四年秋、衆議院解散の気運が高まるのと同時に、御用政治評論家や御用経済評論家たちが、おかしな説を流し始めた。先述した第二のグループに属する人々だが、「消費税増税を延期するなら、増税に関する自公民の三党合意に反するから、解散で国民の信を問う必要がある」という、安倍政権の言い分通りの内容を語りだしたのだ。

安倍政権の苦し紛《まぎ》れの解説を真に受けて、三党合意の文章を読むこともなく垂れ流したこれらの評論家たちは、選挙報道でマスコミに重用され、最大の稼ぎ時を迎えることになった。

彼らの最大の問題は、政策をまったく理解できないこと。だから、公開情報である政策に関する知識さえ欠けている。

そういう人たちが、政治部の情報を鵜呑《うの》みにして、とんでもないことをテレビで発言したりする。彼らは、とにかくテレビに出られればいいという考えだ。

とにかくテレビに出る。そうすると出演料が入るだけでなく、講演の依頼も来る。この収入が大きいのだ。そこでは、「政治の裏側を読み解く」などといったタイトルで裏話をする。「安倍さんとゴルフに行ったときに……」とか、「ある政府首脳と会食したら……」などと、いかにも秘密情報っぽく話すのだが、そうやって情報が流れることを政治家は計算して話している。だから、本当の秘密の話ではない。

しかも、彼ら政治評論家の多くは政策に疎《うと》いので、狡猾《こうかつ》な政治家に簡単に騙され、ＰＲマンとして使われている。ただ裏話だから、聞いている分には、確かに面白く感じる。

そうやってテレビ出演していると、講演料がどんどん上がり、収入が増える。だが、そのためにはテレビに出続けることが至上命題。だから、テレビ局が何をいってほしいか、何をいってほしくないか、それに敏感なのだ。テレビ局としては、これほど使いやすい人材もない。

ある政治評論家は、「報道ステーション」のディレクターにこういったそうだ。「何でもいいから番組に呼んでよ。出られればいいからさ」と。

また、あるとき、新幹線で偶然一緒になったコメンテーターは、私に、「やっぱり、僕たちは、テレビに出てなんぼだからね。そのあたりはよく考えないとね」と、親切に忠告してくれた。ああ、なるほど、そういう考えなんだな、と妙に納得したのをよく覚えている。

だが、国民の多くはそういう実態を知らない。だから、政権与党がこういう政策音痴の御用政治評論家を使って国民世論をコントロールすることが可能になるのである。

唯一転向しなかったコメンテーターは

菅官房長官が、テレビのコメンテーターや「有識者」たちと、昼夜問わず頻繁に会食をしていることは前述した。特に安倍政権に批判的な人を呼んでは、ソフトに懐柔していく。

一強多弱の政治状況が続き、圧倒的優位を保つ安倍政権の官房長官に食事に呼ばれれば、悪い気はしない。そして、いろいろ面白い情報を教えてもらえれば、自分の仕事上、大きなプラスになる。そういう計算で、誰もが菅官房長官の軍門に降《くだ》り、会食後は、あからさまな政権批判をしなくなったそうだ。民主党のブレーンとして有名だった政治学者なども、いとも簡単に寝返っていく様を見ながら、菅官房長官の秘書官も、その手練手管《てれんてくだ》に舌を巻いたという。

そんななか、菅官房長官の懐柔に一切応じず、最後まで転向しなかったのが、TBS「NEWS23」のアンカーを務めた岸井成格氏だという。会食中も一切菅氏に媚《こ》びず、安倍政権批判をして帰った同氏は、その後も番組中で歯に衣着《きぬ》せぬ辛辣《しんらつ》な言葉で正論を貫いた。

集団的自衛権については、安保法案の国会審議の終盤で反対の世論が盛り上がり、国会前に何万人もの人が集まった。それを見て、ようやく政権批判のトーンを出し始めたキャスターもいたが、岸井氏の場合は、二〇一四年の閣議決定以前から、非常に明確に違憲論を展開し、世論の動向を気にすることなく、安倍批判を展開した。

ある官邸スタッフは、「みんなおとなしく転向したのに、あの人は、とんでもない人なんだよね」と語ったという。仕事をするうえでは許しがたい敵だが、人間としては一目置かざるを得ない、というニュアンスだ。

この言葉は、ジャーナリストにとって、最高の勲章なのではないだろうか。

自民党「圧力文書」の効果

「それにしても、政権がメディアに圧力をかけることなど、この民主主義の世の中で、本当に可能なのだろうか？　いったい、どうやって実行するのか？」

そう疑問に思われる方のために、一つの実例を示しておきたい。

二〇一四年、衆議院解散前日の一一月二〇日付で、当時の自民党筆頭副幹事長の萩生田光一《はぎうだこういち》氏（現官房副長官）と報道局長の福井照《ふくいてる》衆議院議員から、在京テレビキー局の編成局長と報道局長宛に、選挙があるので「公平中立」と「公正」な放送を心がけて欲しい、という主旨の要請文書が出された。

萩生田氏は、東京の二四区選出の衆議院議員で、総裁特別補佐も務めた安倍総理の側近だ。したがって、この文書は、安倍総理に代わって発出されたと受け取られた。安倍総理も、自分自身の直接の関与を否定しつつ、その内容は問題ないとして、要請そのものを肯定している。

文書の宛先の一つである報道局長は、各テレビ局のニュース番組などを担当する責任者だから、政党とは関係が深い。一方の編成局長は、報道番組だけでなく、バラエティやドラマ、音楽など、あらゆる番組を含めて番組編成全体を統括する責任者。この編成局長も宛先に含めた文書は、テレビ局内のすべての番組へのメッセージだということになる。

ニュース番組のキャスター、コメンテーター、番組スタッフだけではなく、すべての番組関係者が、直接、間接に、この文書の圧力を受けたということだ。そして、その後の衆院選では、あらゆる番組で、政治ネタが極端に減り、朝のワイドショーでのコメンテーターの発言は、異様なまでに与党批判を避ける形になってしまった。

歴史に残るこの文書を、長くなるが引用してみたい。

〈平成26年11月20日
在京テレビキー局各社
編成局長殿

報道局長殿

自由民主党
筆頭副幹事長　萩生田光一
報道局長　福井　照

選挙時期における報道の公平中立ならびに公正の確保についてのお願い

日頃より大変お世話になっております。

さて、ご承知の通り、衆議院は明二一日に解散され、総選挙が一二月二日公示、一四日投開票の予定で挙行される見通しとなっております。

つきましては、公平中立、公正を旨とする報道各社の皆様にこちらからあらためてお願い申し上げるのも不遜とは存じますが、これから選挙が行われるまでの期間におきましては、さらに一層の公平中立、公正な報道姿勢にご留意いただきたくお願い申し上げます。

特に、衆議院選挙は短期間であり、報道の内容が選挙の帰趨に大きく影響しかねないことは皆様もご理解いただけるところと存じます。また、過去においては、具体名は差し控えますが、あるテレビ局が政権交代実現を画策して偏向報道を行い、それを事実として認めて誇り、大きな社会問題となった事例も現実にあったところです。

したがいまして、私どもとしては、

・出演者の発言回数及び時間等については公平を期していただきたいこと

・ゲスト出演者等の選定についても公平中立、公正を期していただきたいこと

・テーマについて特定の立場から特定政党出演者への意見の集中などがないよう、公平中立、公正を期していただきたいこと

・街角インタビュー、資料映像等で一方的な意見に偏る、あるいは特定の政治的立場が強調されることのないよう、公平中立、公正を期していただきたいこと

——等について特段のご配慮をいただきたく、お願い申し上げる次第です。

以上、ご無礼の段、ご容赦賜り、何とぞよろしくお願い申し上げます。〉

これから選挙なのだから、「公平中立」と「公正」な放送を心がけるようにという要請だ。公平中立や公正などと、一般の人が見れば、当たり前のことをいっていると取れるように書いてある。だがそこには、テレビ関係者なら分かる「本当の意味」が込められているのだ。

政府が持つ放送免許剝奪の権限

この文書で驚かされるのは、A4一枚という短い文書のなかに、「公平中立」「公正」「公平」という言葉が計一三回も繰り返し強調されていることだ。これだけしつこくいうからに

は、相当の思い入れがあるのだろう——受け取る側はそう思う。

しかも抽象的な要請だけでなく、「出演者の発言回数及び時間等」「ゲスト出演者等の選定を公平中立に、あるいは「テーマについて特定の立場から特定政党出演者への意見の集中などがないよう」「街角インタビュー、資料映像等で一方的な意見に偏る」ことがないようにと、具体例を挙げて、要請を行っている。

こうした問題について、自民党は以前からテレビ局に対してことあるごとに文句をつけてきた。私自身も、ゲストコメンテーターの選定について、自民党の関係者が番組放送直後に政治部の記者などにクレームをつけていることを、多くのテレビ局の関係者から聞いている。

また、「街角インタビュー」といえば、ＴＢＳの「ＮＥＷＳ23」に出演した安倍総理が、街頭インタビューのＶＴＲを見て、政権批判が目立つよう恣意的に編集したと怒ったことを、テレビマンならすぐに思い出すだろう。

つまり、この文書は一般論としていっているようでいて、実はテレビ局側に過去の事例を思い出させ、何をやってはいけないか、どんな人物を出演させてはいけないかを具体的に念押しする意味があるものなのだ。

さらに問題なのは、「過去においては、具体名は差し控えますが、あるテレビ局が政権交代実現を画策して偏向報道を行い、それを事実として認めて誇り、大きな社会問題となった事例も現実にあったところです」という部分だ。

テレビ関係者であれば、これが何のことかがすぐに分かる。一九九三年、テレビ朝日の報道局長の発言が問題となり、国会で証人喚問まで行われた、いわゆる「椿《つばき》事件」だ。この事件の際には、自民党などが放送法違反だという主張を展開。放送免許剥奪《はくだつ》という議論まで出た。

しかし結局、放送法違反の事実はなかったという総務省の判断によって、免許剥奪には至らなかった。ということは、この文書で自民党が一方的に書いている「偏向報道を行い」という部分は、総務省が認めていないのだから事実とはいえない。

にもかかわらず、文書においてこの事件を引用したのは、テレビ局が自民党のいうことを聞かなければ、「公平中立」「公正」な報道をしなかったと難癖を付け、国会に呼び出すぞ、政府には放送免許剥奪の権限があるのだぞ、と脅しをかける意味があってのことだ。少なくとも、テレビ局側はそう受け取るし、文書を出したほうもそれが分かっていたはずだ。

共産党も同様の申し入れを行っているではないかという指摘もあるが、共産党は、番組の内容に文句をいっているのではなく、少数政党も他の政党と同等に扱うよう要請しただけで、自民党が番組内容に影響力を行使しようとしたのとは性質が違う。

また、自民党と共産党ではその立場が根本的に違う。テレビ局は、政権の座にいない、つまり放送免許剥奪の権限がない共産党に何をいわれても怖くないからだ。

共産党が、もし放送に問題があると思うのなら、本来はＢＰＯ（放送倫理・番組向上機構）などに申し出るといった手段をとることが望ましい。テレビ局に直接要請するのは控えるべきだろう。とはいえ、である。政権与党と権限がまったくない共産党とでは、同じようなことをやっても、その意味合いがまったく違うものになるのだ。

インターネットテレビしか報じない真実

こうしてみると、自民党の文書発出は、政権与党としての禁じ手を使ってしまったといっていい。明らかに憲法が保障している表現の自由への直接的な侵害行為であり、報道の自由への重大な挑戦である。同じことが他の先進国で起きたら、すべての報道機関から政府批判が起きるだろう。総理の側近がやったわけだから、単に萩生田光一氏の辞任ではなく、政権そのものが揺らぐほどの大問題になるはずだ。

にもかかわらず、文書を受け取ったテレビ局や、それを知った他の報道機関の多くは、この事件を重大な問題だと受け止めなかった。この暴挙を、一週間近く放置していたのだ。

最初に報道されたのは、一一月二六日。テレビ局でも新聞社でもない、インターネットテレビで毎日ユニークな情報を発信している「ニューズオプエド」によるものだった。

テレビ局は、この問題を少なくとも局長レベルで知っていた。局長が社長や会長に隠していたとは到底考えられない。ということは、会社全体として「報道しない」という判断をしたことになる。報道したら安倍総理に睨《にら》まれるから、抗議も報道もせず、おとなしくしていたのだ。

これは、単に報道機関としての姿勢の問題にとどまらない。報道を歪《ゆが》めようとする自民党のスキャンダルをあえて隠蔽《いんぺい》した行為は、選挙で自民党に不利になる重大な事実を国民に知らせず、結果的に選挙戦を自民党の有利に導く結果につながるからである。

つまり自民党に肩入れする、明らかに偏向した報道姿勢だ。自民党流の解釈をすれば、この問題をニュースとしてしっかり報道しなかったテレビ局こそ、放送法違反で免許を剝奪すべきだということになるのではないか。

警告文を無視したテレビプロデューサーは

さらに、これまで大手メディアでは、まったく報道されていない、もう一つの「圧力文書」がある。この存在もまた、ネットメディアが報じるまで表に出なかった。その文書とは、先に出てきた自民党報道局長の福井照衆議院議員から、テレビ朝日「報道ステーション」のプロデューサーに宛てた、極めて直接的な手紙だ。

二〇一四年一一月二六日付だから、先述の圧力文書の六日後に出されている。二〇日付で出した文書にテレビ局側がまったく抗議せず、おとなしくしているということは、自民党の圧力に黙って屈するというメッセージだと、自民党側が理解したのであろう。

自民党の圧力は、一気にエスカレートした。「報道ステーション」のプロデューサーに送られてきた文章を次に引用する。

〈株式会社テレビ朝日
「報道ステーション」担当プロデューサー　殿

平成二六年一一月二六日
自由民主党
報道局長　福井　照

冠省　貴社の一一月二四日付「報道ステーション」放送に次のとおり要請いたします。

記

貴社の一一月二四日放送の「報道ステーション」において、アベノミクスの効果が、大企業や富裕層のみに及び、それ以外の国民には及んでいないかのごとく、特定の富裕層のライフスタイルを強調して紹介する内容の報道がなされました。

サラリーマンや中小企業にもアベノミクスが効果を及ぼしていることは、各種データが示しているところです。たとえば、賃上げ率はこの春二・〇七%と過去一五年で最高となっており、中小企業においても、三分の二の企業が賃上げを行っております。また、中小企業の景況感も二二年ぶりにプラスになっております。

アベノミクスの効果については種々の意見があるところです。意見が対立している問題については、できるだけ多くの角度から論点を明らかにしなければならないとされている放送法四条四号の規定に照らし、特殊な事例をいたずらに強調した二四日付同番組の編集及びスタジオの解説は十分な意を尽くしているとはいえません。

貴社におかれましては、公平中立な番組作成に取り組んでいただきますよう、特段の配慮をお願い申し上げます。

以上〉

この圧力文書に書かれている一一月二四日の「報道ステーション」の放送は、私も見たが、アベノミクスの問題を取り扱うものだった。アベノミクスのおかげで、ウハウハ状態の富裕層の話を取り上げたのだが、それに対して自民党は、サラリーマンや中小企業にもアベノミクスの効果が及んでいることは各種データが示しているとして、意見が対立しているのだから多角的な論点を取り上げろ、といったのだ。

当時は、アベノミクスが一般庶民や中小企業に恩恵を与えていないということが、各種世論調査でもはっきりしていた。ところが自民党は、それを伝えられると選挙に不利だから、庶民や中小企業に恩恵が及んでいる例を探して報道しろという、まったく理不尽なことを要求してきたのだから驚きである。

しかし、もっと驚いたのは、放送法の規定をわざわざ引用したことだ。「俺たちは政権与党だ。いうことを聞かないと、免許剥奪もあるからな」という最大級の脅しなのだ。幸い、このプロデューサーは、この文書を一笑に付して、まったく相手にしなかったそうだ。

もちろんテレビ朝日のなかでは、経営トップにまで、この文書のことは報告された。そして、この件は完全に極秘扱いとなり、長く伏せられていたのだ。

この文書は、特定の番組を狙い撃ちにし、特定の放送内容に文句をつけ、しかも、会社宛でなく担当プロデューサー個人を狙っている点で極めて悪質である。そして、その悪意はのちに自民党の思惑通りの結果をもたらした。

このプロデューサーが、実は、二〇一五年三月に更迭《こうてつ》された女性プロデューサーだったのである。つまり、警告に従わなかったから、クビになった。そういう見せしめを、テレビ朝日は全社内に知らしめるとともに、安倍政権に対して、恭順の意を表したのである。安倍政権の思惑通りの展開だった。

報じたのは「日刊ゲンダイ」だけ

さて、先の在京キー局向けの圧力文書に話を戻そう。そこには、隠れた問題がもう一つある。この文書は、自民党詰めの記者クラブ「平河クラブ」にいる各テレビ局のキャップ（各社のクラブのトップ）に直接手渡されたというのだ。

記者クラブでは、同じ部屋のなかに大手メディアの記者が机を並べ、いつも横並びを気にしながら記事を書いている。そこで、実は同じ記者クラブにいた新聞記者のなかには、この話を知っていた者が結構いたのである。

ということは、記者クラブの記者から各新聞社の政治部にも情報が届いていたはずだ。しかし、どの新聞も通信社も、すぐには報道しなかった。私はニューズオプエドのスクープ後、何社かの全国紙の政治部記者に電話して、なぜ書かないのか聞いてみた。彼らは、異口同音にこういった。

「おかしな話です。記事にすべきですが、自民党の記者クラブは動かないでしょうね。選挙中だし、自民党のクラブは安倍政権を怖がっているから。一応デスクにはいってみますけど……」

記者クラブでは、こういうときに阿吽《あうん》の呼吸でカルテルが成立する。どの社も記事化に動いていないことを確認しつつ、「君子危うきに近寄らず」で沈黙していたのだ。選挙が近い時期にこうした情報を流して自民党に逆恨みされることを心配したのだろう。だから、あえて取材をしたり、確認を取ったりしなかったのだ。

スクープしたニューズオプエドは視聴者がまだ少なく、社会的な影響力が弱いから、無視しても、そのうちこの情報は消える。そんな思惑があったかもしれない。各社とも、すぐには後追いの報道をしなかった。

ニューズオプエドでは文書が公開され、コピーを誰にでも無料で配るとされた。大手紙の記者なら、それ以前でも、自民党記者クラブで系列局の記者にいえば、すぐに入手できたはずだ。自民党に真偽を確認するのも、電話一本で済む。現に、ジャーナリストの今井《いまい》一《はじめ》氏などは、すぐに事実だと確認して、同日夜にはツイッターで速報している。

ニューズオプエドのスクープの翌々日、これを記事にしたのは、夕刊紙の「日刊ゲンダイ」だった。日刊ゲンダイはテレビ局数社に確認を取り、文書が本物だということを含めて報道した。ネット上ではすでに、本物だと確認した今井一氏のツイートで、文書のコピーが広く流されていた。

ここまで来ると、さすがに新聞社は書かざるを得ない。毎日新聞がかなり詳しく、かつ批判的に書くと、各紙、安心したのか、すぐに後追いで記事を書いた。もちろん、読売新聞などは非常に控えめで、批判的コメントなしの記事だったが……結局、「みんながやるならウチも乗り遅れないようにしよう」ということだったのである。

国対委員長の脅し

このような状況下で、「報道ステーション」を降板した私をゲストに招いてくれた番組があった。二〇一五年五月、関東のローカル局、東京ＭＸテレビの「淳と隆の週刊リテラシー」という番組に、二週連続でゲスト出演することになった。ロンドンブーツ1号2号の田村淳《たむらあつし》氏、ジャーナリストの上杉隆《うえすぎたかし》氏がパーソナリティを務める番組で、大メディアでは扱いづらいニュースの裏面や異論を歯に衣着せずトークするという、ちょっと過激だが、とてもためになる情報バラエティであった（しかし、残念なことに、二〇一六年九月になぜか番組は終了）。

政権やスポンサーに気を遣うあまり、本音をしゃべったり書いたりできないメディアが多いなか、この番組では出演者がのびのびと持論を語ることができた。

ところが、五月二日の番組出演直前、自民党の佐藤勉《さとうつとむ》国対委員長が記者との懇談の席で発言した内容を知って、何ともいえない気持ちになった。これは上杉氏のニュースサイト運営会社「No Border」のスクープ。それによると、佐藤氏は記者たちに次のように話したそうだ。

「（テレビ局は）公正公平じゃないといけない。最近どっか古賀さん使ったんだって？　勇気あるよなあ」

この発言に先立つ四月一七日、自民党は放送内容に偏《かたよ》りがあるとして、NHKとテレビ朝日を呼びつけ事情聴取を行った。佐藤氏はその動きの中心人物である。そんな人物が「勇気あるよなあ」といったのだ（私ものちに、そのオフレコメモを入手して確認した）。メモには、「圧力？」と聞く記者に対して、「圧力じゃねえよ」という佐藤氏の言葉が記されてはいるが、この発言はどう考えても脅しそのものであるし、あまりに品がない。同じ日本人として恥ずかしくなる。

放送内容に偏りがあるとしてテレビ局を呼びつけ、聴取した人物が、番組出演者に関して「勇気あるよなあ」という。それは、受け取る側にはこう聞こえるはずだ。

「政府に楯突くようなことをするなんて、勇気あるよなあ。そんなことをして、どうなるか分かっているのか？」

私が報道への政治介入を明らかにした行為を、自民党はけしからんと怒り、さらに繰り返しメディアに圧力をかける。まるで、それが当たり前だといわんばかりの佐藤氏の態度……。

そして驚くことに、日本の大マスコミは、この発言をまったく報道しなかった。

日本のマスコミの機能不全は、その時点で、既に回復不能な段階に入ってしまっていたのではないだろうか。

総理に言論の自由はあるか

安倍政権によるメディア支配。その根本にあるのは、安倍総理が民主主義や立憲主義をまったく理解していないことだろう。

先述のとおり二〇一四年には、安倍総理がＴＢＳの番組に出演した際、街頭インタビューの映像にクレームをつけている。「景気がよくなっていると実感していますか」という質問に「していない」という答えが続出するＶＴＲに怒ったのだ。そのことを国会で指摘されると、安倍総理はこう答えた。

「私にも言論の自由がある」

これは「迷言」どころか、ほとんどブラックジョークである。

そもそも、言論の自由は憲法によって国民に保障されたものだ。「権力者によって言論の自由を抑圧されるということがあってはいけない」と定めたものなのである。

逆にいえば、権力者に対しては、言論の自由を抑圧してはいけない、権力を濫用《らんよう》してはいけないという戒《いまし》めなのである。

安倍総理がTBSの番組に出演したのは、「安倍晋三という一国民として」ではない。総理として、つまり権力者としてである。そんな立場の人間が、自分のいいたいことを思うがままに振りかざしたら、それはすなわち権力の濫用であり、言論の自由を抑圧することになる。総理が報道の内容にクレームをつけるということは、圧力をかけているということ以外の何物でもない。しかし安倍総理には、そういう意識がまったくないのだ。

もしかすると、安倍総理は権力者に自由を保障しているのが憲法だと勘違いしているのではないか。だとしたら、「憲法は権力をしばるものだ」という立憲主義とは正反対の思想である。安倍総理がそんな人間であるというだけで、総理不信任の十分な理由になるのではないか。

そして、そんな圧力にメディアが屈してしまうと、どうなるか。街頭インタビューで批判の言葉ばかりが集まったとしよう。そのときに、「これじゃ安倍政権に怒られてしまう。賛成のコメントも入れておかないと」と、賛成コメントが収録できるまで取材を続けることになる。取材の結果が、反対五に対して賛成一というものだったとしても、ＶＴＲではそうはならない。両論併記という建て前もあって、賛成と反対が一対一の割合になるＶＴＲが作られる。問題とされたＴＢＳの放送でも、実際には、かなり苦労して安倍政権寄りのコメントを録って、それを流したのに、それでも安倍総理に批判された……それが笑い話になっているそうだ。

ちなみに後述するとおり、放送法四条には、「政治的に公平であること」とは書いてあるが、「中立」という言葉はどこにも出てこない。正しいことを正しいといい、間違ったことを間違っていると伝えることは、何ら問題ない。アメリカでは、公権力が放送局に中立や公平を要請すること自体が憲法違反だという考えが主流だ。

安倍総理の不勉強ぶりは目に余るが、テレビ局も表現の自由、報道の自由を正しく理解していないのが日本の特徴だ。

たとえばイスラム国の人質事件直後、「政権批判をするとテロリストを利することになる」といった考えが放送中に堂々と唱えられたのには、正直、本当に驚いた。世界の常識からはまったくかけ離れている。

たとえばアメリカは、当時から本気でイスラム国と戦っている。イラクやシリアに空爆を行うに当たって、アメリカ政府は、「これは戦争だ」とはっきり宣言した。そんな「戦時下」の国であっても、戦うこと自体、そして戦い方についても、民主党、共和党、いや各議員ごとに多様な意見があり、そこでは激しい議論が行われている。もちろん、メディアは「戦争はやめろ」から、「もっと強硬にやれ」まで、自由にさまざまな議論を展開している。

民主国家ではそれが当たり前なのに、なぜか日本では、人質をとられたら政府に反対してはいけないことになってしまう。「こういうときこそ結束が必要だ」などという意味不明なことを、コメンテーターだけではなく、テレビのメインキャスターやラジオのパーソナリティが発言する。メディア自らが、報道の自由を放棄しているのだ。

メディアも、われわれ一人ひとりも、もっと言論の自由、表現の自由の重要性について理解する必要があるのではないか。

出版とテレビの大違い

放送法を振りかざしてメディアに圧力をかける安倍政権だが、実は、それこそが法律違反でもある。放送法三条で「放送番組は、法律に定める権限に基づく場合でなければ、何人からも干渉され、又は規律されることがない」と定められているからだ。

その一方で、先に述べたとおり、四条には「政治的に公平であること」「意見が対立している問題については、できるだけ多くの角度から論点を明らかにすること」も記されている。これが安倍政権の論拠なのだが、しかし「公平」とはなんだろうか。

賛成と反対をバランスよく報道するといっても、先述したように、反対意見が多数の場合に賛成意見も同程度に扱っては、逆にバランスを欠くことになる。たくさんの情報があるなかで、すべての意見を公平に扱うというのは、逆に不公平になってしまうのだ。

アメリカでは、むしろ、「放送局はたくさんあるのだから、それぞれが自由に論陣を張ればいい」と考えられている。その結果、メディア全体で公平公正になるというわけだ。

実際、日本でも出版の世界はそうなっている。政権を批判する本を出すときに、「公平」であるため政権を擁護する本も同時に出す必要はない。

しかしテレビの世界ではそうはならない。公共の財産である電波を利用しているからという理由があるからだ。しかし、自民党が「報道ステーション」に宛てた文書では、メディア全体でのバランスどころか、一つの放送局、さらには一つの番組のなかでバランスを取らなければならないとしている。こうした番組作りは不自然だし、いかにも無理がある。

そもそも、政権が公平を求めるということは、番組の内容に言及しているという意味で介入にほかならない。かつての自民党、それに民主党政権からも、番組内容へのクレームはあったのだが、当時のテレビ局には、それを跳ね返そうとする気概のあるディレクターやプロデューサーがいた。もちろん、それが、「報道の自由」というテレビ局の生命線を脅かすものだと知っていたからだ。

しかし現在は、先述したアメとムチで、局が丸ごと飼い慣らされている。そしていったん飼い慣らされてしまえば、安倍政権となあなあで付き合うほうが楽なのだろう。

他局の報道姿勢とは一線を画し、「逆張り」で政権批判をするのも報道の自由のはずだが、自分たちだけが突出するのが怖いのだ。とりわけ、各メディアがさまざまな意見を出しているのであればまだしも、ほとんどの局が安倍政権べったりの状況では、政権批判のリスクは大きいと感じてしまう。

仮に安倍政権批判が高まり、政権交代ということになっても、みんな「同罪」だから、かばい合い、一瞬で寝返って、新たな政権の側に付くのだろう。「赤信号、みんなで渡れば怖くない」である。こうしたところにも、政権批判ができなくなる原因があるのだ。

岸井成格バッシングの危険

「私達は、違法な報道を見逃しません」という大見出しのカラー刷り全面広告。二〇一五年一一月一四日と一五日、産経新聞や読売新聞に「放送法遵守《じゅんしゅ》を求める視聴者の会」が出したものだ。最初は、何だろうこれは、と思って読み進めていくうちに、私は、言い知れぬ恐怖感に襲われた。「ついにここまで」、そういう言葉が頭をよぎった。

その広告は、見出しだけ読むと放送法遵守を謳《うた》い、知る権利を守ろうと訴える意見広告のように見えた。しかし、その内容は、明らかに、TBSの「NEWS23」のアンカー岸井成格《きしいしげただ》氏をバッシングする目的で書かれたものだ。

具体的には、二〇一五年九月一六日の「NEWS23」で同氏が、安保法案について「メディアとして、廃案に向けて声をずっと上げ続けるべきだ」と発言したことを批判する形をとっていた。放送法四条の「政治的に公平であること」「報道は事実をまげないですること」「意見が対立している問題については、できるだけ多くの角度から論点を明らかにすること」などの規定に照らして、岸井氏の発言を「重大な違反行為」と断じて批判したのだ。

さらに同会は、TBSや岸井氏のみならず、総務省に対しても公開質問状を送付した。そのなかで、総務省が従来から採っている、放送法四条に関する「一つの番組ではなく当該放送事業者の番組全体を見て、全体としてバランスの取れたものであるかを判断することが必要」という見解を批判し、「個々の番組内で放送法第四条を十分尊重する」ことや「大きく賛否が分かれる政治的主題については、賛否の放映時間を常識の範囲内で公平に保つこと」などを求めた。

これは、先に紹介した自民党から「報道ステーション」のプロデューサーに宛てた圧力文書が、一つの番組内（しかも一〇分程度の一つの企画内）で放送法四条を遵守するように求めたのと、まったく同じ思想に基づくものである。

放送法四条は、そもそも強行法規ではなく、単なる倫理規定に過ぎない（放送事業者が心に留めて、自らを律するよりどころの一つではあるが、政府がこの条文違反を理由に何らかの処分を下すことはできない）というのが、通説である。しかし政府は、この立場を取らず、放送法四条に違反すると、総務大臣が停波する（放送免許を取り消して放送事業をできなくする）ことさえできるという立場だ。

この全面広告と一連の抗議行動の特徴は、意見の内容が、明らかに政府や自民党のマスコミ弾圧に同調した形で行われていることだ。代表者も安倍総理に近く、いわば安倍政権の世論操作部隊と見られても仕方のないようなメンバーである。

さらに、この事件の最も重大な問題は、読売新聞と産経新聞が、特定の個人を非難する意見を、その非難される個人に反論の機会を与えないまま掲載したことだ。

特に、カラーの全国紙全面広告であれば、ゆうに数百万円はコストがかかる。このコストをだれが負担したのか。それを両新聞は確認したのだろうか。これだけの大金を設立日（二〇一五年一一月一日）からわずか二週間の団体が集めたその背景を、どう考えたのであろうか。

もちろん両紙は、「意見広告の内容には立ち入るべきでない」「広告主に反社会性がない限り差別なく掲載する」「岸井氏側が要請すれば、その意見広告も同等に扱う」というだろう。しかし実際には、一個人が、このような大金を負担することは至難の業《わざ》だ。それを承知で掲載したのだから、一方的な社会的バッシングに両紙が加担したと批判されたのは当然のことである。

政府批判の声を上げると、政府に近い人間が集まり、大金を使って批判者をバッシングする。さらに、放送法で停波する権限があるという総務省に抗議を行い、テレビ局に圧力をかける。天下の大新聞がそれをサポートする。このような状況が何を意味するのか。

岸井氏は、翌二〇一六年三月末に、「NEWS23」を降板させられた。一個人が、良心にしたがって真実を報じ、正論を主張することは、もはや不可能になってしまったのだろうか。

二〇一六年、テレビ報道は死んだ

もちろん、いまでも正論を吐き続けているジャーナリストやコメンテーターはいる、そうした反論もあるだろう。しかし、はっきりいって、圧力がかからないコメンテーターとは、いわば政権が「影響力なし」と判断しているというだけのことだ。

まず、二〇一五年に「報道ステーション」で最も影響力のあったプロデューサーを更迭させ、最も影響力のあるコメンテーター恵村氏を降板させたのは、どうやれば番組を骨抜きにできるかを熟知した官邸のやり方だった。古舘氏はどうにでもコントロールできる。そういう判断で、まずは古舘氏の両手足を奪った。古舘氏は孤立し、自らの保身を考えれば、思うような放送ができなくなった。そのため「報道ステーション」の心あるスタッフたちは、古舘氏を、裏切者と呼んだ。

それでも安倍政権は、攻撃の手を緩めなかった。結局、古舘氏は二〇一六年三月末で降板した。ほとんど脳死状態だった「報道ステーション」の息の根が止まった瞬間だ。

古舘氏は、降板が決まった二〇一五年末を境に、昔の栄光を取り戻そうと必死だった。何しろ三〇億円の稼ぎがなくなるのだから、その後の仕事への影響を考えると、政府に屈服した偽善者というレッテルを剥《は》がさなければならない。最後の悪あがきとも見えた。

が、その気持ちと、「報道ステーション」の心ある関係者の反骨精神がたまたまうまくシンクロして、あの名企画「独ワイマール憲法の〝教訓〟」を世に問うた。安倍総理には一言も触れず、いかに現在の日本がヒトラー誕生前のドイツに似ているかを浮き立たせる究極の政府批判……これは全国から称賛の嵐となり、その放送は、日本のテレビ番組のアカデミー賞である「ギャラクシー大賞」を受賞した。

複数のテレ朝関係者によると、実は、この企画は古舘氏のものではない。前年クビになった「報道ステーション」のプロデューサーが、古舘氏を説き伏せて実現したものだ。もちろん、そのプロデューサーが企画全体を仕切り、ドイツのロケも陣頭指揮してできあがった。

ギャラクシー大賞を取ったといえば、普通は、局内では「おめでとう」「よくやった」という称賛の声が寄せられるはずだ。しかし残念なことに、この企画には、逆に冷たい視線が向けられ、「安倍政権ににらまれるような番組を作った」ことを案じる幹部は、この放送を話題にすることを、終始、避けていたそうだ。「報道ステーション」のスタッフからは、「残念だ」という声が聞こえてきた。

そして、これはほとんど報じられていないが、実はとんでもない大事件が起きていた。

ギャラクシー大賞は毎年ＮＨＫが放送で紹介している。それほど権威のある賞なのだが、その紹介番組には、賞を取った制作スタッフが招かれてインタビューを受けることになっている。ところが二〇一六年のこの番組では、テレビ朝日の制作スタッフは出演せず、しかも、驚いたことに、本来素晴らしい番組を伝えるはずの番組で、NHKのアナウンサーが、「報道ステーション」の「ワイマール企画」だけは、「偏った内容だ」などとボロクソに批判し、徹底的にこき下ろしたのだ。これではまるで、欠席裁判である。

ことの経緯は不明だが、NHKとしては、安倍政権に対して最大限おもねって、「放送はしたけど、思い切り批判しておきました」といえる内容に仕立てたということだろう。そうするためには、テレ朝の制作スタッフがいるとまずい。逆に安倍批判のコメントでもされたら大変だ。そこで、テレビ朝日の幹部が「報道ステーション」の企画について快く思っていないのを幸いに、制作スタッフが欠席のまま番組を作ったと推測される。現に、制作スタッフには、招待状も届いていなかったということが、後に分かったそうだ。

このあたりの真相は、これからしっかりと検証してみると面白いだろう。

「NEWS23」の岸井氏とは違って、「報道ステーション」の古舘氏は、最後まで政府と戦う姿勢は見せず、おとなしく降板した。もちろん、次の仕事を考えれば仕方のないことなのだろうが、岸井氏が、現在も報道の自由のために公の場で身を賭して戦っているのと比べると、いかにも残念だと思ってしまう。

そして、もう一つ、NHKの看板報道番組「クローズアップ現代」でも、メインキャスターの国谷裕子《くにやひろこ》氏が降板させられた。まさに降板ドミノである。

いまや政府批判を堂々とできる番組は、TBSの「報道特集」と「サンデーモーニング」だけになった。TBSの社長は、テレ朝、日テレ、フジなどと違って、安倍総理と会食をしていない（報道を見る限り）。これが現場の雰囲気を何とか中立に保っている理由であろう。

しかし、二〇％近い視聴率を叩き出すドル箱番組の「サンデーモーニング」のスタッフにも、次のターゲットとして、政治部を通じてプレッシャーがかかっているという。「報道特集」は、それほど視聴率が高くないので、こちらのほうが危ないかもしれない。

いずれにしても、二〇一六年四月一日は、日本のテレビ報道が死んだ日として記憶されることになるだろう。そんな気がしてならない。

第四章　日本人だから殺される時代

違憲行為を確信していた総理

二〇一五年九月一九日未明、集団的自衛権の行使容認などを含む、いわゆる「安保法案」が参議院本会議で可決され、成立した。

その内容の異常さについては、各種報道や専門家の解説が多数出ているが、その話に入る前に、この法律を成立させるまでのプロセスの異常さに触れないわけにはいかない。

まず、集団的自衛権の行使容認については、歴代内閣が一貫して違憲であるという立場を貫いてきたことはご存知のとおりだ。したがって集団的自衛権の行使を認めるためには、憲法改正を行うしかないと、日本中の誰もが考えていた。中谷元《なかたにげん》防衛大臣も高村正彦《こうむらまさひこ》自民党副総裁らの自民党幹部も、過去にそう明確に述べていたことは、テレビや新聞が繰り返し報じたとおりだ。

その延長線上で二〇一二年に成立した第二次安倍内閣も、当初は憲法を改正したいと考えたようだ。しかし、与党が参議院で三分の二の勢力を得ていないため、いきなり大議論となる憲法九条の改正を行うことは、極めて難しかった。

そこで考えたのが、三分の二を取れないなら、憲法改正の発議に必要な両院議員のそれぞれ三分の二の賛成という憲法九六条の改正要件を変更し、二分の一にしてしまえばいいという奇策。諸外国にも例があるし、過半数で決めるのだからニュートラルな改正だ、という解説が行われた。

しかし、この案は、正式な提案が行われる前に、世論の厳しい批判にさらされ、あっという間に雲散霧消《うんさんむしょう》した。何のために三分の二の要件を二分の一にするのかをいわなくても、安倍総理がやりたいのは憲法九条の改正だと、国民はすぐに感づいたのだ。

つまり、憲法九条改正には、この段階でも、国民の反対が極めて強いということがはっきりと認識されたのである。

だが安倍総理にとって、そんなことはほとんど意味をなさない。すぐに方針転換をして、集団的自衛権の行使を憲法解釈の変更で行う、いわゆる「解釈改憲」に舵《かじ》を切るのである。もちろんこれは、民主主義や立憲主義を採る国においては禁じ手だ。

王様の圧制に耐えかねた民衆が、自らの権利を守るため、国王の横暴を止めようとしてできたのが近代憲法である。もちろん日本国憲法も、日本国民が、自らの権利を守るために政府をはじめ国家権力を縛るためのものだ。それなのに安倍総理は、自由にアメリカなどと共に海外で戦争ができないことに腹を立て、それなら自らを縛るルールを変えてしまえとばかりに、解釈改憲を打ち出した。

一部には、安倍総理は大学で憲法を習ったのだが、知的レベルが低すぎて、「立憲主義」という憲法に関する最も重要な基本哲学を理解することができなかったという説も囁《ささや》かれた。

確かに大学時代はそうだったかもしれない。しかし、現在の安倍氏は、確信犯だ。集団的自衛権の行使容認を二〇一四年の通常国会が六月二二日に終了するまで決定せず、終了直後の七月一日に閣議決定したことが、それを如実に表している。つまり、解釈改憲は違憲無効だから、国会でまともに議論したら大変なことになる、そのことを十分に理解していたのだ。だからこそ、国会開会中の決定を見送ったのである。

権力を縛るための憲法を作り、あるいは改正するのは、国民である。それを完全に否定し、自分の解釈で憲法を変えてしまうのは、主権を国民から奪う行為であり、まさに国民に対する「クーデター」である。

その後の経緯を見ても、安倍氏が、自分の違憲行為をはっきり認識していたことがうかがわれる。あれだけ急いで集団的自衛権行使容認の閣議決定を行ったのに、それを法案にして提出したのが、翌年の五月だったのである。その間、安倍政権は、この問題に関する議論を避けた。違憲の行為だと分かっていたからだ。

そして極めつけが、二〇一四年一二月の衆議院の解散総選挙である。安倍政権は、集団的自衛権が選挙の争点になることを徹底して避けた。「この選挙は、アベノミクスで改革を進めるのかどうかが問われている」などと、安倍総理自ら争点隠しに必死になっていたのは記憶に新しい。この選挙の大義のまやかしについては、先述したとおりだ。

二〇一五年の通常国会で、安倍総理は、堂々とこう述べた。「二〇一四年一二月の総選挙の公約に『切れ目のない安保法制の整備をする』と書いてある。（集団的自衛権の行使について）国民の信任は得ている」と……。

全体で二六ページの公約集のうち、安保法制に触れたのは、終わりから三ページ目の右下の端、わずか五行である。加えてその文章中に、集団的自衛権という言葉はどこにもなかった。

しかも、二〇一四年一一月一九日午後の菅官房長官の記者会見では、「集団的自衛権は憲法の解釈の範囲内のことなので一々信を問うことはない」と発言し、わざわざ争点ではないとしていた。驚くべき二枚舌である。

野田元総理も解釈改憲で

二〇一四年七月の閣議決定前は、具体的な案がなかったから議論が盛り上がらなかったのは分かる。しかし、二〇一四年末の選挙では閣議決定の内容が判明していたわけだから、大きな争点になってしかるべきだった。それにもかかわらず、安倍政権の希望通りにこの問題がほとんどスルーされたのは、マスコミが、明らかに安倍政権の圧力に負けて、あるいはその意向を忖度して、この問題を取り上げなかったことが最大の原因だろう。

逆にいえば、そのために安倍政権は、尋常ならざる意気込みで、マスコミ弾圧を行っていたのである。その結果、あちこちで勇み足が出た。「報道ステーション」への弾圧やテレビ局への圧力文書、菅氏による私への誹謗中傷も、すべては違憲法案を守るため、そう考えれば極めて分かりやすい。

安倍政権のように堂々と大嘘をつける政権は世界の先進国ではまずない（安倍政権はトランプ政権の手本になったのかもしれない）。そして、「争点ではない」という嘘を批判しなかったばかりか、後になって「争点として信を得た」というさらなる大嘘をついてもなお批判しないマスコミもまた、世界の先進国にはまず存在しないのではないだろうか。

そのため自民党のマスコミ弾圧は、ほぼ思い通りに機能した。

しかし、どんなにマスコミを弾圧しても、違憲の内容を含む法案を国会に出せば、当然、大議論になる。これまで自民党自らが「違憲だからできない」といい続けてきた集団的自衛権を解釈改憲で認めるというのは、どう見ても難しいことだ。

それでも、国会を通ってしまったのはなぜだろう……その最大の理由は、民主党と維新の党が、本気でこの法案を止める気がなかったからである。

民主党では、そもそも集団的自衛権を完全に否定している議員のほうが少ない。世の中では、前原誠司《まえはらせいじ》元代表や長島昭久《ながしまあきひさ》元防衛副大臣（二〇一七年四月離党）などが、ほとんど安倍総理と同じくらい右寄りであることは知られていたが、岡田克也《おかだかつや》前代表も、もともとは集団的自衛権の限定容認派である。細野豪志《ほそのごうし》元政調会長も実は、かなりの右で、その他の中道かと思われる幹部でも、この法案が通ったことを喜んでいる議員が少なくない。

そして、極めつけは野田佳彦《のだよしひこ》元総理。「集団的自衛権を解釈改憲で認めればよい」と、かなり早い段階で提唱した、自民もびっくりの超タカ派なのである。つまり民主党の反対の姿勢は、ごく一部の議員を除き、完全なポーズに過ぎなかったというのが私の見方だ。

現に、法案が通った直後、民主党の閣僚経験のある幹部は、この法案策定作業に当たった官僚に対し、「ご苦労さん。安倍さんは大変な偉業を成し遂げたね」とねぎらったという。表では、「安保法案廃案！」と叫んでいた人物だ。

その証拠に、衆議院では、民主党はほとんど抵抗らしい抵抗をしないまま法案の採決を許した。見せ場といえば、委員会採決の時に、「廃案」と書いたプラカードを委員会室で掲げるパフォーマンスを見せた程度だった。

一方、参議院では最後まで粘ったように見えたのはなぜかといえば、単に、SEALDsなどの国会周辺のデモが盛り上がり、これが全国に飛び火して、思いのほか国民のあいだに反対の声が広まったから。ここで強い反対の姿勢を見せることが、二〇一六年の参議院選挙に有利に働くという選挙目当てで、急に態度を硬化させただけの話なのだ。

「安保法案」は超スピード審議で

安保法案に関しては、専門家や評論家が、数多くの本を出している。関心のある方は、既に相当な情報に接していると思うので、本書では、その内容を個別に紹介することは避ける。ここでは、まず、二〇一五年の立法がいかに大きなものだったかを指摘しておこう。

国会での審議が行われているあいだ、マスコミでは、「安保法案」と簡略化されて報じられていたが、この法案は、「国際平和共同対処事態に際して我が国が実施する諸外国の軍隊等に対する協力支援活動等に関する法律（国際平和支援法）」という新法と、「我が国及び国際社会の平和及び安全の確保に資するための自衛隊法等の一部を改正する法律（平和安全法制整備法）」という改正法案、合わせて二本の法律案の総称である。

さらに分かりにくいことに、後者の平和安全法制整備法のなかには、既存の一〇本の法律の改正案が一つにまとめられて入っていた。この一〇本の法律を並べてみる。

① 自衛隊法の一部改正
② 国際連合平和維持活動等に対する協力に関する法律の一部改正
③ 周辺事態に際して我が国の平和及び安全を確保するための措置に関する法律の一部改正
④ 周辺事態に際して実施する船舶検査活動に関する法律の一部改正
⑤ 武力攻撃事態等における我が国の平和及び独立並びに国及び国民の安全の確保に関する法律の一部改正
⑥ 武力攻撃事態等におけるアメリカ合衆国の軍隊の行動に伴い我が国が実施する措置に関する法律の一部改正
⑦ 武力攻撃事態等における特定公共施設等の利用に関する法律の一部改正
⑧ 武力攻撃事態における外国軍用品等の海上輸送の規制に関する法律の一部改正

⑨　武力攻撃事態における捕虜等の取扱いに関する法律の一部改正
⑩　国家安全保障会議設置法の一部改正

内容をいちいち説明しないのになぜ並べてみたかというと、いかに多様なものが一緒くたにされて議論されていたのか、それが一見して分かるからだ。もちろん、一つの法律改正に一つの内容が入っているというものではなく、それぞれの法律のなかに大きな論点がいくつも含まれている。主要論点は、一〇〇近くあるのではないかと思えるほどだ。

一〇＋一本の法律がまとめて議論されている。しかも同じ日の委員会で、議員によって異なる論点について質問し、また同じ議員の質問のなかでも複数の法律に関する論点を扱うのだ……それを聞いただけでも気が遠くなってしまう。かなり関心の高い国民でも、その内容を理解するのは極めて困難だった。

これだけ複雑で大きな法律を政府は、一つの国会で成立させた。「一〇〇時間を超える審議時間を確保した」などといっているが、一本あたりでいえば一〇時間。十分な審議とはほど遠い。「超スピード審議」だったのである。

総理に戦争の反省はない

二〇一五年二月一二日、安倍総理は、国会で施政方針演説を行った。具体的政策としてはまったく新味がないものだったが、そのなかには驚くような内容も含まれていた。

その発言とは、以下のようなものだ。

「経済再生、復興、社会保障改革、教育再生、地方創生、女性活躍、そして外交・安全保障の立て直し。

いずれも困難な道のり。『戦後以来の大改革』であります。しかし、私たちは、日本の将来をしっかりと見定めながら、ひるむことなく、改革を進めなければならない。逃れることはできません。

明治国家の礎《いしずえ》を築いた岩倉具視《いわくらともみ》は、近代化が進んだ欧米列強の姿を目《ま》の当たりにした後、このように述べています。

『日本は小さい国かもしれないが、国民みんなが心を一つにして、国力を盛んにするならば、世界で活躍する国になることも決して困難ではない』

明治の日本人に出来て、今の日本人に出来ない訳はありません。今こそ、国民と共に、この道を、前に向かって、再び歩み出す時です。皆さん、『戦後以来の大改革』に、力強く踏み出そうではありませんか」

ざっと読んで、「うん、なるほど」と思ってしまう方もいると思うが、私は、「列強」という言葉に驚いた。列強という言葉の定義は人によって、また時代によってさまざまだが、分かりやすく一言でいえば、「軍事力などを背景にして、世界の秩序形成に大きな影響力を行使し、自国の利益を維持・拡大する意思と能力を持っている大国」だ。

現在、その力の背景は軍事力だけでなく、経済、文化、外交なども大きな要素だと考えられている。そのように幅広くとらえたときには、日本もすでに列強の一つだという見方も有力だ。もちろん、列強ナンバーワンはアメリカであり、イギリス、フランス、ドイツ、そしてロシア、中国も列強である。これにインドなどを加える見方もある。

そして、列強という言葉の意味は時代とともに変遷しているのだが、安倍総理は岩倉具視の言葉を引用している。岩倉具視が憧《あこが》れを抱いた列強とは、明治時代、帝国主義で世界の覇権を争い、領土を含めた各国の膨張主義の競争のなかで、大きな力を持つ国々を指している。

江戸時代の鎖国の結果、日本はこれらの列強に大きな遅れをとっていた。「国民みんなが心を一つにして、国力を盛んにする」というのは、当時の国策である富国強兵・殖産興業に国民を駆り立てることを意味している。

安倍総理は、帝国主義における列強のあり方を理想として掲げ、「明治の日本人に出来て、今の日本人に出来ない訳はありません」と国民を鼓舞したのである。

私は、これを聞いて、「冗談じゃない」と思った。そんなことを目指して心を一つにするつもりなどない。ここでも、「I am not ABE」と叫びたくなった。

日本の将来はもちろん楽観できない。借金大国からどう脱却するのか、少子高齢化のなかで社会保障を維持するため何をするのか、ほとんどゼロに落ち込んだ潜在成長力をどうやって引き上げるのか……困難な課題を解決するには、国家としての大きな覚悟が求められる。国民に協力を求めたいという気持ちは自然なものだ。

しかし、これらの国難は、すべて自民党の腐敗しきった政治の結果だ。安倍総理からすれば、自らが招いた問題なのだ。にもかかわらず、安倍総理には、そのような認識はかけらも見られない。それに加えて、国民に求めるのが列強を目指して心を合わせて頑張ろうということなのだから、驚いてしまう。

この施政方針演説によって、安倍総理が列強を目指していたことがはっきりと分かった。実は私は、二〇一三年から、これを指摘していた。二〇一四年九月に出版した『国家の暴走』にも書いたところだ。

安倍総理がいっていること、やっていることを整合的に理解しようとすると、彼が列強を目指している、としか考えられない。より正確にいえば、安倍総理は、自分が列強国の有力な指導者として米英仏など他の列強国から認められ、一目置かれる存在になることを目指している。そう考えると、彼の言動が極めて整合的に説明できる。

そのことは、第一章の後藤健二さん見殺し事件のところで述べた通りであるが、その直後に行われた施政方針演説を聞いて、私の考えは確信に変わった。

「あれは単なる例示であって、決して私が『列強』を目指したいわけではありません」という安倍総理の言い訳が聞こえてきそうだが、そうであれば、なぜ国民が心を一つに頑張った別の例を挙げなかったのか。

太平洋戦争後の廃墟《はいきょ》のなかから立ち上がり、一九八〇年代までの著しい国民生活の発展と平和国家建設を実現した時代の日本を例にしてもいいはずだ。明治から昭和初期の列強政策の行き着いた先は、太平洋戦争……国民の命を奪い、残酷なまでの辛苦《しんく》を日本人や近隣諸国に与えたことに対し、ほんの少しでも反省があれば、あの国会での演説にはならなかったはずだ。安倍総理は、やはり先の大戦について、まったく反省の気持ちを持っていないのだ。

人質を見殺しにして「日本版CIA」を

イスラム国の邦人殺害テロ事件への対応について、二〇一五年二月、政府は検証委員会を立ち上げた。普通、こういうことがあると、政府は検証を嫌がる。しかしこのときは、極めて迅速に検証をすることになった。

それはなぜか。政府に都合の悪いことを公にしない方法があるからだ。そう、特定秘密保護法である。つまり、機微に触れる情報は隠したまま、報告書の内容が政府にとって都合のよいものになるような情報しか出さない、ということだ。

果たせるかな、わずか三ヵ月後に出された報告書には、「政府による判断や措置に……誤りがあったとはいえない」という結論が書かれ、特に「エジプトにおける総理の中東政策スピーチ」は「適切なものであった」とお墨付きを与えて、逆に天下の大失態を正当化した。

さらに、「情報の収集・集約・分析能力の一層の強化に取り組む必要がある」という一文が入った。これは、明らかに「日本版ＣＩＡ」の必要性を訴えたものである。後藤さんを見殺しにしたうえで、さらにそれを利用しようという、とんでもない企《たくら》みである。

日本版ＣＩＡは、以前から与党協議のなかで自民党側から提起されていたものだ。拙著『国家の暴走』でも、列強を目指すための「一三本の矢」の一つとして掲げておいた。ここでもう一度、掲載しておこう。

1　ＮＳＣ（国家安全保障会議）設置法
2　特定秘密保護法
3　防衛装備移転三原則（武器輸出の解禁）
4　集団的自衛権行使容認（解釈改憲）
5　集団安全保障
6　産めよ増やせよ政策（出生率一・八）
7　ＯＤＡの軍事利用
8　日本版ＣＩＡ創設
9　国防軍保持規定（憲法九条改正）
10　基本的人権の制限（憲法一二条、二一条などの改正）

11　軍法会議（憲法九条改正）
12　徴兵制（憲法改正または解釈改憲）
13　核武装（憲法改正または解釈改憲。原発推進・核燃料サイクル維持とセット）

このうち、かなりのものが既に実施あるいは決定されたり、公の議論の対象となり始めた。最後の二つ、核武装と徴兵制は絶対にやらないといっているが、列強を目指すうえでは、どちらも必要な矢だ。すぐにやるといえば国民の反対が大きく、他の政策実現の邪魔になるだろう。

だがこれから、米軍と一緒に世界に出ていって戦争をしていくうちに、国民の戦争に対するアレルギーが少しずつ薄れていけば。そして、北朝鮮あるいは中国と小競《こぜ》り合《あ》いでも起こせば……核武装論議さえ高まるかもしれないと、安倍政権・自民党は考えていた。

果たせるかな、二〇一七年春の「北朝鮮危機」では、まず、これまでの日本の安保政策の根幹である「専守防衛」を崩壊させる敵基地攻撃能力について、自民党から安倍政権に正式な提言がなされた。北朝鮮の脅威に対する備えという建て前だ。この先には、北朝鮮の核武装への抑止力として、日本も核武装をという道がすぐ目前に開けてきた。日本はいま、まさに正念場を迎えているのだ。

総理の対米コンプレックスの正体

安倍総理には、明治の日本が一番輝いて見えるようだ。清（中国）やロシアとの戦争に勝利した当時の日本だ。さらには米英などに伍《ご》していくために戦った太平洋戦争も、その入り口までは美しい夢に見えるのかもしれない。

もう一つ感じるのは、異常なほどの対米追随である。イスラム国の人質となった後藤健二さんの解放交渉をしている夫人を置き去りにして、エジプトでイスラム国への宣戦布告ともとれる演説をしていたときの高揚した安倍総理の顔……これは、アメリカに向けて「人質をとられても怯《ひる》まず戦う安倍」をアピールできて、高揚した精神状態を如実に表していた。

アメリカでの議会演説でも、アメリカのためなら何でもやりますと媚《こ》びを売り、スタンディングオベーションを受けてご満悦だった安倍総理。アメリカは何の負担増もないのに、自ら集団的自衛権を行使可能にして、米軍と一緒に戦いますという新たな義務を背負い込んだ日本に対し、アメリカが最高の「おもてなし」をするのは当然だ。

トランプ氏に金色のドライバーを送り、ゴルフに興《きょう》じるその姿は、見る者に嫌悪感さえ抱かせる。これから頻繁に行われるという日米首脳会談のたびに、二人が抱き合う姿が世界に報じられるのかと思うと、恥ずかしくて穴があったら入りたくなる日本人も多いのではないか。

それでも安倍総理は心底嬉しかったに違いない。なにしろ、アメリカに認められれば世界の列強の一員になれる……という、彼の夢の続きなのだから。

そんなことをいうと、穿《うが》ちすぎだという人がいるかもしれない。だが、そう解釈すると、いろいろと疑問点が多い安倍総理の行動が、まったく無理なく理解できるのだ。

武力をもって列強に近づき、アメリカに追随することで列強の仲間入りをする——少なくとも、最も有力な仮説といってもよいのではないか。

武器輸出解禁は自民・民主の合作

安倍政権によって、二〇一四年四月に武器輸出三原則が撤廃された。これは単なる閣議決定の変更なので、国会の議決も不要だった。安倍政権の一存で決まってしまったのだ。

しかし、この三原則は、実は「もう一つの憲法九条」といえるほど重要な政策である。

もともと武器輸出については、戦後の東西冷戦構造を前提に、アメリカを中心としたNATO（北大西洋条約機構）諸国とともに、対共産圏輸出統制委員会（ココム）による共産主義諸国への軍事技術・戦略物資の輸出規制に参加する形で始まった。その後、段階を経て、一九六七年の佐藤栄作《さとうえいさく》総理の国会答弁で、①共産圏諸国、②国連の武器輸出決議対象国、③国際紛争当事国またはその恐れのある国に対して武器輸出を禁じることが明確化された。

実際の規制の運用はこれよりも厳格に実施され、一九七六年には、三木武夫総理によって三原則以外の国への輸出も「慎む」こととされ、事実上、武器輸出は禁止状態となった。

これは、当初は東西冷戦の文脈でとらえられていた武器輸出禁止が、日本独自の平和主義の哲学に基づき、より普遍的な原則として国民のあいだに定着してきたことを意味している。つまり、この規制は、憲法九条の基本思想、「国際紛争解決のために武力を行使してはならない。したがって日本はそのための戦力を持たない」という考え方を、「だから武器を世界に拡散することは、共産圏以外の諸国に対しても行うべきではない」という形で具体化したものである。憲法九条を持つ以上、非常に自然な政策理念だといってよい。

しかも、この原則は、最近になって、少しずつ緩和されたとはいえ、五〇年にわたって国民のあいだで支持され、歴代内閣も極めて重要な基本政策として繰り返し確認し、維持してきた。そういう意味では、成文法ではないが、事実上、憲法と並ぶ根本規範であると考えてもいいだろう。

したがって、この原則を大きく変えるときは、憲法改正と同等か、そこまで行かなくとも、国会で慎重な議論を行い、また、国民が十分に納得する形で行われなければならない。

それについて思い出したのは、私が経産省（当時は通産省）に入省して間もなくの一九八三年、この三原則上、重要な政策変更が行われたときのことだ。それまで武器輸出三原則と三木内閣の国会答弁により、事実上禁止されていたアメリカ向けの武器技術輸出を、当時の中曽根《なかそね》康弘《やすひろ》内閣が初めて認めようとした。通産省で技術輸出を担当する為替金融課の係長だった私は、直接の担当ではなかったが、その変更を行う際の極めて激しい与野党の攻防を目の当たりにした。

国会で予算委員会が何度も止まり、野党の必死の抵抗で様々な歯止めをかけさせられることになるのだが、政府見解の一言一句を、総理はもちろん野党幹部とも調整してまとめていくのである。担当の貿易局長も、一つ間違えばクビという状況のもと、連日徹夜で交渉をしていた。

それに比べて、二〇一四年の安倍内閣の閣議決定は、なんともあっけなく決まってしまった。なぜかといえば、野党民主党のなかでは、それに賛成の勢力のほうが強かったからである。

そもそも民主党政権の野田内閣では、二〇一一年に、「平和貢献・国際協力に伴う案件は、防衛装備品の海外移転を可能とする」という大胆な緩和を、当時の藤村修《ふじむらおさむ》官房長官談話で決定していた。つまり、武器輸出三原則の事実上の廃止という、憲法改正に並ぶような戦後日本の基本政策が、民主と自民の協力で強行されたというのが実情なのだ。

敵の敵は味方でいいのか

折しも、これまでの数年、世界各地、とりわけ中東とアフリカ北部を中心に、深刻な国際紛争が拡大していた。各地で繰り広げられる激しい戦闘を見て気づくのは、国境を越えて、いともたやすく武器が拡散していること。しかも、その大半が、紛争地域外から持ち込まれたという事実を考えれば、武器の輸出・移転こそが戦争の源《みなもと》になっているといってもよいだろう。

あらゆる国で「反政府武装勢力」と呼ばれるグループが、高度な武器を使って急速に支配地域を広げる現象――それを可能にしたのが、米英仏露の大国、それにサウジアラビア、カタール、イラン、中国などによる、武器輸出・移転だ。あくまで表向きは、自衛のため、不正義を倒すため、あるいは人道のための行為。しかしその裏にある本音はといえば、単純に自国の利権の維持拡大である。

これらの国々は、自国の敵の敵は味方、味方の敵は敵という、短絡的かつ短期的な視点で武器を供与していく。

そもそも、ソ連がアフガニスタンに侵攻したのを受けて、ソ連に対抗するためにアメリカが支援した武装勢力のなかにオサマ・ビンラディンらのグループがいたのは、有名な話だ。アメリカの「敵」ソ連と戦う武装勢力は「敵」の「敵」、すなわちアメリカの「味方」だから、彼らに軍事訓練を施し、武器を供与した。そして、オサマ・ビンラディンが率いるアルカイーダが、後に九・一一同時多発テロを起こし、アメリカ最大の「敵」となるのである。「敵」と「味方」、そして、「正義」とは何なのか。

二〇一五年には、アメリカが大変な失態を演じたことが話題になった。アメリカはシリアの穏健派武装勢力に軍事訓練を施し、武器を提供して、イスラム国と戦わせるという作戦を実施した。五億ドルという巨額の資金を投じたが、わずか五〇人程度しか育成できなかったうえに、戦地に派遣しても大半が、イスラム国やアルカイーダ系武装勢力のヌスラ戦線などに襲われて投降してしまった。しかも、彼らに提供したトラックや武器弾薬の四分の一が、やはりヌスラ戦線などに引き渡されてしまった。あまりのひどさにオバマ政権も、この失敗を認めざるを得なかった。そして、この作戦の中止を余儀なくされたのだ。

二〇一五年九月、シリアでは、アサド政権を支援するためにロシアが空爆やミサイル攻撃を開始。シーア派のイラン政府も、アサド政権のために地上軍を派遣した。さらに二〇一六年には、トルコも自国でテロを行うクルド系過激派グループと戦うため、地上軍を派遣した。

アサド政権は、アメリカから見れば「敵」だ。しかし、イランやロシアがアサド政権のためにイスラム国と戦ってくれるということは、アメリカにとっては嬉しいことだ。一方でロシアの空爆は、イスラム国支配地域よりも、アメリカなどが支援しているイスラム国以外の反アサド武装勢力の地域に対して行われている。アメリカとしては、イスラム国を攻撃してくれるのならばロシアの空爆は歓迎なのだが、そういうことは面子《メンツ》もあるし、とても口に出せなかった。

一方、EU内では、イスラム国を退治するため、一時的にアサド政権と協力することもやむなしという意見も強くなっていた。もう、普通の日本人から見ると、何が何だか分からない、というのが素直な感想だろう。

武器輸出で天下りが増える経産省

このような状況を見て、はっきりと理解できるのは、いまは「正義とは何か」が分からなくなった時代だということ。この教訓は、遠い国の話ではない。安倍政権による現在進行形の武器輸出推進政策とも直接に関わってくる。

たとえば、湾岸の親米の国、カタールだ。この国は民主国家ではないが、アメリカはそれを批判しない。アメリカの石油メジャーの利権を守ってくれる、大切な「味方」だからだ。「味方」であれば、どんな独裁国家でも目をつぶるのが彼の国の「正義」の基準。サウジアラビアも、世界的に悪名高い独裁国家だが、アメリカにとっては「正義」の同盟国である。無論、それは、石油利権のため。こうしてアメリカは、カタールなどに武器を供与する。

カタールはイスラム教スンニ派だから、シーア派はカタールの「敵」だ。シリアのアサド政権はシーア派の一派で、したがってカタールの「敵」。それと戦うシリア国内のスンニ派の反政府勢力は、アサドの「敵」、つまり「敵の敵」だからカタールの「味方」となる。そこでカタールは、彼らにこっそりと武器を供与した。ところが、その武器が、アルカイーダから派生したスンニ派武装勢力のイスラム国に流出した。

イスラム国がイラクで猛威を振るい、イラクのシーア派マリキ政権、そして広くイラク国民が苦境に追い込まれた一つの原因がここにある。

ご存知のように、イラクのマリキ政権（二〇〇六〜一四年）はアメリカが作った政権だった。アメリカは武器も軍事訓練も供与してきた。しかし、アメリカのカタールへの武器供与は、廻り廻ってイラクを苦しめ、アメリカ自身の首も絞めることになったのだ。

だから、最近は、どの国も、地域紛争に軍事介入することに対して極めて慎重になっている。そんな時代に、安倍政権はあえて安保法案を強行採決して、世界中の戦争に様々な形で参加できるようにした。そして、それに先立って、武器輸出三原則を撤廃した。

武器輸出解禁に当たり安倍政権は、国際紛争を助長しないように歯止めをかけたと説明している。しかし実際には、時代遅れの「正義の味方」路線を採っているので、この歯止めはないに等しい。アメリカは「正義」で、日本の「味方」。だからアメリカの「味方」は日本の「味方」だし、アメリカの「敵」は日本の「敵」だと考える。幼稚園児並みの単純、かつ極めて危ない考えだ。

二〇一四年の七月一七日、安倍政権は国家安全保障会議（ＮＳＣ）で、三菱重工業による地対空ミサイルシステム「パトリオット２（ＰＡＣ２）」に使う部品の対米輸出案件を承認し、その部品が組み込まれたＰＡＣ２完成品のカタールへの輸出まで認めた。

カタールは「親アメリカで紛争に使われるリスクは低い」としているが、要するにカタールは親米、つまりアメリカの「味方」だから日本の「味方」という短絡的な審査で認めたのである。しかし、カタールが何をやっているかを考えれば、明らかに認めてはいけない案件だ。

アメリカの軍需産業は強大な政治力を持っている。だから、多少のリスクはあっても、そんな議論は蹴散らされて、政府は危ない橋を渡る。武器を売れば、軍需産業は大儲《おおもう》けできる。それは、アメリカ国内では「正義」である。

日本は、それに付き合って、のこのこと出ていくことになるわけだ。

こうした状況に対して、日本の武器産業は、とまどいを隠せない様子を見せる。マスコミが取材すると、「武器輸出は他の製品とまったく違ってリスクが非常に大きい」「技術流出の恐れがあるから、あまり輸出したくない」「武器のウエイトは大きくないので、そんなに力は入れられない」「政府にやれといわれるので仕方なくやっている」などと、消極的な答えが返ってくるそうだ。

しかし、一方で、武器輸出解禁から二年しか経っていないのに、オーストラリアへの潜水艦輸出などをはじめ、大型商談に力を注いでいる。いまのところ大きな成果は出ていないが、失敗を繰り返すうちに大型商談を獲得する可能性は高い。そして、一度、儲かるという経験をすればどうなるか。それはアメリカやEU、韓国などの武器輸出大国の例を見れば明らかだ。

企業が「恐る恐る」という段階なのに対して、自民党の国防族など政治家は、もちろん大喜びだ。しかし、それ以上に喜んでいるのが、武器輸出を所管する経産省だろう。

もともと武器輸出の管理は経産省の権限だ。国家安全保障会議（NSC）でのお膳立ても経産省がするから、そこに巨大な利権が生まれる。武器産業への天下りポストも大幅に増えるはずである。

日本国憲法によって培われた、日本は戦争をしない国だという「平和ブランド」など、彼らにはまったく無関係だ。経産省は、予算も規制権限も小さく、長らくその存在意義が問われてきた。それだけに、大きな権限と利権をもたらしてくれた安倍総理を救世主と呼ぶ声も聞こえてくる。

労働者が武器輸出を望むとき

武器輸出をすれば、人殺しのための道具を売って金儲けをするので、「死の商人」になる。それと同時に、殺された人々の恨みを買い、余計な戦争に巻き込まれるかもしれない。日本の外交上、不利益が生じる蓋然性《がいぜんせい》が高い。確かにそのとおりだ。

しかし私は、武器輸出が大きなビジネスになることの最大のデメリット、危険性は、もっと別なところにあると考えている。

二〇一五年一一月一三日のフランス・パリで起きた大規模テロ事件の前日、一二日のフランスの国営放送で、こんなニュース番組が放送されていた。

「ラファール」というフランスの最新鋭戦闘機があるが、これがさっぱり売れない、二〇一四年の生産はわずかに一一機で、開発したダッソー社は苦境に陥り、「世紀の大失敗」と批判されていた。ところが二〇一五年になると、エジプトが二四機、カタールが二四機、インドは三六機、アラブ首長国連邦が六〇機と、大型商談が相次ぎ、あっという間に「大成功プロジェクト」に転換してしまった。ニュースでも、まるで「ヒーロー誕生」というような取り上げ方である。

放送では、経営者は鼻高々で胸を張り、工場の従業員も給料が上がるかもしれない、あるいは雇用が安定するといって、手放しで喜んでいる。地域住民もまた、工場が潤えば地域も潤うと期待している。どこも喜びの声で溢《あふ》れているという「明るい」ニュースだった。

そして極めつきは、メインキャスターの「ラファールが急に売れ始めたのはなぜか」という質問への、レポーターの答えだ。

「ラファールがシリアなどで高い空爆性能を証明したからです」

……私は耳を疑った。イスラム国などを的確に空爆するシーンを見て、各国から発注が殺到したということをいっているのだ。そのおかげで、フランス国内に新しい雇用が三〇〇〇人生まれたという。

その口調には、自国の武器が他国の人々を殺傷しているという罪悪感など、まったく存在しない。国内の多数のイスラム教徒の移民がどう感じるかも、まったくお構いなしだった。

イギリスでも同じような光景が見られた。近く更新期を迎える原子力潜水艦。その母港があるスコットランドでは、労働組合が、原潜の更新を強く求めているというニュースがＢＢＣで流される。もちろん雇用維持が目的だ。

アメリカでは、長期的に国防費を削減する計画が決まっていた。計画が決まって以来、どの武器メーカーのどの地域にある工場が影響を受けるのか、どこでどれだけレイオフが必要になるのかといった議論が続き、国防費削減は即、生活への脅威だ、という受け止め方が当然のこととなっていた。

戦争や武器製造に最も反対しそうな労働者たちが、まったく逆に、金のためには武器を作れ、武器を売れ、と叫ぶ……怖ろしい光景ではないか。

武器ビジネスがもたらす利益は巨額だ。

そして、人間は弱い。

武器を売って喜ぶのは武器産業と、それと癒着した政治家たち。彼らには、悪人というイメージがある。しかし実は、喜ぶのは彼らだけではない。普段は善良な労働者と一般の市民らも、自分の生活の利益になると思えば、悪気はないものの、武器輸出に拍手を送る人間になってしまう。

しかし、その労働者や市民には、実は、非常に重要な役割がある。為政者たちが過ちを犯して戦争に突き進もうとするとき、それにストップをかける最後の砦《とりで》としての役割だ。

ところが、その最後の歯止め役が、武器輸出による自分の利益に目が眩《くら》み、戦争の歯止め役から推進役に転じてしまう……。

繰り返して強調したい。「人間は弱い」のだ。

失敗には終わったが、オーストラリアの潜水艦受注プロジェクトを見て分かるとおり、日本企業でも、武器ビジネスによって巨額の利益を上げる可能性が開けた。武器輸出を推進することにより、政治家のみならず、官僚たちも、その利権に染まっていく。武器産業はもとより、労働者も武器が売れることを喜ぶ。

そして最終的には、官民ともに心のどこかで戦争や紛争が起きることを望むような国になってしまう。その先に待っているのは……日本も欧米武器大国と同じ道を歩むのだろうか？

安倍政権は武器輸出をアベノミクスの成長戦略に位置付けているが、これは「悪魔の成長戦略」だ。

なるほど、安倍政権は怖ろしい。しかし、もっと怖いのは、経済的理由で私たち自身が武器輸出を望むようになり、戦争への最後の歯止めが失われることではないか。

後悔してからでは遅い。そのときは、自分自身、あるいは自分が愛する人々が命を失ってしまうときであるからだ。日本人は、いま一度立ちどまって、考え直すべきなのである。

集団的自衛権とイスラム国

イスラム国の動きに対し、アメリカのオバマ政権は、共和党から弱腰だという激しい非難を受け、空爆の範囲をイラクからシリアにまで拡大した。イギリス、フランスといったＮＡＴＯ諸国だけでなく、オーストラリア、サウジアラビア、カタール、ＵＡＥなども有志連合に加わった。

そんななかで注目を集めたのが、トルコの動きだ。

トルコは、シリアやイラクと国境を接し、南東部に米軍のインジルリク空軍基地がある。この空軍基地を使えば、シリアやイラクの上空での有志連合の攻撃機の滞空時間が長くなり、より効果的な空爆を期待できる。

当初、トルコは、イスラム国に外交官らが人質にとられていたことや、イスラム国のテロ攻撃の標的にされる怖れがあることを理由に、米軍機のトルコ空軍基地の利用を拒んだ。その後、人質事件の解決などを受けて空軍基地利用を認めたが、一時、アメリカとの関係はかなり悪化した。

その後、アメリカがトルコの地上部隊によるシリアへの越境攻撃を要請した際も簡単には受けず、その条件として、アメリカにアサド政権転覆まで攻撃を行うよう求めたりもしている。

最終的に、トルコは、二〇一六年に自ら地上軍をシリアに送ることになったが、それは、あくまで、自国内でイスラム国のテロが激化したので、それを掃討する必要が生じたからである。アメリカにいわれたから、それに応えて打って出たわけではない。

アメリカは、こうした状況下、オバマ政権からトランプ政権への移行期に入り、いったん、この地域の覇権争いから脱落。二〇一六年末までには、トルコは、ロシアやイランと手を結んでシリアでの停戦交渉を進めるなど、完全にアメリカから独立した動きを示した。

このように、トルコがＮＡＴＯ加盟国であるにもかかわらず、その盟主アメリカに対して自国の利益を強硬に主張する姿勢は、日本にとっても極めて参考になる。わが国が、日米安保条約の下で、憲法九条の歯止めを失ったいま、集団的自衛権行使をはじめとして、今後アメリカから相次ぐであろう自衛隊の海外派兵の要請にどう対応するのか？　ぜひとも心に留めておかなければいけない事例である。

ただ残念ながら、アメリカ・コンプレックスがある安倍政権が、トルコのように独自外交を貫けると考える国民は少ないのではないか。

際限なく広がる集団的自衛権

世界の多くの国がイスラム国との戦いに参加するなか、日本政府はアメリカのオバマ政権によるシリア空爆に対して支持表明こそしたが、後方支援を含め、直接的に関わる意思表明まではしなかった。二〇一四年七月一日の集団的自衛権行使容認に関する閣議決定の際、「これで自衛隊が世界中に何の歯止めもなく出かけることになる」という反対の声が既に上がっていたが、いまのところ具体的な例は生じていない。その理由の一つとして、安保法制の内容が意外に厳しく、かえって自衛隊を派遣しにくくなっているのだ、という指摘がある。

集団的自衛権行使容認のための、いわゆる新三要件のうち、第一の要件である「我が国と密接な関係にある他国に対する武力攻撃が発生し、これにより我が国の存立が脅かされ、国民の生命、自由及び幸福追求の権利が根底から覆される明白な危険がある場合」という要件から見て、イスラム国との戦いがこれに該当すると考えることは難しいので、日本が対イスラム国有志連合に加わって自衛隊を派遣することはできないというのだ。

国会での議論でも、安倍総理は一般論として、「イラク戦争や湾岸戦争のような戦争に日本が参加することはない」「武力攻撃を目的として自衛隊を中東などに派遣することはない」という趣旨の発言を繰り返していた。

「存立危機事態」として安保法制に盛り込まれた新三要件が、強力な歯止めになるという解説は、まったくの間違いだとはいえない。文字通り解釈すれば、そう簡単には、この要件を満たすことはできないからだ。

だが私は、そのような楽観的な考えは採らない。新三要件による歯止めには限界があり、集団的自衛権行使の範囲が際限なく広がる可能性が高いと感じるのだ。

機雷除去も武力行使に当たる

私が、新三要件が歯止めにならないと考える理由を挙げてみよう。

私が最も注目しているのは、二〇一四年七月一四日に行われた衆議院予算委員会（閉会中審査）での、岸田文雄《きしだふみお》外相と安倍総理の答弁である。民主党の岡田克也議員とのやり取りのなかで、二人は極めて重要な答弁をしている。

安倍「ホルムズ海峡が機雷封鎖をされるなかにおいて、国際経済状況等、あるいは原油価格の状況、あるいは原油の供給状況、ガスの状況もそうですが、供給状況がどうなっているかということも勘案をする必要があるんだろう、このように思います。そうした状況が起こったとしても、これは、いわばわが国に対する供給が、もちろん備蓄はありますが、その後の状況、国際的な供給状況がそれほど大きな打撃を受けていないということであれば、もちろんこの三要件には関わりがないということなんだろう、このように思うわけでございます。これは結果としては、たとえば、多くの中小企業等々も相当の被害を受けるということになってくる。いわば、多くの倒産も起こっていき、そして多くの人たちが職を失うという状況にもつながるかもしれないということもあるわけでありますから、そういうものを勘案しながら総合的に判断をしていくということになるんだろうと」
岡田「経済的な打撃と、それからわが国に対する直接的な武力攻撃、つまり日本人の命が失われたりするわけですね、これを同列にするということは、私には理解できないんですね」

つまり、日本に経済的な打撃を与えると予想される場合も、武力行使の可能性があるということだ。こうなると、存立危機事態という要件が際限なく広がってしまう。

安倍総理は、こうしたイメージが広がるとまずいと考えたのであろう。二〇一五年の国会論議では、「一般に」海外派兵をして大規模な空爆や砲撃を行うことはないという方針を表明し、ホルムズ海峡の機雷除去は「受動的、限定的」なものだから例外的に行うことはある、という言い方に換えた。

しかし機雷除去は、国際法上の「武力行使」に当たる。機雷を敷設した国が、これに反撃する可能性は十分にある。その場合、自衛隊が攻撃を受ければ、まさに相手国からの武力攻撃があったということになり、反撃するための武力行使が認められることになる。結局、戦争になる可能性が十分にあるということだ。

アメリカに強く派兵を求められたときは

質問はさらに続いた。

岡田「では、もう一つお聞きしますけれども、よく、アメリカの若者が血を流しているときに日本は何もしないことが許されるのかと、総理もそういう趣旨のことを時々いわれるわけですけれども、たとえば、日本が限定した集団的自衛権を行使しないことで日米同盟が深刻な影響を受ける、こういう場合には、この三要件に該当するんですか」

岸田「いま申し上げました日米同盟、我が国の平和と安全を維持するうえで死活的に重要である、これは我が国の国民の命やそして平和な暮らしを守るために重要であるということであり、そして、アメリカとの関係において、ほかの国との比較においても三原則に該当する、この可能性は高い、このように答弁させていただいた次第です」

岡田「つまり、日米同盟というのは非常に大事だから、それが毀損《きそん》するような、そういう場合であればこの新三要件の第一条件にそのものが当たってしまうという論理を展開すれば、常に日本としては集団的自衛権の行使ができる、あるいはするということにつながってくるわけですよ。すごく広がっちゃうわけですよ」

安倍「日米同盟は死活的に重要でありますから、日米同盟の関係において起こり得る事態についてはこの要件に当てはまる可能性は高いわけでありますけれども、自動的にこれは当てはまるわけではなくて、その状況、たとえば、いつも挙げておりますように、近隣諸国で紛争が起こって、そこから逃れようとする邦人を輸送している米艦を自衛艦が防衛する、これは当然三要件に入ってくるというのは、近隣国である関係に鑑《かんが》みて、我が国の事態に発展していく可能性というのは高いわけでありますから、そうしたものを国際的な状況等を判断しながら決めていく」

このやり取りを見て、私は、「やっぱり」と思った。

まず、日本に対して攻撃が加えられておらず、攻撃される差し迫った状況でなくても、たとえばホルムズ海峡が機雷で封鎖され、日本への石油の供給に大きな支障が生じ、中小企業が倒産したりする、失業が増えるというようなときには、アメリカと一緒に中東に行くことがあるのだ。これは、経済的被害だけで戦争してもよいという論理につながっていく。

歯止めとしての三要件を完全に骨抜きにするのが、その後の議論だ。簡単にいえば、アメリカに強く求められたのに断ると、アメリカの日本に対する信頼が揺らぐ。そのような場合は、日本の安全保障にとっての危機だと考え、自衛隊を海外派兵してアメリカと一緒に戦う、ということだ。この点について、岡田氏は三回にわたって岸田外相に確認している。それほど重要な答弁だと考えたからだろう。

アメリカのための派兵も断れない

安倍総理は、岸田外相の答弁がまずかったと考えたのだろう、補足説明に長々と時間をかけたあと、アメリカとの関係で事態が起きたら自動的に三要件に該当するわけではないと言い訳した。

自動的に該当したら、それこそ大変なことなのだ。だが、安倍総理のずるいところは、「安倍総理お気に入り」の朝鮮半島有事の際に邦人を運ぶアメリカ艦船を自衛隊が守る、という話でごまかそうとしたことだ。

普通、「アメリカが攻撃され、アメリカから要請を受けたら、すぐに自衛隊が出動することになるのではないか?」という質問に対し、「必ず行くわけではない、たとえば……」というように例を挙げて反論するのであれば、その後の例示は、自衛隊の派遣を断るケースを挙げなければ意味がない。それなのに安倍総理は、出動する例を挙げて「必ず行くわけではない。たとえば、こういう場合には行く」という話をしている。支離滅裂というのはこのことだろう。

安倍総理や岸田外相の論理でいけば、アメリカの自衛のために自衛隊の出動を要請されたときに、日本が断ることはほとんどできなくなる。

アメリカは、シリア出兵を強く要請したものの、なかなか動かないトルコに対し、非常に強い不快感を示した。これが日本だったらどうだろう。日本と遠く離れた中東であっても断ることは難しいのではないか。安倍政権のロジックでは、アメリカに強く要請された末に断ると、両国関係にひびが入り、その瞬間に日本の安全が危機に瀕すると考えるからである。

トランプ大統領誕生で不安が現実に

二年以上前の安倍・岡田両氏の国会論議について、私は、当時から強い懸念を表明してきた。しかしマスコミは、ほとんどこの論点を報じなかった。アメリカとの信頼関係が毀損されること自体を存立危機事態ととらえる安倍総理の考え方は、実は、日米同盟を基軸とする日本にとって死活的な問題であることを、理解していないのだ。

しかし賢明な読者であれば、ここまで読み進んできて、私が指摘していた懸念が、ドナルド・トランプ政権誕生によって、現実の危機となって迫っていることを理解されるのではないだろうか。

トランプ政権は、日本に対して、自分の国は自分で守るという姿勢を示せと発言している。つまり、ミサイル・核武装を進める北朝鮮に対しては、あらゆる選択肢があるとまで表明している。つまり、先制攻撃もありという意味だ。また彼は、アメリカは日本を守っているのに、日本はアメリカを守らないのはおかしいともいっていた。そういう片務的な関係なのだから、日本は米軍の日本駐留経費をもっと負担しろともいった。

二〇一七年二月の日米首脳会談で、トランプ大統領は、日本に対して、国防などについての強い要求はしてこなかった。その理由は、安倍総理自身が自衛隊を増強するために防衛費をどんどん増やし、アメリカの武器を大量に買ってくれるから、要求する必要がないということにある。そして、あそこまでトランプ氏に擦り寄ったのだから、今後、アメリカが日本に「示唆《しさ》」したことは、何でも自ら進んで実行するしかないだろうというのが、共和党関係者の見方である。

こんな関係性のなかでは、トランプ氏に「北朝鮮を攻めるから、一緒についてこい」といわれたら、さんざん媚びを売って擦り寄った安倍総理が、これを断るのは無理だというのが私の見方だ。アメリカ側が、「日本は自ら進んで追いつめられた」という見方をしているというのも頷《うなず》ける。

さらに、トランプ政権は、シリアなどでテロリストを撲滅することを最優先課題として挙げている。「アメリカは世界の警察官ではない」というのがトランプ氏の立場だが、対イスラム諸国、なかでもイスラム国対応では、非常に強硬な態度を取っているのが特徴だ。

たとえばイスラム国掃討を名目に、大規模なシリアとイラクへの介入を行うため、NATOや日本に派兵を求める。この場合、日本にとっては、まだどこからも攻撃を受けていないので、先述した「存立危機事態」に当たるかどうかが問題になるが、中東でのイスラム国のテロが日本の存立を脅かす事態になっているとはいえないので、それには当たらない。

ちなみに、「我が国と密接な関係にある他国に対する武力攻撃があった場合」という要件を満たすかどうかについては、安倍政権は、「満たす」と強弁する可能性が高い。なぜなら、アメリカはかねてからイスラム国のテロをアメリカへの攻撃だとみなし、対イスラム国戦を「戦争」、しかも「自衛のための戦争」だといっているからである。

とにかく、日本はアメリカの要請を、この時点では受諾できない。しかしトランプ大統領は、こんなに重大な同盟国の戦いに参加しない理由は何なのかと、厳しく問い詰めるであろう。湾岸戦争などでも同様の場面があったが、そのときは、憲法九条があることを理由に派兵できないと断った。逆にいうと、当時のやり取りを盾《たて》に、憲法の制約を安倍政権自らが取り払ったのだから派兵できるはずだと、さらに追いつめられる。

そして最後は、そこまで頑《かたく》なに断るなら、日本との同盟関係は破棄するしかない、と脅されるる。つまり、安保条約破棄の通告である。もちろん、それは単なる脅しかもしれないが、これまでのアメリカの大統領なら、口が裂けてもそんなセリフは口にできなかった。しかし、トランプ大統領は違う。わざとそういうブラフをかけてくるだろう。

そのときの日本政府とマスコミの対応を想像してみる。

まず、安倍政権寄りの大手新聞が、「米政府　日米安保条約破棄を示唆《しさ》」「中国の尖閣での動き活発化」などと、いまにも中国が日本に攻めて来て、アメリカに見捨てられた日本が中国に占領されかねない、というように危機感を煽《あお》るだろう。さらに、「国際協調行動に参加すべきときだ」「世界の孤児になるな」などと国民に義務感を押し付ける。

「中国が怖い」という国民の不安感と「仕方ないのかな」という消極的納得感が出てきたところで、安倍総理が、有志連合に参加するために自衛隊を派兵すると発表する。そのときの安倍総理のコメントを書けといわれたら、私は概《おおむ》ね、次のような文章を書くであろう。

「アメリカと日本は、自由、平等、民主主義という価値観を共有する同盟国です。アメリカが、世界の同胞と協力しながら、テロとの戦いを率先して進め、世界の平和と安全を守ろうとしているときに、わが国だけがこの戦いに加わらないという選択をするのかどうか、それがいま、私たちに突き付けられた問いかけです」

「日本は戦後七〇年以上にわたって世界平和の果実を享受《きょうじゅ》してきました。わが国の平和を支えてきたのは、国民の皆さんご承知のとおり、日米安保条約を基盤とした日米同盟関係であります」

「いまアメリカは、世界のために、テロリストとの総力戦に入ろうとしています。そこでは、アメリカの多くの若者の血が流れることでしょう」

「そんな困難な戦いに世界中の同盟国が参加しているのに、一人、日本だけがアメリカの要請を断り、自分たちだけの安穏《あんのん》な生活を守ろうとすれば、アメリカの国民は日本に対して、どんな思いを持つでしょう。最高の友人同士であった日米の国民のあいだに深い亀裂が生じるのは確実です。そうなれば、日米政府間の信頼関係も崩れ、安保条約の存在まで危機に陥ることにつながります。これによって、日本の平和と安全は根底から覆されることになるのです」

「これは、わが国に対して直接の武力攻撃があったのに匹敵するような危機であり、まさに存立危機事態そのものであります」

「したがって、このような事態に対応するために、日本も自衛隊を中東に派兵することが必要不可欠だと考えます。国民の皆さんのご理解、いや、圧倒的な支持を自衛隊の諸君に！」

なお、存立危機事態だと認定しても、中東の空爆に参加するケースでは、「武力攻撃事態」(武力攻撃が発生した事態または武力攻撃が発生する明白な危険が切迫していると認められるに至った事態）には当たらない。このような例外的なケースについては、いかなる場合でも、国会承認を「事前に」行うということを国会の付帯決議として宣言され、これを受けて同じ内容の閣議決定をしているので、このようなことは簡単にはできないのだ、という議論も聞く。しかし今日、国会では与党が圧倒的多数を確保しているので、実際には、安倍総理が決めれば、国会の承認は実質的な歯止めにはならない。

私は、こうした事態が、衆議院選挙が終わったあと、二〇一八年くらいに起きる確率はかなりの程度あるのではないかと見ている。なぜなら、こうした事態こそ、安倍総理が目指す「世界の列強のリーダー」への道に直接つながるからである。

「アー・ユー・ジャパニーズ?」の恐怖

アメリカと共に戦う国は、イスラム系過激派のテロに脅かされている。日本もこの戦いに参加すれば、例外ではいられない。

単に日本でテロが起きるかもしれないということだけではない。紛争のある地域で取材するジャーナリストのような特別な存在だけが狙われるのでもない。世界中にいる日本の旅行者が誘拐され、斬首刑にされる可能性が出てくるのだ。その可能性は決して低いとはいえない。

二〇一六年七月六日、「報道ステーション」で注目すべき放送があった。

それは、二〇一五年三月一八日に起きたチュニジアでのテロ事件でご夫人を亡くされた成澤《なるさわ》洋二《ようじ》氏のインタビューだ。成澤氏によれば、テロリストは、観光客に「Are you Japanese?」(お前は日本人か)と聞いてきたというのだ。つまり、日本人を殺害しようという意図を持っていたのである。

これは、これまでの日本人の常識から考えると、まったく理解できないことだ。私たち日本人は、これまで、「世界の大国のなかで、戦後七〇年、一度も戦争をしていない大国は日本だけだ」「軍事介入や支援はせず、武器も輸出しない。その代わり、平和的な経済協力や人道支援は積極的に行ってきた」「だから、世界中の人々、特にアフリカやアラブなどの途上国の人々に信頼され、愛されている」と自負してきた。

テロリストであっても、日本人だと分かれば殺すことはないのではないか、という希望を持っている人も多かった。紛争地帯で支援活動を行うNGOやNPOの人たちのなかには、実際に銃口を突き付けられたが、日本人だと分かると釈放されたと証言する人は多い。世界に通用する強力な「平和ブランド」が確立されていたのだ。

しかし、二〇一六年七月一日にバングラデシュのダッカで起きたテロ事件でも、「私は日本人だ」と叫んだのに殺されてしまった日本人がいたと伝えられた。バングラデシュは、途上国のなかでも特に親日感情が強い国だということで知られる。しかし、日本の「平和ブランド」は、もはや通用しないのである。

パリ在住のある日本人の友人によれば、以前は日本人だと分かると愛想のよかったタクシーの運転手のなかに、明らかに冷淡な反応をする者が増えているという。「日本はアラブ人を殺すために金を出している」と批判されることすらあるらしい。パリのタクシー運転手には、アラブ系の移民が多いからだ。

　こんなことになった直接の原因は、安倍総理が二〇一五年一月一七日にカイロで行った演説である。後藤健二さんがイスラム国の人質になっていることを知りながら、あえて「イスラム国と闘う周辺各国に二億ドルの支援を行う」と高らかに宣言したことは、第一章で紹介した通りである。

　これは、イスラム国に対する「宣戦布告」となった。イスラム国は一月二〇日に後藤さんのビデオを公開し、安倍政権が「十字軍」の側についたことを非難、その後に後藤さん殺害を公表したビデオでは、日本人に対する復讐《ふくしゅう》の宣言がなされた。

　彼らの衝撃的なメッセージを紹介しておこう。


「(安倍総理は)イスラム国から八五〇〇キロも離れていながら、自ら進んで十字軍へ参加した。おまえはわれわれの女性や子どもを殺害するために、またイスラム教徒の家を破壊するために、得意気に一億ドルを提供した。だから、この日本人の命の値段は一億ドルだ。また、イスラム国の拡大を止めようと、イスラム戦士と戦う背教者を訓練するために、さらに一億ドルを提供した。だから、このもう一人の日本人の命も一億ドルだ」

「日本政府へ。おまえたちは邪悪な有志連合の愚かな参加国と同じように、われわれがアラー(神)の恵みによって権威と力を備え、おまえたちの血に飢えた軍隊を持つ『イスラム国』だということを理解していない」

「アベよ、勝ち目のない戦いに参加するというおまえの無謀な決断のために、このナイフはケンジを殺すだけでなく、おまえの国民を、場所を問わずに殺戮《さつりく》する。日本にとっての悪夢が始まるのだ」


彼らの声明文からは、安倍総理のカイロでのスピーチが「宣戦布告」になったことがはっきりと分かる。これは、安倍総理にとって、極めて「不都合《ふつごう》な真実」だ。

その後、イスラム国のこの声明は、日本の大手メディアの記事からは姿を消した。表向きは、テロリストの宣伝に利用されることになるからというものだが、実際には、官邸が「世紀の大失策」を隠蔽《いんぺい》しようとするのにメディアが加担した、それが真相だ。

テロリストの憎悪の対象となった日本

いま私は、ある総理経験者の話を思い出している。あのカイロ演説の直後、アラブ諸国の大使夫人からその元総理夫人のもとへ、「あんなことをいって日本は大丈夫なの?」「もう日本は安全な国ではなくなったわね」と、心配する声が届いたというのだ。そしてその心配は、現実のものとなった。

日本は、アメリカと一体化することによって、アメリカの敵を日本の敵にしてしまった。平和ブランドを失うだけでなく、さらに、アメリカと同じ「戦争ブランド」が広まり、一部のアラブ人たちの憎悪《ぞうお》の対象にさえなっている。このまま進めば、英仏と並ぶかそれ以上の位置づけになるのかもしれない。

日本は、七〇年かけて築き上げた大切な宝を、一瞬にして失った。この事実は非常に重い。

先に紹介した成澤さんに、二〇一六年秋、お会いした。あの悲惨な出来事について語るのは、同氏にとっては筆舌《ひつぜつ》に尽くしがたい苦痛を伴うもの。しかし、その貴重な体験談は、私たちにとって重要な情報を伝えてくれる。成澤氏は、現場で聞いた「Are you Japanese?」というテロリストの言葉から、安倍総理のエジプトでのスピーチを思い出したという。あの言葉で、イスラムのテロリストたちが日本を標的にし始めたのだ、と確信したのだという。

そして外務省に対し、安倍総理の発言によって日本人がテロの対象になったことを広く国民に知らせ注意喚起すべきだと訴えたが、外務省は必死になって、その事実を隠した。だから、「報道ステーション」が報じるまで、チュニジアテロでの「Are you Japanese?」事件は世の中に出なかったのだ。もちろん、外務省の行動は、官邸の意向を汲《く》んでのことだろう。

安倍政権が国民にこれらの事実を知らせたくないのは、単に自分たちの失策を隠すためだけではない。こうした事実が明らかになれば、安倍政権の強引な外交路線への不安が高まり、将来の憲法改正の障害になるということを懸念しているという面がある。だから今後も、この話は封印されるであろう。

思えば、私が初めて「I am not ABE」と発言したのは、二〇一五年一月二三日のことだ。安倍総理のカイロ演説のあと、一月二〇日にイスラム国が後藤健二氏を人質に取っていることをビデオで世界中に知らせた直後。私は、安倍氏の発言を「宣戦布告」に等しいと述べ、「日本人は誰とも戦わない。安倍総理とは違う！」と世界に早急に発信すべく、英語で「I am not ABE」というプラカードを掲げて発信しようと呼びかけた。

その直後、番組中に、菅義偉官房長官の二人の秘書官からテレビ朝日の幹部に私の発言に抗議するメールが入ったことは、先述したとおりだ。いかに、この問題に神経質になっていたかを物語る。

ちなみに、先述した「邦人殺害テロ事件の対応に関する検証委員会」の検証報告書（二〇一五年五月）の「総括」では、「エジプトにおける総理の中東政策スピーチを含め我が国の政策的立場や事件への対応方針について行った様々な発信は適切なものであった」として、わざわざ総理のカイロスピーチだけについて特記したうえで、「適切」だったというお墨付きを与えた。そこには逆に、安倍政権が、あのスピーチの「不適切」さを何とかして打ち消したいという焦《あせ》りがはっきりと見て取れる。

私の「報道ステーション」での「宣戦布告発言」に狼狽《ろうばい》して、徹底した攻撃と火消しに動いた菅官房長官ら官邸の言動とも、ぴったりと平仄《ひょうそく》があっている。

ところで、七月六日の「報道ステーション」のスクープのあと、不思議なことに、どの大手メディアもこの話を報道しないまま、時だけが過ぎた。官邸の逆鱗《げきりん》に触れると分かっているからだろう。しかし、ことは国民の命にかかわる重要な問題だ。チュニジアで、バングラデシュで、そしてアラブ諸国で、日本に対する意識がどう変わっているのか、その点について、様々な事象の検証を通じて明らかにしていく必要がある。

国民の命を守るのは、単に政府だけの責任ではない。報道機関も同様に、その重い責任を担っている。そうした自覚を持って行動してほしい。

自衛隊の役割が根本的に変わった

安保法制の大改正は、あまりにその範囲が広く、また質的にも、これまでの自衛隊の役割を根本的に変えるものだ。ここで注意しなければいけないのは、一つひとつの条文や問題をバラバラに議論すると、かえって全体像を見失いかねないということだ。その前に、大枠《おおわく》の議論で安保法制の基本的な方向性を否定することのほうが、はるかに重要なことではないだろうか。

たとえば、日本が攻められていなくても、自衛隊が海外に行って、「日本の敵ではない国」「日本に武力攻撃する意思のない国」に対し、アメリカに強く求められて、断るとアメリカの信頼を失うような場合には、一緒に武力行使をすることになる。これはどう考えても憲法九条違反だ。しかし、改正された「安保法制」には、こうした海外派兵を禁止、制限する規定がない。安倍総理は武力攻撃を目的とした海外派兵はしないというが、その歯止めが、法律では明らかになっていないのである。

さらに、従来は共同で戦争をするのがアメリカだけだったのが、それ以外の国にもどんどん拡大することができることになった。戦争中の他国軍を後方支援する場合、国連だけでなく、EUのような機関も対象とされるのだ。これでは、アメリカにいわれたら、ウクライナ紛争などでも、一方の当事者に加担することが可能になってしまう。

憲法が想定していないどころか、国際紛争を武力で解決しないという憲法の考え方そのものに、真っ向から反することになる。

もう一つ大きな問題がある。ほとんどの海外派兵で、「国会の事前承認が不要」とされていることだ。

一時、海外派兵に関する恒久法の議論で、公明党の抵抗により、国会の事前承認が「例外なく」必要となったと報道された。そのため自衛隊が派遣されるときには国会の事前承認が必要だと勘違いしている人が多いが、実際はそうではない。これは国際平和支援法に関しての議論で、他国の軍を自衛隊が後方支援する場合のために、いちいち法律を作る代わりに恒久法を作ろうという話のなかで、常に国会の事前承認を義務づけようということになっただけの話だ。

さらに深刻な戦争への関与となる重要影響事態法（日本周辺以外でも米軍や他国軍を支援できるようにする）や、戦争そのものである集団的自衛権の行使などでは、ことが急を要する場合には、国会の事前承認は必要なく、事後承認でよいことになっている。またイラクのサマワに自衛隊を派遣したような人道復興支援に当たるときは、あらゆる場合に事前承認が不要だ。議論のなかで分かってきたのは、いままでできなかったことがほとんどできるようになるということ。逆に、何ができないかについては、あらゆる条文が抽象的で、まったく分からない。つまり、歯止めが何もない改正だといわれても仕方がないのだ。

私たち一人ひとりの命運は、われわれ自身ではなく、安倍総理の掌中《しょうちゅう》にあるということになる——。

「恐怖の三点セット」とは何か

国会の承認が不要だというと、「いや、そんなことはない。国会の付帯決議で、『存立危機事態に該当するが、武力攻撃事態等に該当《がいとう》しない例外的な場合における防衛出動の国会承認については、例外なく事前承認を求めること』という条項が入った。しかも、それは閣議決定によって担保された。中東の有志連合の戦争に参加する場合は、まさにこの場合に当たり、常に国会の事前承認が必要となる」という反論がなされるであろう。

しかし、事前承認が必要だということは、法律上の要請ではなく、国会の付帯決議と安倍政権の閣議決定で決まったことに過ぎない。「緊急性」「アメリカの信頼」という言葉を巧みに使って閣議決定を変更し、国会の承認を後回しにして政権が暴走しても、違法にはならないのである。

国会の承認が不要となると、あとは内閣の勝手気ままに戦争を始められるということになるのだろうか。もちろん国会承認なしで戦争を始めても、事後的な承認は必要だ。

しかし、である。アメリカの要請によって、集団的自衛権の行使と称して中東などに自衛隊を派遣することを安倍総理が決断し、国民にその決断を支持するようにアピールしたらどうなるか。アメリカは、日本の協力を前提に作戦を準備し始めるだろう。そうなったあとで、国会が安倍内閣の判断を認めずに承認しないということが、どういう意味を持つのか……。

法律上、事前承認が必要なら、国会が政府に情報開示を要求した場合、それが特定秘密だとして政府が開示を拒否しても、「それなら自衛隊の派遣を認めない」という強いカードを国会が持つことができる。だが事後承認では、特定秘密だとして情報を出さない政府に対し、それだけを理由に承認しないという判断を国会ができるのか。アメリカとの関係上、極めて難しいだろう。

さらに具体的に考えると、緊急事態だとされる場合、閣議を開く余裕もないという口実が成り立つかもしれない。その場合は、まず国家安全保障会議で議論して決定することになるだろう。これは通常九人の大臣の会議になるが、集中審議が必要なときは、最少四人の大臣だけで審議ができる。総理、官房長官、外相、防衛相の四大臣だ。公明党閣僚の歯止めは利《き》かない。

そして、すべては特定秘密になり、誰も知ることができない。事実上そこで決められたことが、のちに形式を整えるために、いわゆる「持ち回り閣議」(会議を開かず、閣議決定の文書に各閣僚が個別にサインだけする）で最終的に決裁されることになる。

こうして、国家安全保障会議と特定秘密保護法、そして集団的自衛権が「恐怖の三点セット」となり、日本を戦争に向かわせることになるのだ。

日本が中東で戦争をする日

国家安全保障会議では、こんな会話が行われるかもしれない。

「総理、もし、その情報が間違っていたらどうするんですか？」

「アメリカのＣＩＡの情報だ、大丈夫だろう」

「でも万が一、あとで間違いだと分かったら、大変なことになりますよ」

「大丈夫だよ、これは特定秘密だからね。当分は開示されないさ」

「でも、国会の情報監視審査会で審査されたら、とても持たないですよ」

「大丈夫、国の安全保障に著しい支障を及ぼすといえば、提示を拒否できるじゃないか」

「審査会が特定秘密の解除を勧告してくるかもしれません」

「それも大丈夫。そのときのために、勧告には従わなくてもいいということにしてあるんだ」

この会話に出てくる「情報監視審査会」――聞きなれない言葉だという方も多いだろう。

二〇一三年秋の臨時国会で特定秘密保護法が制定される際には大きな反対運動が展開されたが、実は、法律そのものの問題点以外にも、その後の法施行に関する重大な欠陥があったことは、あまり知られていない。

特定秘密保護法では、特定秘密に関する政府の運用状況を国会が監視する常設機関として、衆参両院に「情報監視審査会」を設置することになっている。したがって、同法施行直後には、各議院の所属議員が審査会の委員になって、その監視活動を始めていなければならなかったはずだ。

それなのに、二〇一四年一二月に法律が施行されたあと、実際に衆参両院の「情報監視審査会」が初会合を開いたのは、二〇一五年三月三〇日……あれだけ「政府の恣意的な運用を防止するために、国会による監視が絶対に必要だ」と大騒ぎしていたのに、国会による監視の仕組みがないまま、四ヵ月近くものあいだ、特定秘密がどんどん指定されていたことになる。マスコミも、この法律の問題点として、チェック機能が弱いという点を一貫して批判していた。それなのに、なぜかこのときは、おとなしかった。

審査会は、国会側が必要だと判断した特定秘密を国会に出せと要求できる。また、政府の運用が恣意的、あるいは不適切だと判断すれば、指定解除などを政府に勧告することもできる。こういえば、立派な機関のように聞こえるが、実際はまったく違う。

なぜなら、先述の会話に出てきたとおり、審査会の勧告に政府側が従う義務がないのだ。また、政府は国の安全保障に著しい支障を及ぼす情報の提示を拒否できる。つまり、政府のほうが国会よりも強い力を持っている形なのだ。

しかも「情報監視審査会」の会長は、衆議院側が額賀福志郎《ぬかがふくしろう》氏（自民党）、参議院側が中曽根《なかそね》弘文《ひろぶみ》氏（自民党）。衆参それぞれの委員八人のうち、与党が衆議院で六人、参議院で五人だから、審査会の運営は与党ペースになるに決まっている。

国家安全保障会議で本節冒頭のようなやりとりがなされ、日本が中東で戦争を始める日も近いのかもしれない。国民には詳しい状況がまったく知らされないままに――。

憲法が改正されなかった真の理由

自民党が現行憲法を批判する根拠の一つとして挙げるのが、「戦後七〇年、一度も改正されず、古くて現在の状況に適応できなくなっている」という点。七〇年改正されなかったのは事実だが、これは「改正を怠ってきた」ということではない。むしろ、「改正するべきではないという考えが国民の間に定着した」と考えるべきなのだ。

太平洋戦争の悲惨な結末から学んだ日本の国民にとって、憲法、特に九条が、心のなかにしっかり根を下ろしている。だからこそ、自民党がいくら改正を主張しても議論が盛り上がらなかったのである。いまも国民のあいだに改憲を求める気運が高まっているわけではない。あくまで、自民党と安倍政権が、改憲気運を無理やり高めようとしているのだ。

これまで、日本人は憲法九条のせいで困ったことなど一度もない。湾岸危機でお金しか出せなかったため感謝されなかったというが、そのことで、旅行やビジネスで海外に行ったときに、恥ずかしい思いをしたとか商談がまとまらなかった、ということはない。実際にはその逆で、「日本は戦争をしない国だ」と信頼されているのだ。

この七〇年、日本人が戦争で人を殺したことはない。ということは、世界中の誰からも恨みを買っていないことを意味する。一方で韓国は、ベトナム戦争に派兵して、米軍とともにベトナム人を殺し、非人道的な戦争に加担してしまった。あのとき日本を戦争から守ったのは、憲法九条だ。

湾岸戦争で感謝されなかったというのは、単に時の自民党幹部や外務省の役人がアメリカの政治家、官僚、軍人から冷たい目で見られ、肩身が狭かったというだけの話ではないのか。戦争に参加したいという誘惑に駆られた自民党政治家もいただろう。アメリカからそう要求されたこともあった。だが、そのたびに憲法九条が、私たち国民が戦争に加担することを防いでくれたのである。

だが安倍政権は、自らを守る最高の武器である九条を、国民の手から奪おうとしている。こんな暴挙を許していいのだろうか。

憲法九条を変えるために歴史認識を歪め

憲法はGHQに押し付けられただけのものだというのが自民党の宣伝文句だが、しかし最近では、憲法改正草案起草時に戦争放棄をマッカーサーに提出したのが、当時の幣原喜重郎《しではらきじゅうろう》総理であったという説が極めて有力になっている。これは、いくつかの史料に基づくものであり、GHQ押し付け説に比べれば、はるかに信頼性の高いものだ。

このことは、終戦直後の多くの国民の心情を考えてみれば、極めて自然なこととして理解できる。すなわち憲法九条の根底には、「太平洋戦争で国民が騙された」という苦い経験がある。「お国のため」「天皇陛下のため」と戦場に行って、人が数え切れないほど死んだ。終わってみれば、とんでもない間違いをしてしまったという自責の念が残った。だから、とにかく戦争だけはしたくない。軍隊があると、いつか間違いを起こすかもしれないから、自分たちで自らの手を縛ってしまえ、ということになった。それが憲法九条なのだ。

だが、「あの戦争は間違いじゃなかった」と思いたい人たちもいる。

「だって、うちのおじいちゃんたちがやったんだから」——そう思っているであろう人が、現在の日本の総理を務めている。

歴史に対する根本的な思いを、安倍総理は国民と共有していないように見える。本当の心は口が裂けてもいわないだろうが、言葉の端々から感じるのは、「あの戦争をそこまで悪かったと思うことはない。それはGHQに植え付けられた、自虐的な歴史観だ」という考え方だ。

あの頃は世界中の列強が植民地支配をやっていた。大変な虐殺や弾圧をしていた。だから日本だけが悪いんじゃない。それなのに、たまたま戦争に負けたために、ナチスと一緒にされ、とんでもない悪者だとレッテルを貼られてしまった……そういう思考である。

だから九条を変えるために、まず歴史認識を変えようと、安倍総理は考えているはずだ。

安倍総理こそが自虐史観である

だが、憲法をGHQに押し付けられたものだとすることこそ、自虐史観ではないだろうか。それは、憲法作成に当たっての日本人の尽力《じんりょく》を否定するものであるからだ。もちろんGHQには、日本を無力化するという狙いもあったはずだ。が、本当に押し付けられて納得できないのなら、これまで何度も大きな憲法改正論議が巻き起こっていたはずである。

戦後、ほとんどの時期で、政権の座に就いていたのは自民党だ。自民党は、自主憲法制定を党是《とうぜ》としている。にもかかわらず、安倍総理のようにはっきりと、大きく憲法改正を打ち出した政権はなかった。なぜなら、それは国民の気持ちに反するものだったからである。

しかし安倍総理は、国民が共有してきた歴史認識を歪曲《わいきょく》し、憲法を変えて骨抜きにしようとしている。しかもその目的は、アメリカに追従するため……アメリカに押し付けられた憲法ではいけないといいながらアメリカに尻尾を振る、これほどの矛盾もない。

まして現在は、戦争を知る世代が少なくなっている。かつてなら、憲法を変えて戦争ができるようにしようなどとしたら、戦争の悲惨さを知っている人々から「あの戦争を忘れたのか！

私たちがどれだけ苦労したと思っているんだ」という声が上がっていたはずだ。

しかし戦争を知らない人たちが増え、戦争経験者が小さな集会で語ることはあっても、ネットを使う人はほとんどいない。そのため、戦争に反対する人々を「(頭のなかが)お花畑」などと声高《こわだか》に叫ぶような人たちが、ネット上では目立つようになった。

二〇一五年八月の戦後七〇年談話で、安倍総理は、戦後五〇年の「村山談話」、戦後六〇年の「小泉談話」で使われた「植民地支配」「侵略」「痛切な反省」「お詫び」という四つのキーワードすべてに言及した。しかし、よく読むと、過去の談話の間接的引用や一般論としての言及で、自らの問題を自らの言葉で表現するという形を避けた。

ここにも、安倍総理の「太平洋戦争を侵略や植民地支配だとする考え方は一方的で受け入れ難い。したがって反省もお詫びもしたくない」という確信犯的な気持ちが表れている。

しかし、こうした自己中心的で傲慢《ごうまん》な気持ちは、終戦当時の日本国民の気持ちとは、およそかけ離れたものではないのか。われわれは、いまこそ、日本人が終戦直後に何を感じていたのかをもう一度、勉強し直す必要がある。

本当の「積極的平和主義」とは

前にも書いたが、二〇一四年八月、私はアフリカのルワンダとケニアを訪れた。そこで強く感じたことを紹介しておきたい。

アフリカでは、ソマリアのアルシャバブやナイジェリアのボコ・ハラムなどの反政府勢力が猛威を振るっていた。ケニアの首都ナイロビ中心部付近のスラムには、夢も希望もない、失業した若者たちが集まっていた。その周辺にはモスクが建設され、アルシャバブが「聖戦に参加すれば生活も保障される」といっては、若者をリクルートしている。われわれが見ているテロという現象は、世界規模で起きている社会の病理現象の最終形態に過ぎないのだ。

オウム真理教もその病根は同じではないか。社会から疎外されていると感じる人々が増えれば増えるほど、こうしたテロ組織への人材供給源は拡大することになるのだ。

「周りの人間は、自分の能力を発揮しながら楽しそうに過ごしている。しかし、自分にはそういう環境が与えられていない」――そう感じる若者の数を減らしていかなければならない。つまり、軍事的対応だけではテロをなくすことはできないのだ。

若者に生きがいを感じさせることこそが解決の本筋。そのためには各個人が、貧困、病気、差別、格差などから解放され、自分の能力をいかんなく発揮できる環境を作り上げていくことだ。これこそが、平和学でいうところの「積極的平和」である。

安倍総理の「積極的平和主義」は紛《まが》い物である。それは単なる「積極的軍事主義」なのだ。

第五章　日本沈没の戦犯たち

海外投資家が不思議がる国

日本人は、いつの間にか、先進国のなかでもかなり貧しい国民になってしまった。一人当たりGDPで見ると、日本は何と世界二六位である（IMF統計二〇一五年）。アジア・中東でも決して断トツなどではなく、いまや七位……マカオ（四位）、カタール（五位）、シンガポール（八位）、香港（一九位）、アラブ首長国連邦〈UAE〉（二二位）、イスラエル（二五位）などの後塵《こうじん》を拝している。

もちろん、円安の影響もあるし、そもそも豊かさを一人当たりGDPで表すのが適切か、などの議論はある。が、それにしても、日本の国民は先進国中では貧しい部類に入ってきたことだけは確かだ。

一九八〇年代に「ジャパン・アズ・ナンバー・ワン」と称賛された時代は遠い昔。一九九〇年代初頭にバブルが崩壊してからというもの、日本経済は押しなべて低成長あるいは成長できない停滞の時代を続けてきた。人口減少時代に入ったのだから仕方ないという意見もあるが、それにしてもここまで長期に停滞するのは不思議な気がする。

特に海外の投資家と話していると、その疑問が強まる。彼らはいう。

——日本の労働者は勤勉だ。長時間働くし、現場の労働者が知恵を出すというのは信じられない。日本の経営者は羨《うらや》ましい。そして、こう続ける。日本の技術水準は世界最高レベルだ。ノーベル賞の常連になっている国は数少ない。日本人は途上国に追い上げられていると嘆くが、悲観的すぎる。さらに、日本の企業はカネ余りじゃないか。優秀な人材と技術力があって、カネもある。どうして成長できないんだ？　おかしいじゃないか。そういうと、日本人はみな、日本は人口が減っているんだという。でも日本は、成長センターのアジアにいて、しかも彼らとの付き合いは古い。新参者の欧米よりはるかに有利だ。

……ここまでいわれると、確かにそういう見方もあるな、もっと強気になっていいんじゃないかという気持ちにさせられる。

しかし、一方で、では、どうして日本経済は二〇年以上鳴かず飛ばずだったのか、成長の条件が揃っているのに成長できないなら、どこかに問題があるはずだ、と思う。これこそ国民誰もが、何となく感じている疑問なのではないか。

民主党が政権を獲得した背景

それは、言葉を換えていえば、どこか経済の仕組みがおかしいということだ。では、その仕組みを変えればいいじゃないか、となり、この「仕組みを変える」ことを「改革」と呼ぶことになった。

「改革」は、誰もが必要だと思い、与党も野党も我こそは「改革派」だと名乗った。橋本龍《はしもとりゅう》太郎《たろう》内閣も小泉純一郎《こいずみじゅんいちろう》内閣も「改革」を掲げ、安倍政権も常に「改革」を標榜《ひょうぼう》している。

しかし、「改革」は常に掛け声倒れだった。日本が停滞した二〇年は、「改革したいけどできない」二〇年だったと総括することができるだろう。もちろん、一部には大きな改革もなされたが、総じて中途半端、見掛け倒しの「似非《えせ》改革」が続いた。

「総論賛成各論反対」という言葉もよく耳にした。総論では改革に賛成だが、具体的各論になると、既得権益を握る層が反対して前に進まなくなる。自民党には、農協、医師会、電気事業連合会（電事連）、経団連、そして霞が関の高級官僚という、岩盤のような既得権グループがバックにいる。その支援で選挙を戦う構造だから、大きな改革はできない。

自民党の「改革」という掛け声はまやかしだ。そのことに気づいた国民は、自民党に心底愛想を尽かし、ついに自民党を政権の座から引きずり降ろした。二〇〇九年のことだ。

それに代わって誕生した民主党政権……あのときの国民の熱狂は凄まじかった。民主党は、「政治主導」「脱官僚主導」を訴え、天下りを根絶させ、既得権を打破すると叫んだ。無駄な予算は一七兆円あるとして、それをすべて国民に取り戻すと大胆に宣言した。

国民は、民主党なら「改革」ができると信じた。民主党は官僚やさまざまな既得権層と無縁でクリーンだから、しがらみなく思い切った政策を採ることができるはずだ、と……。

政界ホープの「自民党三つの大罪」

第一章で少し紹介した話だが、政権から転落して一年半ほど経っていただろうか。私は、自民党の数少ない改革派の議員たちが集まる会合に呼ばれた。河野太郎《こうのたろう》議員が赤坂の議員宿舎の会議室で開催し、塩崎恭久《しおざきやすひさ》議員（安倍内閣厚労相：二〇一七年五月現在）や落選中の議員など、一〇名程度の小さな会合だった。

そこで私に与えられたのは、「自民党の何が悪かったのか、そして自民党はどう変わるべきなのか」というテーマだった。四〇分ほど話をしたあと質疑応答に入った。そこでの詳しいやり取りは覚えていないが、一つだけ鮮明に覚えていることがある。それは、いま自民党で最も人気のあるK氏の質問だ。その発言を再現してみよう。

「古賀さんの話と、これまでの自分の考えを重ねて整理すると、以下のようなまとめになるのですが、それについてどう考えるか聞かせていただきたい」という言葉で質問は始まった。

「自民党には、三つの大罪があると思います。まず第一が、日本を借金大国にしたこと。第二が、少子高齢化を放置したこと。第三が、安全神話を作って福島（原発）の事故を起こしたこと。このことに国民は気づいている。だから、自民党が政権に戻るためには、これらの失敗について、真摯《しんし》に反省し、これらと違ったまったく新しい政策を提示できるようになることが必要です」

これは、単に私の話をまとめたのではない、日ごろから自分で考えていなければ、こうも綺麗にはまとめられないだろうと感心していると、K氏はこう続けた。

「他方、いま民主党政権は、当初の国民の期待を裏切り、結局、何もできないのではないかという評価が広がっています。原発の事故対応のまずさもあり、民主党の支持率は大きく下がりました。選挙もそう遠くないと思われますが、民主党にとっては、政権転落の深刻な危機が来ています。まさに崖っぷち。もちろん、自民党にとっては大きなチャンスです」

K氏は、ここで一呼吸おくと、真剣な表情でこう続けた。

「しかし私は、いま深刻な危機に陥っているのは自民党のほうではないのか、そう思えてなりません」

意表を突かれてK氏の顔を見つめる議員たちの顔には「謎」の文字が浮かんでいる。

「実は、いま、このまま行けば、次の選挙で政権に帰り咲くことができそうだという期待が党内に出ています。自民党が何もしなくても民主党の失策で選挙に勝てるという楽観論です。

確かに、その可能性は高い。だから、民主党の失敗を徹底的に攻撃すればよいというのが党内の風潮です。しかしよく考えてみると、自民党の三つの大罪については、何も反省していない。政権を獲ったら、その政策をどう変えていくのか、まったく議論をしていない。仮にこのまま政権に返り咲いたら何が起きるか。結局、過去の失敗を繰り返すことになるでしょう。

しかし、国民の目は節穴ではない。数年経てば、結局、また同じことをやってるじゃないかと見抜かれて、再び政権から転落するでしょう。そのときこそ、本当に自民党は再び立ち上がることができないくらいのダメージを受けることになるのです」

何という冷徹な洞察力だろう。そして、こう締めくくった。

「選挙まで残された時間は少ない。それまでに、本当に自民党が変われるのかどうか。変われなければ、大変なことになる。崖っぷちの危機にあるのは民主党だけではなく、自民党も同じです。古賀さんはどう思われますか」

最後は私への質問という形になったが、明らかに、これはK氏の自民党への警鐘だった。

自民党が犯したもう一つの大罪

K氏がまとめた三つの大罪の他に、もう一つ、自民党には大きな罪がある、と私は考えている。「日本を成長できない国にした」ことである。

先述したとおり、日本にはまだまだ成長の可能性がある。人口が減少するなかでの成長だから、かつてのような高成長は望むべくもないが、少なくとも、現在のようにプラス成長とマイナス成長を繰り返すような停滞経済から脱却することは可能なはずだ。しかし、自民党はそれができない経済を作ってしまった。私は、これを加えて、「自民党四つの大罪」と呼んでいる。

自民党は、成長のために必要な真の「改革」ができないので、経済成長はできない。そのため、慢性的に不況感が社会に蔓延《まんえん》し、絶えず景気対策が求められる。そして、毎年実施される景気対策はマンネリ化したバラマキだけ。財政赤字はどんどん累積し、いまや一〇〇〇兆円を超える規模となった。

財政再建のためには、歳出カット、増税、成長による自然増収という三つのツールがある。

実際には、この三つの合わせ技が必要だ。しかし、「改革」を進めることができないので、無駄な歳出カットはできず、成長のための新しい産業活動は出てこないから、税収増にも限界がある。したがって、残るツールは増税ということにならざるを得ない。

ところが、改革ができないから経済は脆弱《ぜいじゃく》なまま。増税のショックに耐えることができない。そこで、増税の前にも後にも大規模な景気対策の椀飯振る舞《おうばんぶるま》いが行われ、また赤字が拡大する。

「増税とバラマキ」の逆スパイラル——これが自民党の経済政策の本質だ。

労働組合という最大の既得権者を背後に

改革できない自民党に対して、民主党は「改革」政党のはずだったのだが、実際は何もできなかった。その理由はたくさんあるが、二つだけ指摘しておこう。

一つは、「民主党は既得権層とのしがらみがなくクリーンだから改革ができる」という認識自体が間違っていたということだ。

確かに、自民党と違い、民主党には農協や医師会などの業界団体とのしがらみはなかった。しかしそれは、民主党の議員があえてそうしていたということではなく、「しがらみを作りたくても作れなかった」というだけのこと。考えてみれば当然のことで、何の権力も持たない万年野党の民主党に便宜《べんぎ》供与しても意味がないから、業界団体は寄ってこなかったのだ。

業界団体との癒着がないということは、ある意味、非常に大きな強みである。農業改革や医療改革を自由に実行できるからだ。

しかし、実際にはそうならなかった。民主党政権誕生当時、まだ隠然たる力を持っていた小《お》沢《ざわ》一郎《いちろう》議員が幹事長という党のカネを握るポストに就くと、業界団体からの陳情を幹事長室に一元化するという行動に出た。表向きの理由は、各省への陳情を認めると、官僚と団体との癒着を助長し、「脱官僚主導」が実現できなくなるから、というものだった。しかし本音は、官僚と族議員が持っていた利権を小沢幹事長に平行移動して集中させるということ。現に、その後、農協や医師会をはじめとして、業界団体が幹事長室に列をなして挨拶に訪れるという状況になってしまった。

これでは、自民党と何も変わらない。しかも、民主党には、もともと労働組合という既得権グループがバックに控えている。とりわけ、連合傘下の自治労など公務員関係の労組の影響力が強く、公務員改革は完全に放棄されてしまった。

それどころか、天下り規制を骨抜きにする「現役出向制度」や「官民交流制度」を悪用して天下りの抜け道を大々的に拡大した。このときの民主党の理屈は、公務員を辞めてから団体・企業に行くのが天下りだから、辞めないで公務員のまま団体・企業に出向すれば問題ないというものだったが、官僚の言いなりになっていたのは明らかだった。

また、電力総連や鉄鋼・重工などの基幹労連は原発推進だ。民主党が脱原発に踏み切れなかった最大の原因はここにある。これでは、国民の期待に応えることなどできるはずがない。

財務省と戦う勇気がなかった民主党

二つ目の問題は、財務省と経産省とは戦わないという戦略を鳩山由紀夫《はとやまゆきお》政権が採ってしまったことだ。あれだけ「脱官僚主導」を訴えていたにもかかわらず、強力な力を持つ両省といきなり戦うのは無理だと萎縮した。そうして、この両省とは戦わず、弱小官庁だけを叩いてショーアップするという作戦に出た。仙谷由人官房長官などは、財務省とのタイアップで、外様の行政刷新担当相から政権中枢の官房長官にまで上り詰めた。

ここでも、とても興味深いエピソードがある。

それは、二〇〇九年夏のこと。総選挙を前にして、早くも民主党政権誕生確実といわれていたときのことだ。当時は、民主党だけでなく、「改革政党」として結党したばかりの「みんなの党」も勢いがあった。その代表が渡辺喜美《わたなべよしみ》元行革担当相（第一次安倍内閣）、幹事長が現民進党代表代行の江田憲司《えだけんじ》議員だった。総選挙直前に、この二人の党幹部が、当時の民主党代表の鳩山由紀夫議員と代表代行の菅直人《かんなおと》議員と四者で会食をしたという報道が小さくなされた。

実は、このとき、みんなの党の渡辺・江田両氏は、鳩山・菅両氏に対し、政権を取ったら公務員改革を強力に推し進め、財務省を含めた官僚組織と真正面から戦うべきだと提案した。それに対して鳩山・菅両氏は、頑《がん》として首を縦に振らなかったという。渡辺・江田両氏は、会談後、とても残念がっていたのが印象的だ。

このとき、みんなの党の提案を受け入れ、公務員改革のプロである渡辺・江田両氏を擁するみんなの党と連携していれば、おそらく、その後の日本政治は大きく変わっていたと思われる。しかし結局、「脱官僚主導」は掛け声倒れに終わった。

その結果、財務省の協力で、事業仕分けなど、各省の官僚たたきという政治ショーには成功したが、肝心の予算編成では、財務省の言いなりになってしまった。

そして、政権成立後一年も経たないうちに、国民の期待は一気にしぼんだ。自民党がダメだから民主党に期待したが、その民主党も「改革」できない。「変革」を求めた国民は愛想を尽かし、原発事故への対応のまずさもあって、民主党は政権転落への急坂を転げ落ちていったのだ。

「改革」と「守旧」の対立軸から見た政党

「改革」派の反対をあえて「守旧」派と呼ぶとすると、守旧派は、既得権との癒着、バラマキ、官僚主導という特徴を持つ。改革派はその逆だ。そこで、この対立軸で、既成政党を色分けしてみる（次ページの図表1参照）。すると、自民党はもちろん代表的な守旧派（図の左側）ということになる。公明党も創価学会という特定の団体との癒着があり、また典型的なバラマキ政党だから、守旧派側だ。

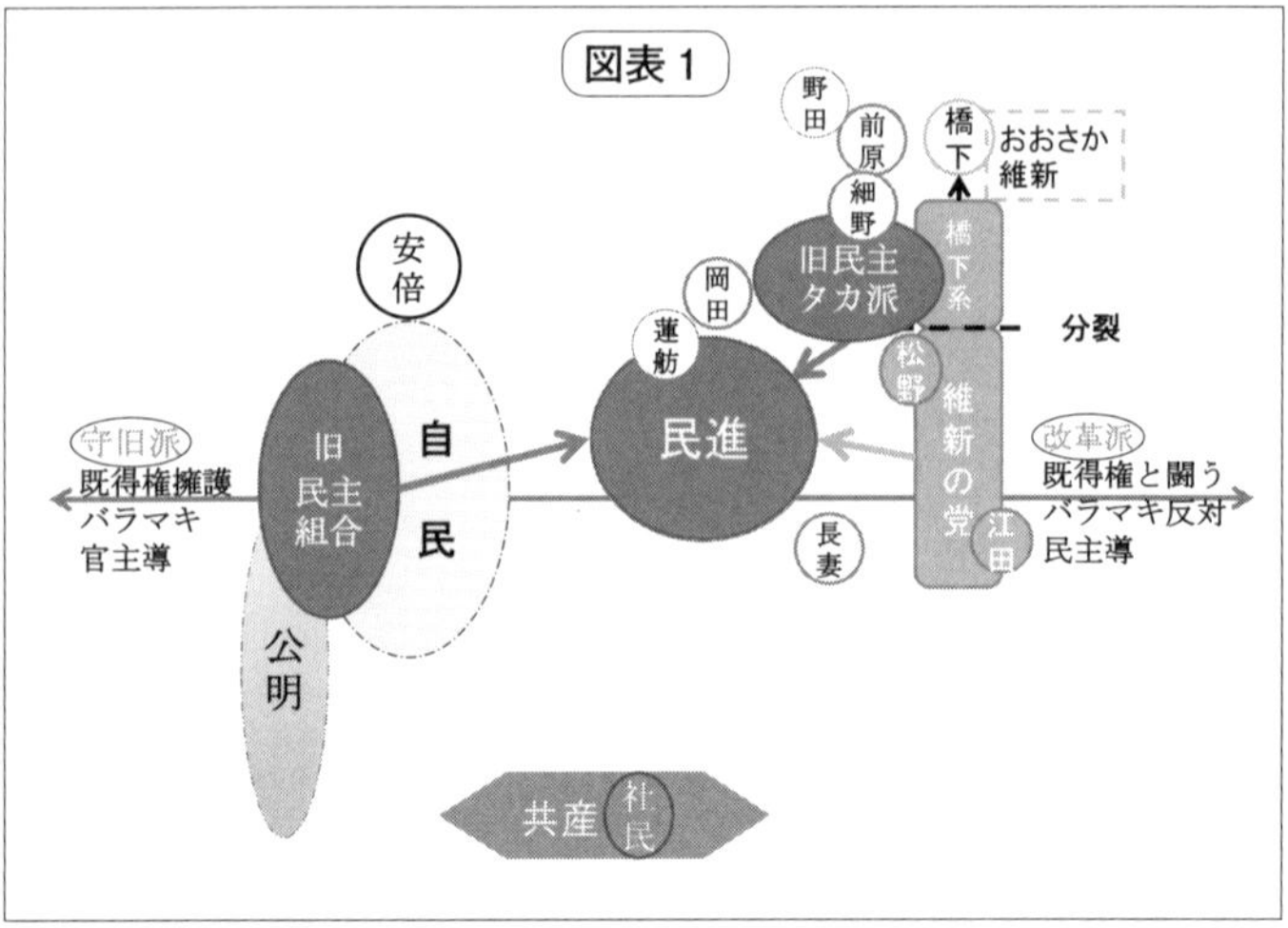

野党の旧民主党はどうだったかというと、両方の勢力が拮抗《きっこう》していた。改革に熱心なのは、長妻《ながつま》昭《あきら》議員を筆頭に、確かにしがらみのない議員がいる。その他にも、どちらかというと改革派（図の右側）とみなされたのは、前原誠司議員や細野豪志議員らの元気のいいグループだ。他方、自民党批判はするものの組合に支援してもらっている議員も数多く、彼らは公務員改革などには抵抗。公務員給与の引き下げにももちろん反対だ。

民主党は、有権者から見ると、改革派と穏健・守旧派の両勢力が強く、どちらに進むのかがまったく見えない政党ということになる。また、政治資金改革にもほかの野党よりも後ろ向きで、企業・団体献金の禁止などの議論を党内でまとめきれないという情けない状況であった。

旧「維新の党」（「日本維新の会」と「結《ゆ》いの党」との合流でできた）は、「改革」が看板政策だったが、政策的には自民党に近くて、実は必ずしも改革派とはいえない。旧「みんなの党」の流れを汲む元「結いの党」の議員には江田憲司議員をはじめ改革派が名を連ねたが、自民党的な議員も若干含まれていた。

その後維新の党から再分裂したおおさか維新の会は、橋下徹《はしもととおる》氏のイメージが強いので改革派と考えられがちだが、個々の議員を見ると、自民党的体質を持った議員が多い。ただ、橋下氏の影響力が圧倒的なので、基本的には改革派政党と見られている。

共産党は、従来型既得権との結び付きがなく、しがらみのなさでは群を抜く。しかし、その政策は基本的には大々的なバラマキだ。また、何でも政府にやらせようとする、官主導の傾向がある。そのあたりは市民の側もよく分かっていて、万一政権をとったら、大変なことになるのではとの懸念があるため、その勢力拡大には限界がある。社民党も同様だ。したがって、両党とも、どちらかといえば、守旧派とまではいえないものの、反改革派といってよいだろう。

二〇一三年末から一六年にかけては、みんなの党の分裂、分裂後に生まれた結いの党と日本維新の会の合流で維新の党が成立、それが再分裂して、おおさか維新の会が誕生、さらに二〇一六年三月二七日には民主党と残留組の維新の党が合流して民進党が誕生するという具合に、野党側の合従連衡《がっしょうれんこう》はめまぐるしく動いた。

こうして最終的にできた野党第一党の民進党が、「改革」の旗印を明確にするかどうかが注目されたが、結局それまでのバラバラ感は変わらず、守旧派から改革派まで幅広くウィングを広げる構造には、まったく変化がなかった。

二〇一六年九月には、民進党の代表選が行われたが、ここでも特にはっきりした旗印は掲げられず、政策はあいまいなままだった。蓮舫《れんほう》議員が女性代表という意味では大きな話題になったが、台湾籍問題で就任前につまずき、支持率アップにはほとんどつながらなかった。やはり、自民党に対峙《たいじ》するための明確な旗印なしには国民の支持は得られない、と考えるべきだろう。

安倍自民党で大転換した対立軸

政治の対立軸の話の第二幕を進めるために、ここで話を二〇一二年に戻そう。

「改革」に失敗し、原発事故でとどめを刺された民主党政権に代わって政権に就いたのは、その三年前に「死刑宣告」を受けた自民党。しかも、そのリーダーは、二〇〇七年に政権を投げ出した安倍晋三総裁だった。

第二次安倍政権の経済政策は「アベノミクス」第一の矢、「黒田バズーカ」と呼ばれる大々的な金融緩和で円安と株高を演出した。これによって、あたかも「自民党が経済を変えた」「自民党は改革政党に変わった」というイメージが作り出され、国民の多くがこれに騙《だま》された。

その結果、改革できない自民党に対する批判は影を潜め、「改革」という対立軸が政治の表舞台から大きく後退する。もちろん、それは単なるお化粧に過ぎず、既得権との癒着、バラマキ、官主導という自民党の基本的構造はまったく変わっていない。あの若手議員K氏が予想したとおり、自民党は何もせず、何も変わらないまま、敵失によって政権復帰を果たしたのだ。

一方で、安倍政権は、それまで争点でなかった安保政策を、政治の対立軸の前面に押し出してきた。一九七〇年ごろまでは、安保政策は時として、国政の一大争点になっていた。しかし、その後はどちらかというと経済政策が議論の中心となり、特にバブル崩壊後は、もっぱら社会保障と経済政策が国民の関心事となった。「外交・安保は票にならない」という言葉は、その状況を端的に表している。

しかし安倍政権は、憲法改正や集団的自衛権、特定秘密保護法などの議論を国政の表舞台に持ち込んできた。しかも、その主張が極端なうえに、進め方も独裁的。「何もそこまでやらなくても」ということが連続する。

こうした安倍政権の動きを見て、安倍政権の安保政策に対する危機感が社会で一気に高まった。それまでほとんど憲法など読んだことがなかった人たちも含めて、平和主義、護憲主義、反集団的自衛権を標榜する勢力が急拡大した。それとともに、事故から時間が経過して風化しつつあった反原発の波も、少し復活の兆《きざ》しを見せた。

実は、世論調査を見ると、今日でも、国民の最大の関心事は、社会保障や経済政策であり、安保や原発は、それに比べると関心が低い。しかし、安倍政権の右旋回があまりに強かったので、それに対する反作用で、リベラル系の国民運動が沸き起こったのだろう。一時的には、福祉よりも経済よりも安保問題が大事だ、という雰囲気がマスコミをも覆った。

こうした状況は、政治の対立軸を完全に塗り替えることになった。

憲法（九条や基本的人権、緊急事態条項など）改正、集団的自衛権の行使容認、原発再稼動容認・推進を叫ぶ勢力と、これにとことん反対する平和主義・反原発のリベラル勢力という新たな対立軸が、久しぶりに「国民を巻き込む形で」政治の前面に出ることになった。その意味で、二〇一二年以降の日本政治には、構造的な転換が生じたと考えていいだろう。

「武力中心主義」か「平和主義」かで見た政党

こうして誕生した新たな対立軸を中心に見たとき、各党はどう位置づけられるのか（図表2参照）。

自民党はもともと、憲法九条改正をはじめ改憲を党是とする政党である。しかし、そのなかには、憲法の平和主義を理念として尊重し、憲法九条も守るべきだという勢力もかなりいた。しかし現在は、そうした意見はほとんど聞かれない。異見をいえない政党になってしまったという面はあるが、いずれにしても表面的には、安倍総理の意見で一色に染まっている。

安倍総理は、自らの安保政策を「積極的平和主義」と名づけている。およそ政治家が「平和主義」かどうかと問われて「平和主義ではない」と答えることはない。すべての政治家は「平和を目指す」というだろう。そこで大きな違いが出てくるのは、平和を実現する手段として何

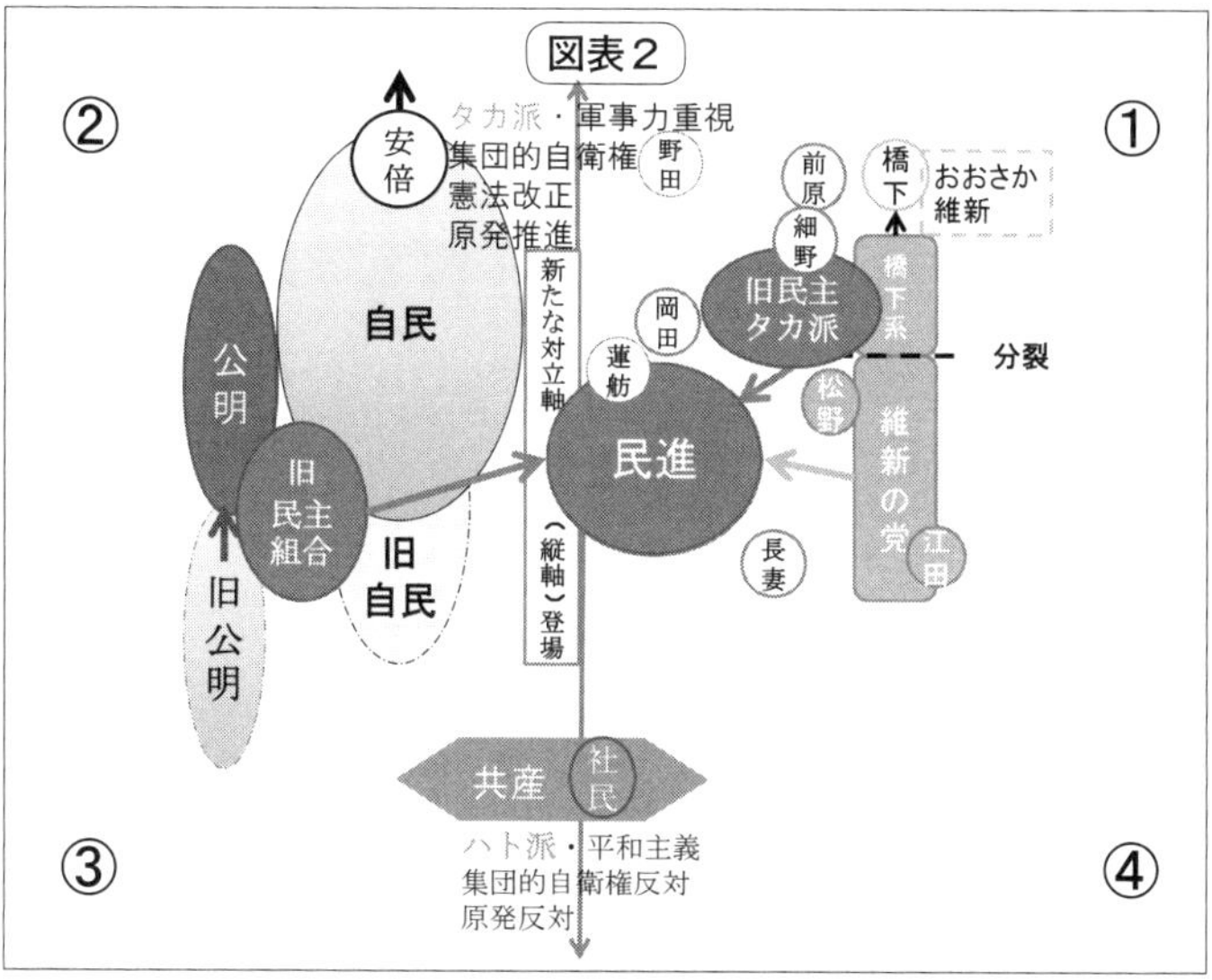

を重視するのかという点だ。

安倍総理の積極的平和主義は、平和の実現のために武力の役割を極めて重視する、という特徴がある。先述したとおり、それは「積極的軍事主義」と呼ぶべきものだ。「武力中心主義」といってもよいだろう。

これに対して、武力行使を完全に否定する平和主義者は、現実の政治家にはほとんど見られない。しかし、憲法の平和主義の理念を崇高《すうこう》なものとして尊重し、武力行使よりも、外交、経済協力、人道支援、経済交流、文化交流、草の根交流などを総合的に展開することを重視する、真の「積極的平和主義」を標榜する勢力が存在する。

そこで、この対立軸を「武力中心主義＝タカ派」と「平和主義＝ハト派」（本来は積極的平和主義と呼びたいのだが、安倍総理の言葉との区別がつかないので、ここではこう呼ぶ）という二項で表す。

自民党は、昔は幅広い考え方があったが、いまは安倍総理に引っ張られ「武力中心主義」にシフトしてしまった。公明党は、もともと「平和の党」で平和主義だったはずだが、「与党でいたい病」で安倍政権に擦り寄った。有権者に対する大きな裏切りである。

バラバラ感だけは首尾一貫の民進党

一方、民主党（当時）は、ここでもまたまったくのバラバラだった。当時のネクストキャビネットの外相は、何と長島昭久議員。安倍総理の考えに近い、かなりのタカ派で、原発擁護派でもある。この他、前原議員や細野議員らもバリバリのタカ派である。また岡田克也議員も、二〇一六年夏の参議院選に向けてハト派的な色彩を打ち出していたが、本当はタカ派である。

彼らは常に、「安倍政権の下での憲法改正には反対」とか、「歯止めのない自民党の安保法制における集団的自衛権には反対」などといって、安倍政権には反対姿勢を示すが、本心では、集団的自衛権にも賛成だし、憲法改正にも、もちろん賛成である。

これに対して民主党の議員のなかには、共産党とほとんど同じ考え方ではないかと思われるような超ハト派もいる。労組の組織内候補にもハト派議員がいるが、原発政策になると、連合の意を受けて、ほとんどが再稼動賛成である。したがって民主党は、安保政策について、自民党には反対するが、仮に政権に就いたときにどちらに行くかはまったく分からない。

そして、民主党と維新の党が合流してできた民進党も当然のことながら、右から左まで幅広く、合流しても、安保法制についての政策がどちらを向いているのかは、新たに作られた党綱領を見てもまったく分からない。

そうなると、ハト派の市民が安心して投票できる政党は、共産党しかなくなる。共産党は、集団的自衛権に反対、憲法改正にも反対、原発再稼動も反対と、非常に立場が鮮明だ。そのため、二〇一四年の総選挙、二〇一六年の参議院選挙でもかなりの票を集めたが、他方でもともとの主張は、大企業を敵視し、自衛隊の存在そのものを否定するなど、現実的な政策をとりうるのか不安も多く、市民の支持の広がりには自ずと限界がある。

野党共闘の損得勘定

二〇一五年秋以降、既存の政党の枠組みのなかで、とにかく安倍自民一強を打破しようという運動が活発化した。同年の安保法案反対の市民運動から生まれてきたのが、「野党は共闘！」というスローガンだ。安保法案などに反対する学生の運動体「ＳＥＡＬＤｓ」などが中心になり、「学者の会」や「ママの会」が共同して声を上げた。

これに押される形で、二つの流れが生まれた。一つは、既に述べた民主と維新の合流による民進党の誕生、もう一つが、参議院の一人区で野党候補を一本に絞り込むための選挙協力だ。同年の東京都知事選でも、この運動が継続した。さらには、次の衆議院選挙でも選挙協力を目指す動きが生まれた。

こうした市民の声に最初に呼応したのは共産党だった。安保法案廃案の一本に絞った「国民連合政府」構想を提案。民主党がこれを拒否すると、個別選挙区ごとに選挙協力を行い、共産党候補の立候補を取り下げるという、思い切った共闘作戦に出た。もともと勝ち目のないところで候補者を降ろすに過ぎないのだが、従来の、原則全選挙区に候補を立て、その集票によって全国区の得票を集めるという作戦を転換したのだから、かなり思い切った変身である。

ただし、こうした姿勢は、市民活動の側からは高く評価されるため、候補者を降ろしても、全国区でかなりの票が集まるという計算も働いていたようだ。資金難に陥っていて、全選挙区に候補者を立てることができないので、野党共闘に協力するという大義名分が必要だったという見方もある。

いずれにしても、民進党ができて、民主と維新の票の食い合いはなくなる。また野党共闘も、政策面では言葉の遊びとなるだけで成果はないものの、少なくとも選挙協力は一定の効果を生む、それが計算できた。

野党共闘でもっとも得をしたのは、明らかに民進党である。二〇一六年夏の参議院選挙では、三二の一人区のうち七で勝利し、一定の成果を上げた。それによって、壊滅へと向かっていた党勢を多少なりとも挽回することはできたと評価されている。この一人区では、無所属も含めて、野党側が一一議席を獲得した。また共産党も、自らの身を切って共闘を優先したという評価によって、全国区や複数区での票を上積みした。

野党共闘は「看板に偽りあり」

一方、野党共闘にはいくつかの限界があることも露呈した。

まず、選挙協力はできているものの、政策の中身が極めて曖昧《あいまい》なままだということ。特に、安保法案の廃案では一致しているものの、旧民主党政権の時代から政治に関心を持つ層は、民進党の議員のなかに、「ハト派」を装うが、実は「看板に偽りあり」で、自民党に負けないくらいのタカ派がいることを知っている。そのため、具体的な候補者を選ぶ段階では、有権者が、自己の選挙区でリベラルだと信用できる候補を見つけられないということが起きる。

そうなると、野党の選挙協力で共産党候補がいなくなれば、リベラルの受け皿がなくなる。投票率も下がって、野党の支持率の総和が統一候補の得票になるという前提が崩れる可能性が出てくる。

もう一つの問題は、政策が安保法案のみに偏っていることだ。選挙前に、社会保障なども政策として掲げたが、基本的に単なるバラマキ政策でしかなく、まともな対立軸となる経済・福祉政策になっていない。他方で、先述したとおり、国民の最大の関心は社会保障と経済政策である。野党共闘は、市民の最大の関心事に対して、まともに答えていないのである。

さらに、そもそも野党の支持率を合計しても自民党支持率よりもはるかに低く、いくら野党が集まっても、所詮、自民にはかなわないという現実がある。その意味で、民主と維新が合流した民進党の支持率が注目されたが、結局、両党の古い支持率を合わせた一〇~一五%を超える支持率にはならなかった。一方の自民の支持率は三〇~四〇%、つまり野党共闘の二倍以上あるから、厳しい状況は変わっていない。

市民共闘にある限界

野党の共闘は限界をはらみつつも、二〇一六年夏の参議院選でかなり進展したことは前述したとおりだ。一方、市民の共闘には問題も生じている。それは、組織力のなさだ。

一人区では、具体的候補者の一本化は、市民側が主導権を取らなくても、野党間の調整で実現できる。野党に候補者を決めてもらえば、市民は、その応援に集中すればいい。主導権争いなどはあるものの、同床異夢でも、大きな方向性にずれは生じにくい。

しかし複数区では、野党側は、それぞれ候補者を立てるから、市民の側が誰を選ぶかを決めなければならない。自ずと、共産党系、旧民主党系、旧維新系、社民系などが乱立するところでは、市民の側が一つになることは至難の業《わざ》だ。本来は、各候補者の政策を聞いて、厳しく吟味し、そのうえで支援すべき候補者を選べばよいのだが、それをやると「市民のあいだに亀裂が入る」という理由で、政策などには目をつぶる。

東京都知事選などでは、候補を一本化しようとすると市民連合にひびが入るからという理由で、民進党に、候補を決めてくれと丸投げしてしまった。つまり、市民の形式的な「連合」を優先するあまり、政策や人物など二の次という対応になっているのである。

本末転倒とはこのことだ。

さらに問題なのは、対立を避けて野党共闘を守るため、政策を曲げることである。その最たる例が、原発政策だ。原発推進の連合に気兼ねしておたおたする民進党を慮《おもんぱか》って、最も重要な「再稼働反対」とはいわない。本来は、「市民連合の支持が欲しいなら、政策を変えろ」といって、市民が望む政策を実現すべきはずなのだが。

橋下徹の至言

こうした状況に陥る最大の原因は、市民の側が、自らの候補者を立てられないことにある。市民活動というと、デモや集会、署名活動、議員や中央省庁・自治体への陳情、訴訟などがあるが、直接の政治活動としては、選挙の応援が重要である。

市民活動家が、政党を頼らずに国政選挙に出ることは、極めて少ない。最近でも、「市民連合」の統一候補と銘打っても、結局は実質的に野党の候補者となるのがほとんどである。もちろん、それが悪いわけではないが、これでは、既存の政党に飽き足らぬ無党派層の意見を汲み取ることができない。いつまで経っても最大でも二〇％程度の野党の票のなかで食い合いをしているだけ。過半数の支持を得ることができない。

とりわけ、無党派層が自分たちの考えを通すためには、既存の野党に頼るのではなく、新たな政党を作るか、少なくとも自前候補を何人か立てて、議員を国会に送らなければならない。

二〇一五年夏の国会前や全国で吹き荒れた市民の街頭のデモ活動を見て、当時の大阪市長・橋下徹氏が、「デモで政治が変えられると思ったら大間違い。政治を変えたいなら選挙で戦え」と市民活動に対して語ったことは記憶に新しい。

これは、いまの市民活動の限界を端的に表した至言である。

二〇一五年秋の大阪ダブル選挙でも、市民は自前の候補を立てられず、自民党候補か維新の候補かという究極の選択を迫られた。そして市民側は、自民の候補を応援せざるを得なくなった。結果は自民が惨敗したのだが、仮に自民が勝っていたとしても、決して市民活動の勝利とはいえなかった。結局は、自前候補を立てられなかったところで勝負あり。市民側の不戦敗だったのである。

日本と欧米の企業経営者の賃金政策

話題を「成長戦略」に移してみたい。自民党も民主党もずっと昔から、「改革」の目玉として、名称こそ違っても、常に「成長戦略」を掲げ、それを実現するために「改革」の必要性を強調してきた。

しかし、これまでどうしてもうまくいかなかった。原因はいくつかあるが、収入を増やすための主役となる企業が変われなかったということが大きいと、私は考えている。

こういうと、企業経営者からは、「われわれは常に革新を遂げ続けてきた。だからこそ、厳しい国際競争のなかで生き残り、これまで以上の利益を上げている」という反論がありそうだ。もちろん、経営者がそれだけの努力をしたことは事実だろう。企業としてはそれなりの結果を出しているのだから、胸を張っても悪くはない。しかし、いままでの企業の変化の方向は、私が定義する「先進国」の企業としては正しくない。

どの国も、先進国になる過程で出生率が下がり、少子化が進む。少子化が進むなかで、それまでと同じ仕組みで企業が活動し、「成長」を続けようとすれば、当然、人手不足が生じる。欧州先進国では、それにどう対応したかというと、「人が足りないのだから、人は貴重な存在だ。つまり、人件費は高くて当たり前だ」という考え方への転換を試みた。経済的に豊かになったことで、より個人の尊厳を重視しようと考えるゆとりが、社会に生まれたという面もある。

いずれにしても、企業は、高い人件費を払っても儲かる仕組みへの転換を進めた。人件費だけではない、労働条件も向上し、労働時間も非常に短くなった。単純比較は難しいが、統計を見ると、ドイツなどでは年間の労働時間が一三七〇時間程度で、日本の一七三〇時間より三五〇時間以上短い。一日八時間労働で計算すれば、年間で四〇日以上短いということになる。

日本は、この間どうしてきたかというと、先進国を目指して労働条件を上げるのではなく、途上国と競争するためには人件費を下げてくれと、企業が声を上げた。これに対応して政府も派遣や請負を使いやすくする「改革」を進めた。その結果、企業は何とか生き延びたが、非正規社員がどんどん増えた。

日本とドイツは、ともに職人を大事にする製造業大国だ。しかし、両国が歩んだ道筋はまったく異なる。同じ車でも、ベンツ、ＢＭＷ、アウディが作れば高級車だ。一方、日本の自動車は性能はよいが安い……そのイメージがつきまとうので、トヨタがレクサスという高級車ブランドを作ったが、そのブランド力はベンツなどには遠く及ばない。同じような車を作っても、ドイツ車に比べると、かなりの「お買い得車」ということにしかならない。販売台数世界一とトヨタがいっても、高級車ではドイツ勢にまったくかなわないのが現実だ。

フランスやイタリアもブランド化では日本のはるか上を行くし、いまではアメリカの新興電気自動車メーカー「テスラ」も、新たなブランド戦略で独自の地位を確立しようとしている。

コスト削減競争を行って労働条件を下げるのか、歯を食いしばって下げない道を探すのか――日本と欧米のメーカーでは、そこが決定的に違うのだ。

先進国にふさわしい、個人の尊厳が尊重される、つまり「人件費は高い」ことを前提に企業社会を作り直す。いい換えれば、それに耐えられない企業は社会的な存在意義を認められず、淘汰《とうた》されても仕方ない。そうした考え方への転換が、いま最も必要とされることなのだ。

二五年前の共産党委員長の慧眼

実は二五年前、私が勤めていた旧・通産省（現在の経産省）で、労働時間短縮のための政策提言が行われている。ペーパーを作成したのは産業政策局産業構造課。その取りまとめに当たったのが当時、同課で筆頭課長補佐を務めていた私だった。

この政策提言は一九九二年二月四日の衆院予算委の総括質疑の席上で、共産党の不破哲三《ふわてつぞう》委員長によって好意的に取り上げられた。委員会には総理以下全大臣が並ぶ。その席には、レポートのコピーが配られ、大臣たちがそれを読んで顔をしかめる姿を見て、「これはやばいな」と思ったのをはっきりと覚えている。

普通の役人にとって、「共産党」に褒《ほ》められるのは、決して名誉なことではない。いや、むしろ「大バツ」だ。

そんな私の気持ちを知る由《よし》もなく、不破氏は何回も報告書を引用して、「通産省でさえ、労働時間の短縮を提言している。日本政府は長時間労働の是正に着手すべきだ」と政府に迫った。

この報告書では、長時間労働は女性のキャリア形成や男性の家事参画を阻み、仕事と子育ての両立を難しくし、少子化の一因となるので、「時短」は日本にとって喫緊の課題だと、強く指摘していた。つまり労働時間の短縮は、二五年も前に、単なる労働運動としてではなく、経団連を所管する通産省でさえ深刻な問題と認識していたのだ。

それなのに、この問題は、その後二五年間も放置され、もはや取り返しのつかない状況に追い込まれてしまった。ところが、安倍政権の「働き方改革」に向けた動きには、まったく危機感がない。

無能な経営者の罪

ここまでの解説で明らかなことだが、二〇一六年夏に打ち出された安倍政権の「働き方改革」の焦点は、最初からずれていたということに気づく。全体のストーリーが、労働者の働き方を変えれば問題が解決されるという前提で作られている。労働時間の短縮や最低賃金の引き上げなど、見かけのうえでは、正しい政策が並ぶ。しかし、先述した企業経営の変革こそが成長戦略のカギを握るという本質が、理解されていない。

「人を大事にする」ということは労働条件を上げることにつながるが、それは、選挙のための人気取り、あるいは個人消費の底上げを図る景気対策だという程度の認識でしかない。

少子化対策としての位置づけは与えられているが、企業のビジネスモデルを根本から問いただし、この課題を克服できない会社は淘汰されることが不可避だという認識が欠けている。

もし、そうした認識があれば、働き方改革の訴え方は、企業経営者に向けて、「何年までに最低賃金（時給）を一五〇〇円に上げます」「何年までに残業の上限規制を月四五時間とします」「何年までに一二時間のインターバル規制を導入します」という、かなり高い目標を掲げた厳しいものになるはずだ。

一方、二〇一七年三月に安倍政権がまとめた実行計画は、すべて経団連が許容する範囲内にとどまった。ビジネスモデルを変えられない無能な経営者に、どこまでなら受け入れ可能ですかとお伺いを立てている限り、日本が先進国の仲間入りをすることはできないだろう。

本丸から逃げる総理、経団連、そして連合

安倍政権の働き方改革案の柱が、「残業時間を月平均六〇時間とする」ことである。これは、年間七二〇時間だから、国際標準から見ると、先進国とはとてもいえない酷《ひど》い水準だ。しかも、繁忙期には、「月一〇〇時間未満」までなら残業させてもよいという。一〇〇時間といえば、過労死ライン。過労死ギリギリまでは認めましょうと国がお墨付きを与えるというのだ。

欧州では当たり前になった、インターバル規制（前日の退社時間から翌日の出社時間までの間に一定の時間を空けることを義務付ける規制。過労死を防止するために最も重要なものの一つ）に至っては、導入は最初からあきらめて、罰則なしの努力義務になってしまった。

二五年前の国会の議事録を読んだら、不破氏が「通産省がいっているような恒常的残業を抜きにした生産システムを組むためには、残業の上限を法で決める」べきだと指摘していた。それから二五年遅れの二〇一七年になって、ようやく出てきた「画期的」と安倍政権が騒ぎ立て

る規制がこんな内容だから、恥ずかしくて顔を覆いたくなってしまう。

繰り返しになるが、働き方改革実現のためには、企業の経営戦略を、労働コストが高くても十分儲かる事業に転換することが不可欠である。しかし、日本の経営者にはそんな能力も覚悟もないようだ。やはり、彼らにお伺いを立てるのではなく、世界の常識となっている規制を、国が率先して導入するしかないだろう。

一例を示せば、こんな感じだろうか。まず、労働時間を「人を大切にする」という考え方に立って決める。たとえば、残業の上限を、何年後かに四五時間とすることを義務付けることをいまから決めてしまう。最初は、六〇時間から始めるとしても、その暫定《ざんてい》期間中は、四五時間を超える部分に三倍の割増賃金を義務付けることで、経済的なインセンティブを使う方法を併用する。もちろん、繁忙期に過労死ラインの一〇〇時間などというのは論外だ。かなり甘いが、八〇時間まで認めて、六〇時間を超える部分には五倍の割増率にするというのもありだろう。

最低賃金（時給）は、足元の一〇〇〇円目標だけでなく、一五〇〇円の中期目標をいまから法律に明記する。

さらに、プレミアムフライデーなどというバカげた政策はやめて、有給休暇の一週間以上の連続取得を義務付ける。そして、有休の未消化分を賃金率の二倍で買い取ることを義務付ける。時間単位の有休取得も可能にする。

これらによって、労働者の生活は劇的に変わるだろう。「karoshi」という日本発の不名誉な単語が歴史上のものになるときが来るかもしれない。

なお、優秀な働き盛りの若者が、自らの意思で、月一〇〇時間以上の残業をもいとわず働きたいというようなケースでも残業規制をするのかという質問を受けることがある。一言でいえば、そういう場合は、本当にその若者に労働時間についての裁量を一〇〇％与えれば済む（裁量労働制の適用や、これから提案される残業代ゼロ法案の適用）。

しかし、本当にそんなに優秀で裁量を与えられる立場にある若者であれば、年収は二〇〇〇万円くらいは保証すべきである。いつでも転職できるというような強い立場にいる労働者に限り、そうした制度を認めるべきであろう。一〇〇〇万円程度の給料でというのは、あまりに虫がよすぎる話だ。

ところで、こんなに酷い労働条件が、先進国である日本で許され続けた理由は、連合という労働組合の存在抜きには語れない。ここでは詳述しないが、連合が基本的に大企業正社員の既得権保護団体であること、また、労働コストカットでしか生き残れないという経営者の言い訳をそのまま受け入れる御用組合であり続けたことなど、組合としての存在意義を示せなかったことが大きな影響を与え続けてきた。このことは明確にしておかなければならない。連合幹部の夜の生活がどんなものか、報道でもさんざん叩かれている。組合という名前を止めて、「経団連労務部」と改称することを勧めたい。

労働時間を短縮するためにも、賃金を上げるためにも、実は生産性向上が必要なのは確かだ。しかし、政府はそのために、もっぱら労働者に「ペイが欲しければ、もっと働け」と強要している。経団連にとって、「改革」の真の狙いは、実は残業代ゼロ法案などの労働強化策のほうにあり、政府はその実現を狙っている。しかし、これでは向かっている方向が逆だ。

安倍総理には、「働き方改革」の本丸は「経営者たちの自己変革」にあることを、しっかりと認識してもらいたい。

電通社長を牢屋に入れなければ

二〇一六年一〇月、電通の女性社員、高橋《たかはし》まつりさんの過労による自殺が日本中の話題となった。文字通りの「殺人的」残業が原因で、未来と才能のある若者が犠牲になったのだ。

その後、電通やその子会社などに、立て続けに厚労省が立ち入り調査を行ったが、驚いたことに電通では、これまで何回も労働基準法（労基法）違反が繰り返されており、当局もそれを再三問題としていたということが明るみに出た。実は、電通は法律違反の常習犯だったのだ。

そして、こうした勤務実態を会社の上層部が知らなかったかというと、とてもそんなことはありえない。それが関係者の一致した見方だ。

是正勧告を立て続けに受けたのだから、社長もこの問題を深刻に受け止めたはず。そうであれば、その後の社員の勤務実態について強い関心を持っていたに違いない。深夜まで働く社員がいたことに気づきませんでした、などという言い訳が通用するわけがない。

では、そんな悪質な会社の社長には、どんな罰が下されるのであろう。

まず労基法では、会社が労働組合との協定（労基法三六条で義務づけられている協定＝三六《さぶろく》協定と呼ばれる）に書いてある上限を超えて働かせることはできない。もし、これを超える労働をさせたら、労基法三二条（労働時間）または、三五条（休日）違反となって、使用者（上司）が罰せられることになる。

ただし、その場合でも、一度目からいきなり刑事罰が科されることはほとんどないというのが、日本の労基法がザルといわれる所以《ゆえん》だ。まずは労基署から是正勧告が出され、それにしたがって改善措置を取ればよいという、ほとんど意味のない処分で終わる。

しかし、二〇一六年一〇月の高橋まつりさんの場合は、過去に同様の案件で是正勧告を受けたばかりの事件、しかも尊い若者の命までが奪われている。社長が一〇年くらい牢屋に入るべきだとご遺族が思ったとしても、不思議ではない。

そう思って労基法を見ると、この違反に対しては、一一九条で「六箇月以下の懲役又は三十万円以下の罰金」と書いてある。つまり、一番重くても半年の牢屋《ろうや》入りで終わりだ。会社が黙認していたら罰金が会社に科されるが、それも三〇万円。残業時間を偽って申告するなどの罪が加わっても罰金が数十万円増えるだけ。電通にとっては、下っ端社員が一晩に使う接待費と変わらず、痛くもかゆくもない。

もし、この事件で電通の社長が無罪放免となり、担当部長や役員などの三〇万円の罰金というような処分で終わったとしたら――。

法律違反の残業を繰り返しても見つかることは滅多にないし、見つかってもお咎《とが》めなしか、最初の何回かはせいぜい是正勧告程度……その後も違法労働を強要してもたいしたことはなく、最後は人が死んでも三〇万円払えば済む。こんなことを、国が、広く日本中の経営者に宣伝することになる。

仮に懲役刑を適用するとしても、担当の課長やせいぜい担当役員止まりということになれば、社長は何の心配もないということになる。高橋まつりさんのケースでは、電通社長は責任をとって辞任したが、辞任後どういう処遇になるのかを、私たちは注視しなければならない。牢屋に入れれば前科者だが、辞任して顧問に就くとか、関連会社や団体へ天下りするなら、痛くもかゆくもない。こんな不正義がまかり通ってよいはずはない。

本件では、二〇一六年一二月に、高橋さんの当時の上司だった幹部職員が書類送検されたものの、二〇一七年四月の報道では、東京本社の幹部の立件は難しいという。

このままだと電通の社長を牢屋に入れることは難しそうだ――やはり、日本は変われないのだろうか。

途上国転落が迫る日本

日本は先進国かという議論に関連して、二〇一六年七月一八日の日本経済新聞朝刊に、気になる記事が出ていた。「外国人労働者　陰る日本の魅力　一〇〇万人受け入れでも…　縮む賃金差　韓国・台湾と争奪」というタイトルだった。その冒頭、「外国人労働者の『日本離れ』が静かに進んでいる」という文章がすべてを物語る。

外国人労働者の数は、二〇一五年（一〇月末）に約九一万人と、三年連続で過去最高を記録した。日本離れどころか「モテモテ日本」のようにも見える。だが、実態はまったく違う。

その最大のポイントは、日本の給料が安いということ。しかも、ちゃんとした会社で日本人と同じ給料を払っても、もはや他のアジア諸国に比べて大して高くないというところにある。

たとえば、日本国内の最低賃金（時給）は、安いところでは二〇一七年で七一四円。すると、週休二日、一日八時間労働でフルに働いた場合でも、月収一二・六万円に満たない。上海市の平均月収（最低賃金ではない）は二〇一四年の統計で五四五一元（約九万円）だというから（日本経済新聞）、毎年二ケタアップという状況を考えれば、おそらく現在は、ほぼ日本の地方都市の最低水準に肩を並べるところに来ているはずだ。

日本で働く外国人労働者に占める中国人の割合は三一・八％（二〇一六年一〇月）と断トツだが、前年の三五・五％から大きく減少している。これに代わって増えつつあるのが、東南アジアの比較的貧しい国。ベトナムが一五・九％で二位、フィリピンが一一・八％で三位と、日系人が多いブラジルを既に抜き去っている。また、ここ数年、ネパールが急増しており、いまや韓国を追い越してしまった。中国、韓国ともに、まだ増えてはいるが、他の諸国に比べて明らかにその勢いは弱い。

他方、東アジアでは、日本よりも韓国や台湾に流入する外国人のほうが多い。韓国は二〇一五年に九四万人と、日本（同年に九一万人）を超えた。ソウルの最低賃金は、日本に追いついてきているし、中国でも大都市では、先述のとおり、平均月収ではあるが、日本の最低賃金との差を急速に縮めている。

さらに、報道でもたびたび伝えられたとおり、日本における外国人労働者の待遇がひどいというイメージも広がっている。外国人技能実習生という位置づけで行われている事実上の単純労働者の受け入れ制度があるが、二〇一六年夏の厚労省発表によれば、何と調査した五一七三事業所のうち三六九五事業所で、労働基準法違反などの法令違反が見つかったという。しかも、前年よりも二四・一％増えたというのだ。

これでは、ただでさえ魅力を失っている日本に来たいという外国人は減る一方だろう。少子化による人手不足に悩んでいても、外国人は排除すべしという声は根強い。難民の受け入れについても、先進国とは思えないほど頑《かたく》なに拒んでいる日本。だが、これから、単純労働のためにも外国人にもっと来てもらおうという話になったとき、どこの国からも来てもらえないという寂しい事態になるのではないか。

まさに、先進国・日本ではなく「途上国に転落した日本」が目前に迫っているのである。

安倍総理とトランプ大統領の最低賃金

日本同様、労働者よりも企業を大事にするというと、アメリカを思い出す人も多いだろう。確かに欧州に比べれば、そうした傾向がある。貧富の格差も大きい。それでもアメリカ国民は、経済に政府が介入することを嫌う傾向が極めて強い。

しかし、リーマン・ショック後の景気後退は、貧困層のみならず中間層にも深刻な打撃を与え、所得格差の拡大が問題になった。日本ではウォール街のデモが有名だが、ロサンゼルスなどでは時給一五ドル（一ドル一〇〇円で換算すれば一五〇〇円、一二〇円なら一八〇〇円になる）への引き上げを求める大規模なデモが行われた。こうした雰囲気のなかで、二〇一六年三月、カリフォルニア州では最低賃金を二〇二三年までに現在の一〇ドルから一五ドル（約一五〇〇円）に引き上げる法案が可決された。ニューヨーク市でも、二〇二一年までに、最低賃金を現在の九ドルから一五ドルに引き上げるという、かなり大胆な法案を可決している。

こうした流れを受けて、二〇一六年一一月の大統領選に向けた民主党の候補者選びでは、バーニー・サンダース上院議員が最低賃金を一五ドルに引き上げると公約し、格差是正の一つの目玉として、ヒラリー・クリントン氏を猛追した。するとクリントン氏は、連邦レベルで現在の七・二五ドルから一五ドルに引き上げるという、非常に高い目標を掲げるところまで追い込まれた。それほどアメリカでは、この問題が、有権者の重大関心事となっているのだ。

一方、日本では、安倍総理が二〇一六年夏の参院選で、最低賃金一〇〇〇円を目指すと公約したが、年限は書いていない。自民党の提言では二〇二〇年ごろとなっている。しかしそれだと、日本の労働者の待遇は、国際的にまた一段と低いものになってしまう。ちなみに共和党の大統領候補ドナルド・トランプ氏は一〇ドル（連邦レベル）への引き上げを約束していたから、安倍総理は、こと最低賃金については、トランプ氏と同じ、ということだ。

「見出し取り戦略」で中身はなし

このように、日本の未来はあまり明るくないが、それでも安倍政権は気にしないだろう。それは、これまで「見出し取り戦略」が、いつも成功しているからだ。

安倍政権では、「改革派」であることをアピールするため、いつも驚くようなアドバルーンを上げる。すると新聞は一面トップで扱い、テレビでも大きなニュースになる。しかし、段階的に目立たないように方向を修正し、最終的には、最初のニュースとは似ても似つかぬ内容に後退している。ただ、そうした変遷は、一面トップのニュースにはならない。ゆえにほとんどの国民の頭のなかには、最初の大見出しだけが残る。そうして凄《すご》い改革が進んでいるのだろうと勘違いしてしまうのだ。

「農協解体」とか「医薬品ネット販売全面解禁」なども、結論は地域農協には手を付けない小さな改革だったり、医薬品のうち大半を占める処方薬を除いた市販薬だけのネット販売解禁だったり、という具合。「電力小売り自由化」も鳴り物入りで宣伝したが、発送電分離をしていないので、自由化から一年経った時点で五％程度の乗り換えしか生じていない。

働き方改革でも、「ついに残業に上限規制」などと派手にぶち上げる一方、まとまった案は前述のとおり、経団連の言いなりで、難しい項目は最初から無視……最後は、見出しを取った項目について小さな進展を大きく見せる「お化粧」──このときは繁忙期の例外的な残業容認時間数について「一〇〇時間」を主張する経団連に対して、安倍総理が「一〇〇時間未満」という「裁定」を下して決着させたという田舎芝居だった──を施し、大見得《おおみえ》を切った。NHKがこれを大きく報道する。「愚かな国民」は、何のことかよくわからないまま、「NHKが大きく報じているのだから、きっと凄いことをしたのだろう」と思うだろうという読みである。

一事が万事。完全に国民をバカにしきっているとしか思えない。

子育てを親だけに負わせていいのか

そんな詐術は、子育て支援策にも見える。

「保育園落ちた日本死ね!!!」という書き込みで一躍脚光を浴びた子育て支援は、いまや与野党問わず、最大の政策課題の一つとなった。もちろん、子育て支援の政策を各党が競い合うのは望ましいことだ。ただ、その前に、基本的な考え方を整理しておかなければならない。それは、子育ての責任は誰が負うのか、ということだ。

まず、子育ての第一義的責任は両親が負っていることは当然だろう。ただ、これまでは、この「第一義的」という言葉が独り歩きし、親がまともに子育てしないのに国や自治体がその責任を負担する必要はない、という理屈に使われることも多かった。親がパチンコしているのに子ども手当を払うのか、というような類《たぐい》の批判は、いまでも巷《ちまた》に溢れている。

しかし現在の少子高齢化の日本にとって、そんなことをいっている余裕はない。親が子育てをすることができない、あるいは子育てする環境が十分ではないというのであれば、自治体や国が積極的にその役割を果たすべきだ。これは「分配」を重視するリベラル層の人々だけではなく、バリバリの保守層にとっても重大な意味を持つテーマだ。

たとえば、安全保障の面でも、自衛隊に入る若い人をどうやって確保するのかという差し迫った問題がある。また地方によっては、将来、人口減少で自治体が消滅するしかないといわれるところもある。つまり、国、自治体、あるいは地域社会すべてにとって、持続可能性という観点から、子育て支援は最優先の課題なのである。

一方、子育て支援は、現在の労働力確保の観点から、女性の働き手を増やす方策としても語られる。この場合も、子育ての責任を一義的に親に背負わせる余裕などない。

まずは時の総理の頭のなかを変えることから始めなければならない。とすれば、大変な道のりだと思う。しかし問題は、そこで終わるわけではない。なぜなら、一般の家庭でも、まだまだ子育ての第一責任者は母親だ、という意識が根強く残っているからだ。

子どもが生まれたあとに育休を取るのは、普通は母親のほうだ。男性の育休取得率は依然として極めて低い。そこには、子育てだけではなく、女性が仕事をすることに対する偏見ないし不利な環境が大きく関与している。

経済的ゆとりがあっても子育てしながら働くという場合、妻は夫に相談するのが普通だろう。しかし、夫が働き続けることの了解を妻に求めるという発想は出てこない。それは、暗黙のうちに、子育ての第一責任者は母親だという了解事項が存在しているからではないだろうか。

そうした意識は文化的なものでもあるが、一方で経済合理性があるという面もある。日本では、女性のほうが一般に給与が低く、また仕事を継続しても出世する可能性が低いから。当然、夫が働き続けたほうが、家計全体としては所得最大化に資するということになるのだ。

つまり、本当の意味で女性が働きやすい環境を作るためには、男女間の雇用環境の格差を正さなければいけない。こうした大きな課題に突き当たる。

いずれにしても、子育て支援と働き方改革は、壮大なる社会変革を成し遂げる覚悟を持たなければ完成しないだろう。

TPPよりもオプジーボを心配する

子どもの話はまだまだ尽きないが、ここで、高齢化で危機に陥る医療・介護の問題に話を変えよう。もちろん、これも非常に厳しい話になる。

医療費は毎年一兆円ほど増加しており、二〇一五年度は四一兆円を超えた。介護費用は、金額こそまだ一〇兆円程度で医療費より少ないが、制度発足当時は三・六兆円だったから、一六年間で三倍近く増えたことになる。団塊の世代がすべて七五歳以上になる二〇二五年には、医療費はさらに一二兆円、介護費用も一〇兆円くらい増えると、厚労省は推計している。

しかも、ここに来て、さらなる大問題が明らかになった。高度医療によって、爆発的に医療費が増大する可能性が高いという問題だ。

代表的な事例が、「オプジーボ」という薬。二〇一六年になって、突然この問題に光が当ったのは、まず薬代だけで一人当たり年間三五〇〇万円かかるという点が挙げられる。すると、もし対象となる肺がん患者の約半分、五万人が利用すれば一兆七五〇〇億円もかかる……これだけで、国民全体が使う薬剤費が二割増えるという計算になる。

実は、この話には相当に誇張があるのと、例外的な事情もあるのだが、このようなケースは今後、多発すると考えられる。一方、国民は、高額療養費制度で本来の支払額がどんなに大きくなっても、実際に支払う金額は一定限度内に抑制されるため、その問題に気づかない。だから、この問題に本格的に対応するという話が出てこなかったのだ。

しかし高齢化が進み、しかも高度医療が日進月歩で進化すれば、現在の国民皆保険をそのまま維持すると、大幅な保険料の引き上げと増税による国民負担は避けられない。しかも、医療だけでなく、介護も年金も、あるいは無年金者の生活保護も、さらには子育て支援も、ことごとく大幅な増加が予想される。福祉以外でも、老朽化するインフラ整備、安倍政権が進める防衛力強化など、兆円単位の予算増額が必要だ……。

そうなれば、国民の側も、ある程度の保険制度の変更は受け入れざるを得ないという話になってくるだろう。

たとえば、非常に高額な医療は保険の対象から外す、といった議論が出てくる。正面からやると批判が出るので、そこは巧妙に様々な制限をかけて、そうした医療の保険適用条件を狭める。そうなると、そこから外れた場合は、金持ちは自費で治療を受けるが、貧乏な人は諦めることになる。

あるいは、保険適用をわざと遅らせ、富裕層だけに、保険適用以前に新薬を高い価格で処方する、というやり方が採られるかもしれない。それによって治験が進むという理屈で、事実上、何年間かは金持ちだけが使える状況にするのだ。

こういう話をすると、必ず「貧乏人の差別だ」という声が出るが、一方で、大幅な保険料負担増加や増税は通らない。つまり、「国民皆保険を崩壊させるＴＰＰ反対！」などといっているあいだに、事実上、国民皆保険は崩壊し始めていたということだ。そして、ＴＰＰがお蔵入りとなっても、この問題に急いで対応しなければならないのである。

オプジーボに見る既得権者の思惑

現下の保険財政を考えれば、患者の治療レベルを落とさない限り、どんな手段でもいいのでコスト削減に努めるべきだ。ところが実際には、既得権を守るために、それができない。

先述したオプジーボのケースでは、二〇一四年九月に保険適用を開始したときには、この薬の対象が、皮膚がんの一種である根治《こんち》不能の悪性黒色腫だけだった。年間の予想患者数はわずか四七〇人という前提でも儲かるようにと薬価が算出され、極めて高額な薬価となった。しかし二〇一五年一二月に、この薬が肺がんの一種である切除不能な進行・再発の非小細胞肺がんにも適用されることになり、対象患者数が一〇〇倍以上になったので、一転、儲かり過ぎ、つまり薬価が高すぎるという事態になったのだ。

薬価の見直し（改定）は二年に一回。二〇一六年度に改定されているので、次は二〇一八年度という予定であった。通常、薬の市場価格は薬の保険適用開始から時間が経つにつれて下がる。それに合わせて保険で支払う薬価を下げていくのだが、当然、見直しの頻度が低いほうが業界としては儲かる。以前から改定を毎年にしようという話があるのだが、製薬業界が頑として撥《は》ね付け、自民党はその言いなりになってきた。

オプジーボの薬価を定例の薬価改定以外のタイミングで引き下げることは、「薬価改定は二年に一回」という業界の既得権ルールの例外になる。これが、まさに「蟻《あり》の一穴《いっけつ》」となり、

「毎年改定」につながるのではないかという懸念が、医薬品業界や医師会で高まった。

しかしオプジーボの売り上げは爆発的に伸び、早く引き下げを行うべきだという声が高まった。さすがの業界も、世論の袋叩きになるのを怖れ、引き下げを認める判断に傾いた。

ただ、そこでも、彼らは最後の粘り腰を見せる。それは、このときのオプジーボの薬価引き下げは、あくまで極めて例外的な事例に対応するための「緊急対応」であり、前例とはしない、つまり、なかったことにする、ということを決めさせたのだ。

われわれ庶民から見れば、「緊急というなら、もうとっくに保険財政は緊急事態。毎年どころか、毎月でも薬価引き下げをやってくれ」といいたいところだ。

日本の国民皆保険制度は守られるのか？　今後は、どこまでの医療を保険で賄《まかな》い、どのような医療を保険対象外とするのか？　こうした議論は避けて通れないだろう。

なぜ医師が防衛費増額を怖れるのか

二〇一六年夏、ある県の保険医協会のイベントに呼ばれたとき、驚くような話を聞いた。ある医師が、「もうそろそろ、一定の年齢を超えた高齢者への高度医療の保険適用は止めるべき時が来たと思う。もう十分に生きた人に、保険料や税金を何千万円もかけて延命していたら、保険財政は持ちませんよ」というのだ。

街の飲み屋の酔っぱらいの話ではない。まじめな医師が、真剣に将来を憂えて訴えているのだ。その方は様々なボランティア活動もされていて、決して物事をカネ中心に考えるような人ではない。現場では、ここまで危機感が広がっているのだと知って、身が震える思いだった。医療や介護の現場には、様々な無駄がある。しかし工夫《くふう》をすれば産業として発展し、一般の利用者へのサービス拡大につながる。そのような方策も、数多く提案されている。医師、薬局、製薬業界、あるいは介護事業者、そして、それを利用するすべての人々が、変化を怖れず、あらゆる「改革」を真剣に進める覚悟を持つことが、いま一番必要なことなのだ。

ちなみに「医師会の既得権をなくそう」といっている私が、保険医協会のイベントに呼ばれるのは不思議だと思う人がいるかもしれないが、実は、医師にはリベラルな人が多いというのが私の実感だ。大多数の医師にとって、人の命を救いたいというのが原点。その対極にある、人の命を奪う戦争や、危険な原発には反対と考える医師が多いのは、ある意味、自然なことだ。

また、安倍政権が国防費を年々増やしていることに対しては、国家防衛のためだから医療費を削れ、などという事態に陥るのではないかと怖れている人も多い。

さらに、今後の医療費を賄うためには、「分配」の掛け声だけではダメで、やはり構造改革を行い、経済成長を実現して、その果実を国民福祉に振り向けてもらいたいという気持ちもある。

つまり、「改革はするが、戦争はしない」という考え方を持っている人が多い、ということなのだろう。これは新たな発見だった。いろいろな人と議論することが重要なのである。

「コンクリートから人へ」の価値は

ここまで社会保障を中心に論じてきたが、優先課題となる政策にも財源が必要だ。もちろん、同じ分野での無駄の削減や、様々な工夫による効率化で、ある程度の財源を捻出することはできる。が、それですべてを賄うことは不可能だ。

そこで、足りない財源を他の分野を削ることによって捻出する必要が生じる。「子どもの貧困解消」「人への投資」「分配重視」などと、与野党ともに美辞麗句を並べるが、それだけでは答えにならない。そのために○○の予算を削りますという勇気があるかどうかが問われるが、それは政治家が最も嫌がること。選挙で票が逃げるという恐怖感があるからだ。

その意味では、二〇〇九年に誕生した民主党政権が「コンクリートから人へ」という標語を掲げて、実際に公共事業を大幅に削減したのは、特筆すべきケースだったといえる。

民主党政権は「政治の失敗」の典型として語られることが多い。二〇一六年九月の民進党代表選挙で、前原誠司候補が民主党政権時代の失敗について、自らをその「戦犯」だと認めて陳謝した。それを見て玉木雄一郎《たまきゆういちろう》候補が「前原氏はいいこともやった」と、悔し涙を流して訴える場面が報道されたのを覚えている方も多いだろう。

この場面で玉木氏が訴えたことには一理ある。民主党もいいことをやったのは事実なのだ。

特に「コンクリートから人へ」という公約とその後の実行力は、称賛されてよいと思う。予算の重要な柱について「止める」「削る」ということを前面に掲げることは、既得権勢力との全面対決であり、票の減少に直結する。したがって、公約に掲げることは非常に難しかったはずだ。

「コンクリートから人へ」という公約は、「公共事業を削減します」という意味に他ならない。賢明な有権者は、その姿勢を見て、「民主党は、本気で日本を変えてくれる」という強い信頼を寄せた。その結果、無党派層を中心に大量得票につなげる効果を生んだのだ。

公共事業では、道路や橋など何十年も使われる構造物を造る。だから、将来の納税者に負担してもらってもおかしくない。この考え方に基づき、国の借金のうち、公共事業などに使われるものが建設国債。普通の国債とは別物で、ある程度は必要なものだということになっている。

確かに理屈のうえでは「その通り」と思ってしまうが、この「建設国債善玉論」が独り歩きするうちに、いつしか、「建設国債の対象なら何でもよい」という風潮が生まれた。

本来、将来の納税者にとっても役に立つものだからこそ借金が許される。ところがそうした本質的なことは忘れ去られ、目に見える構造物さえ造れば建設国債で賄えるからという理由で、他の予算よりも認められやすいということになったのだ。補正予算の査定時は、とにかく建設国債対象の予算なら何でもあり、というような風潮さえある。

そうなると、人が通らない道路でも、誰も利用しない公民館でも、予算が付くということになり、明らかに無駄な予算が増え続ける。長期的な効用を期待したのに、将来の経済への効果はゼロどころか、維持更新あるいは撤去費用の分だけマイナスだという事態が普通になった。

その結果、毎年、大規模な補正予算などで公共事業費をばらまいても、経済構造はまったく変わらず、借金の山だけが残った。もちろん「コンクリート」の塊《かたまり》も、目に見える形で残ったが、その多くは、まさに「コンクリートの墓場」と化してしまった。

ビジネス環境ランキングが示す危機の度合い

最近、「もう経済成長はいらない」という声を耳にする。

確かに日本には、モノがあふれている。たとえば、食べ残しが年間六三二万トンも出ており、世界中の国の食糧援助の二倍にもなる。毎日一人茶碗一杯分の食糧を捨てている計算だ。

また、全国の総住宅数六〇六三万戸のうち空き家は八二〇万戸。空き家率は一三・五%で過去最高（二〇一三年調査）という数字などを見ると、もう成長はいらないといいたくもなる。

そうした日本の萎縮した雰囲気は、新規事業や海外からの投資に不親切な制度を作り上げてしまったようだ。

二〇一三年六月一四日の安倍政権の成長戦略、「日本再興戦略 JAPAN is BACK」を思い出していただきたい。華々しく安倍総理自ら会見したのだが、中身がないのに失望したマーケットでは売りが殺到し、会見途中で株が暴落したといういわく付きのものだ。

そのなかで、「日本産業再興プラン」と銘打たれたアクションプログラムの六本の柱のうち、第五の柱「立地競争力の更なる強化」の項には、「第一歩として、二〇二〇年までに、世界銀行のビジネス環境ランキングで日本が現在の先進国一五位から三位以内に入る」という目標が記載されていた。

その目標がどうなったのか。二〇一六年版世界銀行のランキングでは、日本は全体で三四位。前年の二九位から大きく後退した。このランキングを細かく見ていくと、納税手続きの簡易さや法人税の安さなどを示す「税金の支払い」は一二一位、「起業のしやすさ」では八一位と、全体的に低迷している。

日本の順位が低いのは、安倍政権の企業に対する姿勢にも原因がある。政府が常に力を入れるのは、経団連に加盟する大企業の支援などが中心で、世界銀行がランク付けに当たって重視するニュービジネスの起業や中小企業の事業環境整備への支援には、まったくの無策が続いている。

東京での会社設立に要する手続きの種類は八種類、要する日数も一〇・五日……一位のニュージーランドの手続きはわずか一種類で半日。あまりに違い過ぎる。

さらに深刻なのは、日本の順位は、一八九ヵ国中二四位（二〇一三年版）、二七位（二〇一四年版）、二九位（二〇一五年版）、三四位（二〇一六年版）と、安倍政権になってから逆に順位を落とし続けていることだ。

ところで、この話を読んで、不思議に思うことがあるはずだ。それは、世界全体一八九ヵ国中三四位という数字と、安倍政権が目指している先進国中三位という目標の関係である。

いまや世界の立地競争は、先進国間だけの問題ではない。企業は、途上国も含めて、最適な場所に立地する傾向を強めているからだ。つまり、そもそも「先進国中三位」という目標の立て方がおかしい。

そこには安倍政権の政治的な思惑がちらつく。現状の世界三四位から三位を目指すことなど「夢のまた夢」。かといって、目標が世界全体で二〇位などというのでは、あまりにみっともない。そこで、先進国だけに限定して、少しでも順位を高く見せようというのである。

しかし現実は厳しい。二〇一六年のランキングでは、ベストテンの一位にシンガポール、四位に韓国、五位に香港、一一位に台湾、一八位にマレーシアと、アジア諸国が日本よりもはるか上に並ぶ。ちなみに中国は八四位だが、ロシアは二〇一一年の一二〇位から五一位まで急速に順位を上げており、日本の背中に迫る。

日本の評点は、前年と同じ。しかし順位は、五つも下がった。つまり、周りの国は努力して前進しているのに、日本は現状維持なので、どんどん追い越されているのである。

このまま無策が続けば、日本がさらに順位を下げ、「ロシアがライバル」などということにもなりかねない。安倍政権の大きな実績はといえば、日銀の金融緩和、いわゆる「黒田バズーカ」での円安株高の演出以外、特定秘密保護法や違憲の安保法案を成立させたくらいだ。その間、中国や北朝鮮の脅威を声高《こわだか》に唱え続け「日本の危機」を演じてきた安倍政権だが、よく考えてみれば、日本のビジネス環境が途上国にどんどん追い越されていくことのほうが、はるかに大きな危機ではないだろうか。

経産省の失敗で再エネ後進国に

さて、企業の経営者もアベノミクスも頼りにならないという状況下で、非常に気になることがある。それは、数十年前は「日本株式会社」の司令塔と自負して世界にその名を轟《とどろ》かせた「ノートリアスMITI（悪名高き通産省〈現経産省〉。悪名というのはライバル国から見て憎らしいという意味）」が、いまでは日本の産業変革の足を引っ張っていることだ。拙著『日本中枢の崩壊』でも指摘したことだが、経産省のミスリードが、実はとんでもない逆スパイラルを生んでいる。

もちろん多くの産業では、いまや自由に企業活動ができる。経産省が果たす役割は、以前に比べれば極めて小さい。しかし、中小企業などには、未だに経産省のいうことを信じる経営者も多いし、補助金などの政策も、経産省のいうことが正しいという前提で作られるから、そうした範囲では、経産省は、確実に産業界に影響力を及ぼしている。

ところが、実際に経産省がやってきたことには、笑い話になりそうな滑稽《こっけい》な失敗がたくさんある。しかも、その失敗は、日本の産業にとって、致命傷にさえなりかねない重大なものもあるので、この点だけは指摘しておかなければならない。

たとえば、日本の再生可能エネルギー（再エネ）技術が、もはや取り返しのつかないくらい欧米に遅れてしまったことは、最近まで国民に知られていなかった。シャープが台湾の鴻海《ホンハイ》精密工業に買収されて、初めて気づいた人も多いだろう。

シャープも得意としていた太陽光パネルでは、一〇年前まで日本は世界を席巻《せっけん》していた。しかし、いまや世界のトップ一〇に、日本企業は一社も入っていない。シャープも京セラも、そこから脱落してしまった。

政府は太陽光パネル各社を救済するため、エコポイントで優遇し、電力改革でも、再エネによる発電を買い取る仕組みのなかで、太陽光だけ買い取り価格を高値に設定したり、補助金漬け政策をとった。が、手遅れだった。

風力発電機のシェアでも、欧州や中国の大手メーカーに完全に水をあけられている。世界の風力発電の新規建設容量では、中国が世界一で、米・独を抜いた。世界中で風力発電機の需要が爆発的に増大しているのに、日本は蚊帳《かや》の外、上位一〇位にも入れないのだ。

もちろん、その最大の原因は、経産省が、未だに「原発イノチ」という、世界の先進国でも例のない偏った原発優遇主義を採っていることにある。

3Dプリンターも殺した経産省

一九九〇年代から二〇〇〇年代にかけて、経産省は、日本の製造業の強みは「擦り合わせ」だとした。そして、複雑な形状の部品などを大手メーカーと下請け企業それぞれが設計し製造する過程で、たがいに協力しながら組み合わせることで、高品質な製品を作り上げるプロセスを世界中に宣伝した。

また、その微調整を行う職人芸をことさらに美化し、「〇・〇一ミリの違いを見極める職人の技！」などとして、そうした技術を使う鋳鍛造《ちゅうたんぞう》産業などを重点的に支援しようとした。そこには、例によって「血と汗と涙の結晶」というような、コストを度外視しても成果を追い求める日本的な「勤勉精神」の礼賛《らいさん》思想があった。

しかし、一九九〇年代以降、欧米などでは、複雑な部品の製造方法を根本から変える3Dプリンターの開発競争が激化していた。二〇一〇年代に入ると、それが一気に花開き、いまや最高度の精密性が要求される航空機エンジンの重要な部品も、アメリカのGE社では3Dプリンターで製造されるようになった。素材の量や部品点数も削減でき、耐久性の向上も期待できる。そのうえコストカットが可能。一石四鳥くらいの効果がある。

GEでは、航空機エンジン部品のノズルの重量を二五％削減し、耐久性も五倍に高めたという報道（日本経済新聞）もある。日本では、ようやく小規模な利用実績が出てきたが、世界はまったく次元の異なる競争をしていたのである。

実は、こうした動きは、日本の製造業、特に「擦り合わせ」と「職人芸」を売りにする部品加工業にとっては、致命的な打撃になる恐れがある。なぜなら、3Dプリンターでは、複雑な形状で、これまではいくつかの部品を組み合わせて作らなければならなかったものを、一気に製造できるからだ。

つまり、途中で必要な製造加工技術の穴あけ、切削《せっさく》、溶接、旋盤《せんばん》加工などの工程がいらない。この部分は、まさに経産省が日本産業の強みだとして力を入れていた部分だが、それがまったく意味のないものになってしまう。

それだけではない。3Dプリンターを利用するのではなく、プリンターそのものを作る産業も新たな産業として誕生し、その覇権を欧米諸国に握られてしまう。最終的には、日本が誇る工作機械産業のかなりの部分が、欧米に奪い取られることになる可能性すらある。

しかも3Dプリンター専用の、様々な用途に使うための素材（それは樹脂だけではなく、金属粉はもちろん、いまやコンクリートまで使われる）や各種関連サービスまで欧米企業が販売し、日本は最高の顧客になり下がる恐れが高い。その過程で、多くの中小企業が倒産や苦境に陥るという事態も想定されるのだ。

二〇一六年九月には、スイスとフランスの企業が共同で、コンクリート製の運動場の屋根を支える巨大な柱やパビリオン内の内装を3Dプリンターで作ったというニュースも流れた。

もちろん、すべての日本の職人芸が、すぐに3Dプリンターに置き換わるわけではない。実は、まだまだ職人芸の世界が残る分野もかなりありそうだ。最先端の米自動車メーカー、テスラ（旧テスラモーターズ）のモデルSのアルミ車体の金型は、日本メーカー製。アルミの成型加工は、鉄よりもはるかにデリケートで難しく、そう簡単には3Dプリンターに置き換えられないという。しかし、そうした例外的なものを除いて、3Dプリンターは、製造業において重要な地位を占めることになるのは確実だ。

それにしても、「擦り合わせ」とか「職人芸」などとはしゃいでいた経産省は、時代の流れを完全に見誤った責任を、どう考えているのだろう。

経産省の「国内業界再編ごっこ」

こうした経産省の時代遅れの産業政策の弊害《へいがい》は、様々な形で表れている。

半導体分野で、日立製作所、三菱電機、NECの半導体部門を統合したルネサスエレクトロニクス（旧ルネサステクノロジ）や、日立、東芝、ソニーの中小型液晶事業を統合したジャパンディスプレイ（JDI）は、いずれも経産省の別動隊である産業革新機構が立ち上げたり、あるいは途中から金融支援を行って、いわゆる「日の丸連合」による再生を目指した。

しかし先端分野の事業では、狭い範囲でのモノ作りだけでやっていけないのは世界の常識。世界の先進企業は、国境を越えて、異業種やベンチャーを含めて、あらゆるプレイヤーとの最適な合従連衡《がっしょうれんこう》を追求している。それなのに、日本だけ「日の丸連合」と気負ってみても、所詮勝ち目はない。両社とも赤字を垂れ流しては、苦しくなると産業革新機構に駆け込んで支援を仰ぐ、というパターンになっている。

誰が見ても、負け組の悪あがきとしか見えないのだが、それでもまだ懲りず、二〇一六年のシャープの破綻危機には東芝の家電部門との統合などという、冴えない「日の丸連合」を掲げて買収合戦に参戦したが、結局は、鴻海精密工業に蹴散らされるという醜態を演じた。

こうした過ちの根底には、経産官僚のDNAがある。これは、本当に経産省幹部がいっていることなのだが、「日本の経済界のトップのレベルは低い。われわれのように優秀な官僚が前に出て行かないと、日本企業の多くはじり貧になる」と考えているのだ。「われわれが、企業が嫌がる再編統合を行い、日本の産業を再生していく」という「使命感」といえなくもない。

しかし実際には、彼らにそんなことをするだけの知識も能力もない。ただ、やみくもに企業を統合しさえすればよいと考えるのだ。まさに世界の競争に取り残された企業が集まる電機業界は、経産官僚から見れば絶好の獲物。彼らの「業界再編ごっこ」のおもちゃにされている。

今後も、苦境に陥った電気産業（たとえば、二〇一六年秋の段階でも、有機ELの分野で中韓に決定的後れを取ったシャープとJDIによる「日の丸連合」構想が、冗談ではなく、本気で検討されていたし、二〇一七年春の東芝メモリ売却では、手を挙げる日本企業がなかったため、経産省主導の日の丸連合構想が画策された）や、後述する構造的な大変革の荒波に呑み込まれて立ち行かなくなる自動車メーカーなどを見つけては、「日の丸連合」を目指す動きが繰り返されるだろう。

さらに、海外原発事業で致命傷を負った東芝本体も、彼らにとっては格好の餌食《えじき》。必ず、政府資金を使って、影響下に置こうと考えるであろう。

しかし、経産省が手を出した案件は、まずうまくいかない。そう考えて間違いない。

自動車産業も経産省の餌食に

経産省主導の日の丸連合劇の失敗を続けている間に、日本の製造業では、世界で最先端を走っているといえる大きな産業の柱は、自動車しかないという状況に陥ってしまった。

こうした状況は、経産省自らが作成している「通商白書」の二〇一六年版でも「自動車の一本足打法」として、警鐘が鳴らされているほどだ。何しろ、自動車関連産業は就業人口の九%弱を占め、設備投資も製造業全体の二割を占める。一本足というのもうなずける。

しかし、この自動車産業も安泰というわけではない。

たとえばエコカーの分野。トヨタのハイブリッド車などを中心に、エコカーでは、日本は断トツの競争力を有するというのが一般の日本人の常識だ。電気自動車や燃料電池車でも、トヨタ、日産、ホンダなどが世界をリードしていると思うかもしれない。確かに、日本の自動車メーカーは先頭集団を走ってきたし、個々の技術では最先端を走っている。

しかしいま、これまでの延長線上では語れない大きな変革の波が目前に迫っている。日本には八社もの乗用車メーカーが存在し、そのすべてが、いわゆる「エコカー」と呼ばれる低燃費車を販売している。国内市場が人口減少で年々縮小するなかで、たいしたものだ。しかし、よく調べると、どうもおかしなことに気づく。

二〇一六年九月一日付の日本経済新聞朝刊に「エコカー減税絞り込み」という見出しが出ていたのに気づいた方はどれくらいいるだろうか。エコカー減税は、温暖化対策の一環として、燃費のよい車の取得税を二〇～一〇〇％、自動車重量税を二五～一〇〇％、大幅に割り引く制度だ。が、この措置《そち》の期限が二〇一六年度で切れるので、これを二〇一七年度以降も延長するに当たって、その条件をより厳しくしようというのである。

ここまではいいのだが、実は、二〇一六年度までのエコカー減税では、何と新車の九割近くが対象になっていたのだ。つまり、平均よりも燃費が悪い車でも「エコカー」として減税措置を受けているということ。二〇一六年末には、これを改正することが決まったが、それでも二〇一七年度からエコカーの対象を少しだけ狭くして、全体の八割、二〇一八年度からは七割に「絞り込む」だけなのだ。そんなことがなぜ起きるのか。おかしいと思う人がほとんどだろう。

その原因は、経産省の護送船団方式だ。できの悪い自動車メーカーでも、経産省と仲よくしていれば何とか生き延びられるという政策で、その見返りが、各メーカーによる天下り官僚の受け入れ……つまり日本の自動車メーカーのなかには、経産省の保護政策のおかげで生き延びている企業がいくつもある、ということだ。

エコカー基準を甘くした背景

ところが、こんなことをやっているあいだに、海外では、日本の先を行く政策が実施されている。一番進んでいるのが、アメリカのカリフォルニア州の排ガス規制だ。

カリフォルニア州は、州内の年間販売台数が六万台を超える大手メーカーに対し、販売台数の一定比率を排ガスゼロ車（ZEV：Zero Emission Vehicle）にするか、できなければ足りない台数一台当たり五〇〇〇ドルの罰金を支払うという、厳しい規制を課してきた。これをさらに強化し、二〇一八年からは年間販売台数二万台以上の中堅メーカーにも拡大する。マツダや富士重工などほぼすべてが対象になるのだ。

しかも、ZEVの対象からハイブリッドを外し、ZEV車の割合を二〇二五年には二二％まで引き上げなければならない。これは、トヨタでさえ、かなりの打撃を受ける厳しさだ。この規制に対応するには、電気自動車（EV）や燃料電池車（FCV）、プラグイン・ハイブリッド車（PHV）が必要である。

この動きはカリフォルニア州だけでなく、ニューヨーク州やニュージャージー州など、計一〇州（カリフォルニア州以外は、ZEV比率を一五％とするなど、若干異なる）に広がりつつあり、アメリカの新車市場の約三割に及ぶことになる。日本の中小メーカーは、アメリカで単独で生き残るのは難しくなるかもしれない。

この規制に対応できない場合は、他社から排出枠（クレジット：一台当たりのクレジット獲得ポイントは、ＥＶとＦＣＶが最も多く、ＰＨＶは冷遇される）を買って補うこともできる。テスラは、最近三年間で、年二億ドル近い利益をクレジット販売で稼いだという。逆にトヨタは、二〇一五年には、初めてクレジットの買い手に転落。規制未達成になった場合に備え、クレジットの備蓄に入っているという。これでは消費者イメージの低下は避けられない。

さらにＥＵも、少し先だが、燃費規制を大幅に強化する。二〇二五年から、各社の販売する新車の二酸化炭素（CO_2）排出量平均値を、一キロメートル走行当たり七〇グラム以下とするのだ。ガソリン一リッター当たり走行距離で四二・〇キロに相当する、ものすごい規制だ。トヨタの新型プリウスでも、リッター四〇・八キロ。大型車を含めた新車全体の平均値ベースでこれを上回るのは、曲芸並みの困難さといえる。

ＥＵのメーカーの対応は本格的だ。排ガス不正で苦境に立ったフォルクスワーゲンは、二〇二〇年から、一回の充電で六〇〇キロ走れるＥＶの販売を発表した。ダイムラーもＥＶ専用のブランドを立ち上げ、航続距離五〇〇キロのコンセプトカーを発表済みだ。

インフラ整備も急ピッチで進む。ドイツでは、官民協力で、二〇二〇年までに全国一万五〇〇〇ヵ所の充電設備が設置される。

一方、中国でも排ガス規制はどんどん強化される。もちろん欧米の後追いなのだが、規制強化と並んで注目すべきこととして、大胆な助成策による誘導が行われている。

当初、ＥＶとＰＨＶの累計生産販売台数を二〇一五年までに五〇万台、二〇二〇年までに五〇〇万台超にするという目標を掲げたが、この達成が難しいことが分かると、ＥＶとＰＨＶのエコカーを「新エネルギー車」として指定し、一台売れば最大約六万五〇〇〇元（約一一〇万円）の補助金を出すことにしたのだ。

この効果は絶大で、現在、倍々ゲームで「新エネ車」、特にＥＶが増加している。いまや中国は、アメリカを抜いて世界最大の電気自動車大国となってしまった。このなかでは、比亜迪（ＢＹＤ）と北京汽車の伸びが大きく、新エネ車の販売では、一、二位を占めている。

米欧中の自動車産業政策を日本と比較すると、非常に対照的だ。米欧中とも、ＥＶなど、完全なＺＥＶの生産で覇権を握ることを目標とした政策を採り、その実現を目指している。結果、テスラ、比亜迪（ＢＹＤ）、北京汽車など、一部のメーカーが急速に台頭した。またドイツのように、大手メーカーが、社運をかけて、これまでのクリーンディーゼル路線からＥＶ路線へ急転換するという状況も生まれている。

一方の日本……全メーカー生き残りのために、エコカーの基準を非常に甘くして、事実上の敗者保護政策を採った……ＥＶ開発競争では、多くの企業が完全に取り残されてしまった。

時代遅れになったトヨタのエコカー

こうして日本メーカーが出遅れたのに対し、この環境に最もうまく適応しているのが、アメリカのテスラだ。イーロン・マスクというカリスマ経営者が、ＥＶ一本に特化して急成長しているのだが、その勢いがすごい。

二〇一六年三月に発表した「モデル３」は、航続距離がアメリカ基準で三四五キロ（日本基準ならその五割増し以上といわれる。日産の「リーフ」の二倍走れる計算）もある。しかもテスラは高級車メーカーというイメージだったのが、「モデル３」の一台の価格は三九〇万円程度。さらに二割程度は政府の補助金を受けられるので、普通の車と完全に競合する価格帯に入った。

さらに、加速性能も時速六〇マイルまで六秒以下で、並みの高級車をはるかに上回る。通信機能を生かし、自動運転補助機能も付いており、これは購入後もインターネットを通じてバージョンアップできる。二〇一六年三月の予約開始から、一週間で三二・五万台の予約が入ったというが、その発売は一年以上先の二〇一七年末だから、驚くべき勢いだ。

テスラのモデル３発売が二〇一七年末というのは、カリフォルニアなどのＺＥＶ規制の強化が二〇一八年に始まれば、市場環境が一変するという読みに基づく。ちなみに、同社の高級車「モデルＳ」では、既に航続距離五〇〇キロの新モデル投入を発表している。

同社は、その後のＥＶの爆発的な成長に備えて、リチウムイオン電池の量産体制も整え、さらにリチウム鉱山の買収にまで手を広げている。電池のコストダウンが最大の競争ポイントだと見るや、駐車場のシェアリングサービスと合わせて、同社の電池を家庭用の蓄電池としても販売するようになった。そしてこの蓄電池を家庭の駐車場に設置し、充電サービスを提供することによって、充電拠点の不足というボトルネックを解消しようとしている。

アメリカの大手メーカーも必死にテスラを追いかけており、GMが航続距離三八〇キロ（アメリカ基準。日本基準なら六〇〇キロを超えるともいわれる）、価格も三八〇万円まで下げた「ボルト」を発売すると発表した。欧州メーカーも同様の方針を明らかにしている。さらにトラック分野でも、EVの開発競争が加速している。

一方の日本メーカーは、対応が遅れている。EVで先行する日産の「リーフ」の販売は、一向に増える兆《きざ》しがない。トヨタはEVでは完全に後れを取り、やむなく過渡的措置としてPHVで対抗するが、二〇一六年に鳴り物入りで発表されたプリウスのPHVでさえ、EV走行の航続距離は、わずか六〇キロだ。つなぎとしての役割は果たせるかもしれないが、テスラなどに水をあけられて、エコカーの盟主というイメージは一気に色あせてしまった。

そんな折、象徴的な記事が日本経済新聞に載っていた。タイの自動車メーカーがトヨタに不満を募らせているというのだ。その理由が、トヨタがタイ政府のEV振興策に異を唱えて、EVだけでなくHVも振興しろといっているというもの。タイでは、先述した中国の大手電気自動車メーカーが進出し、EVのトラック生産に乗り出しているのに、政府の政策が定まらず、思い切った投資ができないのだ。

新たな環境規制一つで業界の勢力図は一変する。規制は「ゲームチェンジャー」としてメーカーに開発競争を促す一方、外国メーカーの勢いを削《そ》ぎ、自国の車産業を育成するための手段となる。最近の米中欧の動きには、そうした狙いが色濃く出ている。一方、日本の産業政策は、負け組保護で「ゲームフォロワー」となる道を歩んでいる。

四五年以上前、アメリカが導入した「マスキー法」による世界一厳格な排ガス規制を逆手《さかて》に取って新エンジンを開発したホンダは、これを機に世界に飛躍した。

一日も早く経産省の頭を切り替えて、世界の流れを先取りする環境規制を導入しなければ、取り返しのつかないことになる。

サービス業に進化する自動車産業

自動車産業をめぐる競争は、もちろん、エコカー分野だけではない。特に競争が激しくなっているのが、自動運転の分野だ。ここでは、自動車の製造ではなく、通信や情報という異分野の技術が核となる。グーグル、アップル、マイクロソフトなどが主要なプレイヤーとして登場しているのもそのためだ。

さらに、急拡大するカーシェアリング・ビジネスのウーバーなどが参入することで、自動車産業のあり方が根本的に変化する、という見方が強まっている。

たとえばGMは、カーシェアリング・サービスのリフトに五億ドル（約六〇〇億円）を出資することを発表したが、将来的には自動運転車による自動タクシー・サービスを目指す動きだ。ここまで来ると、個人は車を所有する必要がなくなる。必要なときに短時間だけ借りて、しかも自動運転でどこにでも連れて行ってもらえることになる。高齢化社会を迎える先進国や過疎化に悩む地方でのニーズにも応えることができるので、一気に広がる可能性を秘めている。

そうした新たなビジネスを支えるためには、従来のレンタカー・サービスではダメだ。自動車をプールしておく場所が少ないと、いますぐに乗りたいというニーズに応えられない。そこで、駐車場シェアリング・サービスも融合したモデルが出てくるだろう。個人宅の空いている駐車場に空いた車を駐車しておくことで、地域のあらゆる場所に車があるという状況を作るわけだ。

また、使用する車は電気自動車になる可能性が高い。駐車場のスペースには、充電システムを設置する。太陽光発電とリチウム電池を使った蓄電施設をセットにするという仕組みも、既にテスラが始めている。さらにBMWも、欧米だけでなく、日本でも月額二五〇〇円の定額充電サービスを始めた。

自動運転になれば、移動する間、乗車する人に自由時間が生まれる。仕事をする人、テレビを見る人、音楽を聴く人、英会話を勉強する人、友人同士でおしゃべりを楽しむ人……様々なニーズが生まれるから、それを取り込んだサービスが新しいビジネスとなる。

仮に自動車の販売台数が減少に転じても、運送事業やその他の関連サービスを合わせれば、むしろ大きな成長が期待できる。そこで、製造とサービス全体を支配する地位を確立し、新たなビジネスの覇者になることを狙う。そういう戦略を描いた、壮大な競争が始まっている。

異業種連携の輪から落ちこぼれて

ドイツの三強（ＢＭＷ、ダイムラー、アウディ）や、米最大手のＧＭなどは、そうした変化を明らかに読み取って、流れに遅れまいと必死だ。もちろん既存のメーカーにとっては、このような展開は、「個人が車を持たない時代」につながるわけで、自社の車の販売台数激減というディレンマに直面する。本来は、この流れを食い止めたいという気持ちもあるだろう。しかし既に、そうした段階は過ぎた。

これからは、まったく新たな形態の自動車運送関連業というビジネスで儲ける。そのモデルを構築することに舵《かじ》を切らざるを得なくなった。

そうした動きは世界中で加速している。ドイツ三強は、自動運転のカギとなる電子地図の分野で最大手のＨＥＲＥ社を買収した。同社の地図は、欧米のカーナビ付き自動車の八割で搭載されており、サービス提供先は二〇〇ヵ国、五〇言語以上にのぼる。圧倒的な市場シェアだ。

ドイツ三強は、この企業を傘下に入れることで、自動運転分野で優位に立とうと狙っている。

地図とカーナビといえば、もう一つの雄、グーグルがある。世界の自動車メーカーは、こぞって、この巨人との連携を目指している。トヨタもその一つだ。

グーグルは、自分では自動車を造れない。だから必ず、自動車メーカーと提携する必要がある。これまでグーグルは、トヨタの「レクサスＲＸ４５０ｈ」の改造車などを使って、公道で自動運転システムの走行試験を行ってきた。しかし、運行システムだけでなく、自動運転のための自動車そのものの開発については、二〇一六年に欧米自動車大手のフィアット・クライスラー・オートモービルズ（ＦＣＡ）と提携することを決めた。その後、グーグルはホンダとも提携することを発表し、さらに提携先を増やしている。

このように、開発の主導権は日本のメーカーではなく、欧米のＩＴ関連企業に移っている。

またグーグルと並び、今後の台風の目となる米ライドシェアサービスの最大手、ウーバーは、自動運転車の開発でスウェーデンのボルボ・カーと提携していたが、さらに自動車大手二社程度を加えることになったと報じられた。フォードが有力といわれるが、ウーバーに出資までして秋波を送っていたトヨタは、自動運転での提携先候補から脱落してしまったようだ。

米最大手のＧＭは、既に、ライドシェア・サービス二位のリフトと提携している。

トランプさんが大好きな経産官僚

こうして見ると、日本の自動車メーカーが、業種を超えた自動運転や新規の関連ビジネスの展開で、国際協力の輪から外され始めているように見える。

そんな不安がよぎるなか、二〇一六年一一月、ついにトヨタが事実上の「敗北宣言」を出した。量産体制を整えたうえで、二〇二〇年までにＥＶ市場に本格参入することを「検討」すると発表したのだ。これだけだと聞こえはいいが、実はトヨタにとって、これは屈辱的な宣言なのだ。

というのも、トヨタはＺＥＶ（排ガスゼロ車）の本命は燃料電池車（ＦＣＶ）だと公言して、ＥＶにはほとんど力を入れてこなかった。しかし、欧米そして中国でＥＶ化の流れが一気に加速したため、恥を忍んでＥＶ路線に舵を切ったのだ。

これまでの出遅れは深刻だが、トヨタには圧倒的な資金力がある。多少遅れても、最後は、有力企業の買収も含めて、大逆転が可能かもしれない。ギリギリのところで路線転換をしたことで、日本企業も今後のＥＶ化と自動運転の流れのなかで、何とか生き残る芽が残ったのではないか。そう期待するしかないだろう。

しかし、アメリカの資本市場の厚みは、日本とは比べ物にならない。衛星打ち上げビジネスはもちろん火星移住計画についてまで、民間企業が市場で資金集めをできる国がアメリカだ。一方の日本は、中央リニア新幹線でさえ、財政投融資で資金を供給しようとしている。

いつまで経ってもお上頼みで、弱者の「日の丸連合」を政府が支援する国では、新たなビジネスに挑戦する企業の誕生と飛躍を期待することはできない。ここまで書くと、悪いことばかりだということになりそうだが、実はそういうわけでもない。それは、ドナルド・トランプ大統領誕生によって、ゲームのルールが突然、大きく変更される可能性があるからだ。

トランプ大統領と日本の自動車メーカーというと、まず頭に浮かぶのが、二〇一七年一月のトヨタ脅迫のツイート。トランプ氏は、トヨタを名指しで、二〇一九年稼働予定で建設が始まったメキシコ工場新設について、「とんでもない！　アメリカに工場を建てるか、国境で高い税金を払え」とつぶやいた。工場建設を止めなければ、メキシコからアメリカに輸入するトヨタ車に高関税をかけるぞ、と脅したのだ。

そんなことをされたらトヨタはたまらない。トランプショックの円安を思いがけない天の恵みと喜んでいた株式市場でも、トヨタ株は大幅下落するという逆ショックになった。

これは一九八〇年代の日米自動車摩擦を彷彿《ほうふつ》とさせる動きだが、考えてみると、あの頃は、アメリカの理不尽な要求に屈して自動車輸出に事実上の台数制限を設けたり、鉄鋼輸出を自主規制したりと、日本企業は大変な苦労を強いられた。それでも結局は、本当に競争力があるところが勝つという結果になった。そのためトランプ旋風も、何とか乗り越えることができるのではないかと思える。

一方、トランプ政権は、石油産業などの規制を緩和する一方、自然エネルギー産業などへの助成策を削減していく方針だ。気候変動に関する「パリ協定」脱退も掲げ、温暖化対策も大きく後退することが確実となった。これまでのアメリカにおけるエコカー熱が少し冷めて、連邦政府や各州の環境規制が緩められたり、カリフォルニアなど先進州に追随する他州の規制強化の動きが遅くなる可能性が出てくる。

これは、出遅れたトヨタには朗報であると同時に、テスラのように先行する企業にとっては大誤算だ。ＥＶ向け補助金が削減されたりしたら、大増産を計画しているＥＶの売れ行きが予想を大きく下回る可能性がある。

ちなみに、トランプ大統領が日本企業に様々な難題を突き付けてくることを喜んでいるのが経産省幹部だ。なぜか。

トランプ大統領が暴れれば暴れるほど、一民間企業の力では対応できない問題が出てくる。そうなれば、自動車メーカーは経産省に頼ってくる。そこで経産省が、アメリカ政府と丁々《ちょうちょう》発止《はっし》の交渉を行えば、日本の大企業に感謝される。こうして、ほとんど力を失っていた経産省という役所が、再び業界に対し、昔日《せきじつ》の影響力を取り戻す可能性が生まれる。

こういうとき、経産省は、武器輸出などで協力関係にある防衛省などと協力し、アメリカの武器をたくさん買うからトヨタには手加減してくれ、というような取引をしようとするだろう。

これは、経産省や防衛省、そしてトヨタにはいいかもしれないが、やたらと高いアメリカ製武器を買うのは、トヨタではなく日本政府である。その原資はもちろん税金。結局、最終的に、ツケは一般庶民に回ることになる。

農協が「断固受け入れ拒否」の旗を降ろしたわけ

成長戦略をテーマにすると、本を何冊書いても足りない。農業については、紙幅の関係で、三つの点に絞って触れておきたい。

安倍政権は、最初の成長戦略を出したときから、一貫して、「農業、雇用、医療、エネルギーなど、岩盤のように固い規制に対し、強い決意を持って改革していく」と、農業を「規制改革」の一番目に掲げた。そして、農業を「成長の柱」、あるいは「輸出産業」にすると喧伝《けんでん》している。

農業関係の「改革」といえば、農協が柱になるのは当然だ。果たせるかな、二〇一四年夏ごろから、ネット上に「農協解体」という言葉が躍り始めた。

農協が「解体」されるのであれば大変なことだ。「解体」という言葉は、「農協が消滅する」ように聞こえる。少なくとも、これまでにない抜本的改革が行われるだろう、という期待を生む言葉だ。そして二〇一五年に入ると、新聞紙上には「全中解体」の文字が浮かぶようになった。「農協解体」と「全中解体」とはまったく意味が違うが、国民は同じものとして受け止めた。

実は農協の組織は、地域と機能の両面で縦横のネットワークが張り巡らされており、結構、複雑だ。ここではごく大づかみに整理しておこう。

まず、全国の農協組織の頂点に立つのが、全中（全国農業協同組合中央会）。その傘下には、保険事業を束ねるＪＡ共済連（全国共済農業協同組合連合会）、金融事業を束ねる農林中金（農林中央金庫）、農産物販売などを行う全農（全国農業協同組合連合会）があり、地域別には、全国の約六〇〇の地域農協と、それを都道府県ごとに束ねる都道府県の中央会がある。

全中は、これらの傘下《さんか》団体に対して、監査や指導を行う権限を法律で与えられていた。それは全中が、監査・指導を名目に、年間八〇億円もの収入を得るという構図だ。

一方、よく考えると、「全中」を解体しても、農協の実働部隊にはほとんど変化は起きないのである。つまり、「農協解体」とは程遠い。しかも実際の法改正では、「全中解体」も行われず、全中を一般社団法人（特別に法律で与えられた権限や特権などがない）に転換し、地域農協への監査・指導権限をなくすだけにとどまった。

だから、当初の「農協解体」から見れば、ほとんど無傷。もちろん、岩盤規制を突き崩すような効果は期待できない。客観的にいえば、放っておいても進んでいる地域レベルの改革を邪魔することが少なくなる、という程度の効果しかないだろう。

その証拠に、当初「断固受け入れ拒否」と叫んでいた全中も、最後はあっさりと引き下がった。全中は、この程度の「改革」なら大きな血は流れない、そう判断したということが分かる。

温存したドル箱の金融事業

実は、この間、「全中改革」に反対したのは、全中だけでなく地域農協も同じだった。これは不思議なことだ。全中の権限をなくせば、地域の農協はより自由になる。監査・指導料も払わなくてよいということであれば、地域農協が反対する理由はない。

では、なぜ地域農協が反対したのか。その理由の一つが、准組合員問題だ。

農協には、農家である組合員と農家ではない准組合員がいる。現在、実は、准組合員のほうが多い。そして、この准組合員を対象にした金融・保険事業の収益が、本来の農業分野の収益をはるかに上回っているのだ。

たとえばＪＡの住宅ローンとかＪＡ共済の保険などは、農家ではない一般庶民にとっても馴染みの深いものになっている。逆にいえば、農協にとっては、農業事業をはるかに上回るドル箱……いわば農協の「生命線」なのだ。

ＪＡバンクもＪＡ共済も、不当に優遇された条件で事業を営み、いまや、その規模は日本の銀行・保険のトップレベルにまで膨れ上がった。明らかに民業圧迫だ。

当初の改革案では、この問題に対応するために、准組合員の利用に制限をかけようとしたが、地域農協にとって大打撃だ……と地域農協が大反対した。

結果、この劇薬はあっさりと撤回された。

地域農協のために「馴れ合い監査」を温存

もう一つの問題が全中の地域農協に対する監査権限の廃止だった。これがなくなると、全中は八〇億円の収入を失う。監査部門は廃止することになり、多くの人員が路頭に迷う。

一方、地域農協は、全中以外の一般監査法人の監査を選ぶことができて自由度が増す。地域農協にとっては得なようにも思える。しかし実は、この改革の結果、仮に地域農協が一般の監査法人の監査を受けるしかなくなると、とんでもないことが起きる可能性がある。

なぜなら、いままでの全中による監査は、身内が行うことによって、なあなあの緩い監査だったというのが一般の評価だ。そうした監査を受け続けている地域農協に、普通の民間企業並みの監査を行えば、どうなるか？　多くの地域農協が実は破綻していた、あるいは経営状態が公表されていたよりはるかに悪い、などということが分かってしまう。本来は、そのほうが地域農協の健全経営につながり望ましいはずだが、その対象となる農協から見れば、絶対に受け入れたくないという反応になる。

そこで、これも最後は骨抜きにされた。全中の監査部門を独立させて新しい監査法人に衣替えし、地域農協は、この新しく設立される監査法人に監査を依頼するか、一般の監査法人に監査を依頼するか、それを選択できることにしたのだ。

普通に考えると、全中から切り離される監査法人は、一般の監査法人との激しい競争にさらされ、場合によっては、いま行っている事業が大幅に縮小してしまうかもしれない。しかし実は、そうはならない構造的な保証がある。全中の監査法人は、地域農協との馴れ合い関係を武器に、これまでどおりの甘い監査を売り物にして、地域農協の監査業務を受託することができるからだ。

地域農協にとって、これまでの貸し借りがない一般の監査法人に監査を任せるのは、非常に大きなリスクに感じるだろう。全中から移行した監査法人なら、過去の不適切経理があっても、いわば共犯者だから、時間をかけてうまく処理してもらえるという期待感がある。

一方の全中としても、従来どおりの甘い監査を続けていけば、地域農協はついてきてくれるから、一般の監査法人との競争になっても大丈夫だ、という読みが成り立つ。そこで、これも簡単に打ち方止《や》めということになった。

本格実施は二〇一九年度からだが、既に一般監査法人への乗り換えは自由だ。しかし現在、乗り換えの動きはないようだ。監査の分野では、大きな変化はないだろう。

この改革では、全中を一般社団法人にするが、「全中」の看板も残した。改革の実態が乏しいときは看板の架け替えでお茶を濁すものだが、それも行われない。結局、名実ともに何も変わらないということになるのだ。

「進次郎改革」は競争と淘汰に踏み込めるのか

二〇一六年の参議院選挙後の安倍政権の改革の目玉は、小泉進次郎《こいずみしんじろう》議員を農林部会長に再任したことだ。小泉氏は、農協のうち、農業関連事業そのものにメスを入れようとしてきた。参議院選挙向けの「改革ポーズ」の広告塔ではないかと見る向きもあったが、これで本格的な改革が始まる、という期待が高まった。

小泉氏が第一の柱に挙げたのは、農業資機材の価格引き下げだ。農水省によれば、肥料の生産業者は国内に約三〇〇〇。そして銘柄数は、なんと二万……各製品の生産量が小さくなるので非効率に陥り、約五七〇〇銘柄に絞られている韓国に比べ、コストは約二倍だという。農薬も同様で、韓国比三倍。これは、農薬や肥料メーカーの談合というよりも、各地域農協が自主ブランドや個別仕様にこだわり、価格を気にせずメーカーに発注してきた結果だという。

そこで、これらを集約化して大規模生産し、価格を下げようと考えた。ごく自然な発想だ。

しかし、その先がやや及び腰だ。国が法律を作って集約化の旗を振り、様々な補助を出したり、税金を負けてやる。こうしたことをテコに前進させようというのだ。これは長年、経産省が、不況産業対策で取ってきた手法だ。手ぬるいので成果が出るのに時間がかかるし、その後も激しい競争をしようという気風は生まれない。

今後、農業関連の事業を束ねる全農の株式会社化を目指す可能性もあるが、それをやっても「全中改革」のときと同じで、本質には迫れない。

そもそも、高い商品を平気で売りつけている地域農協がこれまでなぜ生き残れたのか、そこにメスを入れるべきだ。そうでないと資機材分野と全農だけの改革に終わり、本質は変わらない。ここで本質というのは、農協の本来の機能である、農家のための総合サービス業という面での「競争」とその結果である「淘汰」の不在だ。

インターネットと宅配便のおかげで、個々の農家が、農協とは異なる独自ブランドで農産物を直販する道が開けた。それにより、地域農協も殿様商法では顧客離れが起きるから重い腰を上げ、自己改革に取り組み始めた。つまり農協も、競争にさえ晒《さら》されれば、いちいち国が法律を作ったり補助金や税制で面倒を見なくても、まともなサービス業者になれるのだ。

農協は、これまでは事実上の地域独占だったから、大手電力会社と同じ構造になっていたわけだ。ただ、われわれが電力自由化で見た通り、そこに入ってきた新電力との競争だけでは、本当の効果は出ない。大手電力同士が地域を超えて競争して初めて、本当の競争の効果が現れる。それとの比較でいえば、一番早いのは、地域農協同士の競争を促進する方策を考えるべきなのだ。

現在も、地域外の農家にサービスを提供することは、厳密にいえば禁じられていない。が、積極的に宣伝して顧客を奪うというようなことは起きていない。

国がやるべきことは、他地域からの取引の依頼があったら正当な理由なく取引を拒否してはいけない、という規制をかけること。北海道の農家が九州の農協に集荷サービスを依頼するなど、明らかに経済合理性に反するケースなどを除いて、ということだ。そうすれば、まずは近隣の農協同士で競争が始まり、より安く、よりよい商品・サービスを提供する農協が勝ち残り、集約化も自然と進む。

また、個々の農家が自己ブランドでの販売を求めたときも、正当な理由なくこれを拒んではいけないという規制もかける。これまでの農協は、その地域の同一作物は同じ農協ブランドでしか販売しなかったので、篤農家《とくのうか》がせっかく努力して高品質の作物を生産しても、他の生産者の作物と同じ箱に入れられ、非常に安い価格でしか売ってもらえなかった。そこで、自分で売ろうとすると、様々な嫌がらせをして、そういう農家の努力を邪魔するケースも多かった。

これは、農協が、努力する農家のブランド化を潰し、努力しても仕方ないという意識を農家に植え付け、結果的に非効率でやる気のない農家を温存する役割を果たしてきたことを意味する。その本質にあるのが、弱い農家に基準を合わせて全員が生き残るという、護送船団方式だ。つまり、農家同士の競争を否定している。「競争を否定して競争力を高める」というのだから、まるで笑い話ではないか。これこそ、日本農政最大の問題だ。

ちなみに、こうした地域農協によるブランド潰しには、公正取引委員会が、優越的な地位の濫用《らんよう》などの規制を積極的に適用する仕組みにしていくことも必要だ。

農家に「競争」を導入する、そのためにも地域農協に「競争」を導入する。その際、地域農協を株式会社化すれば手っ取り早い。それこそが日本の農業再生のために不可欠なことだ。

しかし、いつでも衆議院解散があると囁《ささや》かれる、そんな状況下で、地域農協の生存を脅かすような改革に踏み込めるのか。それとも、彼らが嫌がる政策は封印して恩を売り、引き続き自民党の選挙マシンとしてフル回転してもらうための取引をするのか——。

「進次郎改革」は、いまのところ農業資機材の引き下げにしか踏み込まず、さらにやっても「全農改革」止まりになりそうな気配も漂う。いまこそ小泉進次郎議員の真価が問われている。

参院選対策のために米価アップを厳命

安倍政権は、二〇一八年度から減反《げんたん》を廃止するという「戦後農政の大転換」を行うと、二〇一三年に発表している。

減反は、コメの価格が下がらないように生産量を減らすための政策だ。これを止めれば、コメの生産が増加し、価格が下がるから、消費者にとっては嬉しい話のはずだった。しかし、自民党と農水省が実際にやっているのは、その効果を帳消しにする政策だ。コメを輸出産業にするという言葉にも真っ向から反する。

どういうことか説明しよう。

日本のコメは、価格は高いがおいしいといわれる。しかし国内では、コメの消費量は年々減少し、生産も減ってきた。産業としては、じり貧だ。

これを輸出産業として発展させるには、第一に、価格を下げて競争力を高める。第二に、品質を上げて海外のコメ農家の追い上げに対抗する。第三に、十分な輸出量を確保するために生産量を増やす……つまり、「価格下げ」「質上げ」「量上げ」の「上げ下げ三点セット」が重要だ。

安倍政権は、一方で減反政策を将来廃止すると宣言しながら、二〇一六年夏の参議院選挙対策として、直近の米価は何としても上げろと厳命を下した。農水省はこれを受けて、主食用のコメを作らせないようにするため、飼料用米への補助金を大幅に増やした。

さらに、農水省の幹部が各地を行脚《あんぎゃ》して減反を徹底させ、初めて減反目標を達成してしまった……その「おかげ」でコメの価格は下がらず、逆に値上がり基調となったが、値上がりで消費者のコメ離れが進み、コメ需要は例年にも増して落ち込んでしまった。まるで笑い話だ。

いま行われている政策は、価格を下げないで逆に上げる、そのために質を下げて飼料用米にシフトさせ、生産量も下げる、という代物《しろもの》。先述したコメの輸出産業化に必要な「上げ下げ三点セット」のすべてに逆行する「トンデモ農政」だ。

安倍政権は、二〇一八年度の減反廃止でコメの生産が増えるのを防止するため、代わりに国が主食用米の需給関連情報を示し、それを元に各県が農協と協力して、生産量の「目安」値を出そうとしている。市町村別の目安まで提示する道県も三六にのぼるという。

つまり、減反を県主導の生産カルテルに置き換えよう、ということだ。

このように農政においても、最初は「減反廃止」と大風呂敷を広げ、国民に改革派だというイメージを植え付けた。その際には、自民党の「守旧派」族議員と「改革派」安倍総理の闘いを演出し、マスコミの前で、正義の味方・安倍総理が悪漢どもをねじ伏せるという、歌舞伎さながらのパフォーマンスまで行った。

しかし舞台裏では、用意しておいた落としどころを示し、支持団体を安心させた。これこそ安倍政権の常套《じょうとう》手段、騙しのテクニックだ。このままでは、日本のコメ農業は、復活できない。

減反政策は文字通り廃止し、飼料用米への補助金も廃止する。そのうえで、高関税で農家を保護するのを止めて、やる気と能力のある農家への直接支援を行う。そのコストも明確化し、予算審議などを通じて、他の政策課題との優先順位をしっかり付ける。先述の競争導入と合わせれば、コメの国際競争力は、確実に上がるだろう。

日本沈没の戦犯たちから、農業を国民の手に取り戻すのだ。

第六章　甦った原発マフィア

原発ゼロ実現の背後にある大仕掛け

二〇一五年八月、ついに日本の「原発ゼロ」が終わった。二〇一三年九月一五日、再稼動していた関西電力大飯《おおい》原発（福井県）四号機が停止してから二年近く、日本は原発ゼロでやってきた。「原発ゼロ」が実現していたのである。

しかし、政権の必死の工作で、ついに、この状態に終止符が打たれることになった。九州電力川内《せんだい》原発（鹿児島県）一号機が再稼動したのだ。しかも、経産省と九州電力は、よりによって、東日本大震災と東京電力福島第一原発事故の月命日の八月一一日を再稼動の日として選んだ。「福島のことは忘れよう」「原発時代の再開だ！」と、高らかに宣言したかったのだろう。

事故直後は、日本中の誰もが、「もう原発はいらない」と思った。私がよく覚えているのは、のちに原発限定容認に転向した橋下徹《はしもととおる》前大阪市長でさえ、二〇一二年春には、「原発事故を見て平気なのはロボットか感情の薄い人」と述べ、民主党野田政権が大飯原発再稼動を決めると、「あとは国民が民主党政権を倒すしかない。次の総選挙で（政権を）代わってもらう」という「倒閣宣言」までしたことだ（橋下氏は、のちに態度を急変させ、大飯原発の再稼動を容認した）。

あの橋下氏でさえ抗《あらが》えないほど、世論が脱原発で一致していたということを物語る。

二〇一一年三月以降、日本で何が起きたのか。そして、起きなかったのか。それを振り返ることで、この国の病根がいかに根深いものかが分かる。本章では脱原発の道行きを振り返りながら、そこに蔓延《はびこ》る数え切れないほどの嘘を暴いていく。そうすることによって、原発がなぜ生き残っていくのか、そこにはいかに壮大な仕掛けがあったのか、それを示してみたい。

私がこの本のタイトルを『日本中枢の狂謀』とした意味も、よく理解していただけるものと思う。

東電と経産省の闇取引のすべて

原発をめぐる政府と電力会社が唱え続ける嘘の数は数え切れない。ここでは分かりやすくて代表的なものだけ取り上げて解説しよう。

まず、東京電力福島第一原子力発電所の事故責任者が誰かという問題がある。より即物的にいえば、誰が損害賠償責任を負うのか、ということだ。

もちろん電力会社に責任があるのは明らかだが、原発を国策として進めていた政府（経産省）にも何かしらの責任があると考えるのが普通の感覚だろう。

しかし、原発事故の損害賠償について規定する「原子力損害賠償法」という法律には、誰も想定できないような地震は「天災地変」と呼んで、この場合は、電力会社の責任が免責となるという規定がある。東京電力は、当然この規定を使って、自分の責任を逃れようと考えた。ただ、そうなると、こんな危ないものを作らせた経産省の責任が問われることになる。そこで、経産省の資源エネルギー庁幹部が、実は、何度も東電の勝俣恒久《かつまたつねひさ》会長（当時）のところに足を運んで、この免責規定の活用を思いとどまるように懇願《こんがん》したらしい。

もちろん、ただ懇願するだけでは同意してもらえないから、見返りを提示した。それが、「東電を絶対に潰さない、最後まで守る」という約束だ。東電内では、免責を主張すべきという主戦論もあったが、結局、経産省との取引に応じたのである。

その後、経産省は松永和夫《まつながかずお》次官（当時）がメガバンクと交渉して、二〇一一年三月末に三メガバンクなどから東電への約一・九兆円もの緊急融資を引き出して、その約束を果たした。表向きは、菅直人《かんなおと》総理（当時）が東電本店に乗り込んで「逃げるな」と恫喝《どうかつ》したなどという報道がされていたが、その裏では、東電、経産省、メガバンクのあいだで、闇取引が行われていたのである。

かくして、経産省は、彼らの責任問題をうやむやにすることに成功した。一方の東電は、すべては東電が悪いとばかりに世論の批判を一身に背負う形になったのである。ただ、その見返りとして、「東電は何があっても潰れない」という、極めて珍しい株式会社になってしまった。

実は、その後の福島の事故処理や被災者の救済が極めて不十分な形でしか進まなくなったのは、この裏取引が原因だということは、あまり認識されていない。

「絶対に潰さない」ということは、東電の負担は、東電が潰れない範囲でしか増やせないという制約を生む。除染の範囲をどうするか、住民への損害賠償の基準をどうするのか、ということを決める際に、常にこの制約がかかる。そのため、住民のため、安全のため、周辺漁民のためという、本来は最優先すべき目的が劣後し、不十分だと分かっていても、「東電を潰すわけにはいかない」というまったく理由にならない理由で、いつも放置されてしまうことになった。

経産省と民主党の「東電叩き」の違い

東電と経産省のあいだで闇取引が成立してはいたが、表での動きはまったく違った。民主党の菅政権から見れば、仮に政府に責任があったとしても、それはほとんどが自民党の責任だという思いがある。電力会社は自民党とぐるになって利権を貪《むさぼ》ることにうつつを抜かし、安全対策を怠り、挙《あ》げ句《く》の果《は》てにこんな災害を起こした、という半ば第三者的な立場で、国民の怒りをそのまま電力会社にぶつける行動に出た。

経産省は、闇取引をした後ろめたさがあったはずだが、菅政権の東電叩きがすさまじいので、すぐにそれに便乗し、率先して東電叩きを始めた。ただし、それは政権の姿勢に迎合《げいごう》したというのではない。たまたま政権と経産省の思惑が同じだったというだけだ。

経産省はこう考えた。東電を叩けば、国民の怒りはそちらに向かう。そして、東電の幹部が頭を下げれば下げるほど、国民の鬱憤《うっぷん》は晴れ、少しずつだが、原発そのものへの怒りを鎮静化するのに役立つ。さらには、経産省の責任問題も雲散霧消させられる。そう読んだのである。

その後、経産省の態度は、何が起きても東電のせいだという徹底した東電バッシングの姿勢に切り替わっていった。一方、民主党政権は、ただ単純に東電をスケープゴートにして不人気政権の浮揚を図ろうと考えたのであろう。

東電は騙されたという思いを抱いただろうが、ひとたび免責という選択肢を捨ててしまった以上、巨額の事故対応費用を工面《くめん》せざるを得ず、破綻を避けるためには、経産省にすがるしかなくなっていた。

もし、東電が本気で争っていればどうなったか？　おそらく、争いは泥沼化し、過去に貞《じょう》観《がん》地震（八六九年の三陸沖巨大地震。陸奥国《むつのくに》境まで津波が押し寄せた）が起きたことなどを東電も経産省も事前に認識し、津波対策の必要性を議論した事実を示し、経産省もそれを無視してきたことを明らかにしていたであろう。東電は経産省の判断に従っただけだという主張だ。

そうなれば、経産省の幹部らの責任問題にまで発展し、刑事事件になっていたかもしれない。

地震と津波の危険性を認識していたという事実が判明すれば、経産省の責任は非常に重いので、国民の怒りは経産省に集中したはずだ。その結果、のちに設立された原子力規制委員会への経産省からの出向などは厳禁になっていたであろう。いや、そもそも電力会社の規制権限さえも経産省から剝奪《はくだつ》せよ、という議論が高まっていた可能性も高い。

そういう意味で、これだけの責任をほぼ完全に免れて、いまなお原子力規制庁を事実上の植民地に据え、電力の規制権限も死守して、さらに東電という大企業を事実上の子会社にしてしまった経産省という役所が、いかに悪運の強い組織かが分かる。

そして、いまやA級戦犯だったはずの経産省は、原発事故の責任などどこ吹く風で、安倍総理の懐刀《ふところがたな》の政務秘書官をはじめ官邸の要職を押さえ、「日本中枢の狂謀」の陰の主役となっている。

恐るべし経産省である。

汚染水は「海に流せばよい」

安倍総理は、二〇一三年九月、ブエノスアイレスのＩＯＣ総会で、東京電力福島第一原子力発電所の汚染水問題について、「フクシマについて、お案じの向きには、私から保証をいたします。状況は、統御《とうぎょ》されています」「東京には、いかなる悪影響にしろ、これまで及ぼしたことはなく、今後とも、及ぼすことはありません」「（放射能）汚染水の影響は、港湾内〇・三平方キロメートルの範囲内で完全にブロックされています」と、大見得《みえ》を切った。世界中が注目するなかで、これほどの嘘がまかり通ったことが、歴史上あっただろうか。

ご承知の通り、安倍政権は、汚染水に関する情報をことごとく隠蔽《いんぺい》ないし矮小化《わいしょうか》してきた。明らかになったのは二〇一四年のこと。事故当初から、大量の汚染水が、原発の港湾外に垂れ流しだったのだ。それを一年以上前から把握していたのに、東電は対策を講じなかった。

原子力規制委員会も報告を受けながら放置していた。さらに驚いたことに、安倍政権はこの問題が発覚してから一週間以上も謝らず、しかもブエノスアイレスで、「汚染水の影響は、第一原発の港湾内でブロックされている」と強弁したのである。

実際には、放射能汚染水は、原発の外の小さな湾内に地下からどんどん流出していた。そして、湾内の水は一日に五〇％も入れ替わっており、二重構造になっている港湾の一番内側とその一つ外側の間にはフェンスがあるのだが、そこからも放射性物質は流出していた。また、汚染水タンクから漏れ出した汚染水の一部は、排水路を通って直接、湾外に流出していたことも分かった。完全にブロックとは、真っ赤な嘘だったのだ。

しかし、官僚たちの頭のなかでは嘘をついたことにはなっていない。「汚染水が完全にブロックされている」といったら、それは嘘なのだが、安倍総理は、そうはいっていない。「汚染水の『影響』は完全にブロック」といっている。そして、「影響」という言葉の定義は行っていない。

その後の議論では、「湾外で採取された海水の放射能の数値は、健康に害を及ぼす恐れがあるとされる国際基準よりはるかに低く、『影響』はないといってよい」という説明をしている。海水で薄められて濃度が低くなれば、国際基準を下回るのは当たり前だ。彼らがいっていることは、「薄めて流せば」問題なくなるという意味になる。

その後も、汚染水漏洩《ろうえい》の「事故」がたびたび起きたが、いつも発表が遅れた。加えて発表するときには、周辺の水の放射能濃度の水準が、「当初は高かったが、いまは低くなっている」といって、大したことがないように説明した。

そもそも、福島第一原発の事故機周辺には、非常に高いレベルの放射能に汚染された瓦礫《がれき》が多数、散乱していたはずだ。人がまったく近づけない場所もたくさんあった。しかし現在では、そうした場所は極めて限られた範囲になっている。時間が経過して、半減期の短いものから順に放射能が弱くなっていった結果、いまでは近寄っても被曝程度が著しく下がったのだと説明する人もいるが、そうとばかりもいえない。

というのは、事故からの六年間、どれだけの雨が降ったのか。大雨や台風などで放射能汚染された瓦礫や土壌の表面が何回も洗い流されたのではないか。もちろん、表面のコーティングなどを施した部分もあるが、どこまで真面目に行われていたのか疑わしい。

実は、東電や経産省は、初めから大量の汚染水を除染して無害にすることなど不可能だと諦めていた……その可能性が高い。

なぜなら彼らには、そんなことよりもはるかに重要なミッションがあったからだ。そのミッションとは、「東電を破綻させない」というもの。二〇一一年の事故直後、民主党の菅直人内閣の時代、馬淵澄夫《まぶちすみお》総理補佐官が遮水壁の設計をするように東電に指示したのに、海江田万里《かいえだばんり》経産相は、東電が先送りすることを認めてしまった。遮水壁を作ると一〇〇〇億円の巨額費用がかかり、その負担公表が東電の破綻につながると心配したからだ。

地下から大量の汚染水が海洋に流出していることも当初から指摘されていたが、認めたのは、はるか後になってからだ。とにかくカネをかけることを少しでも先延ばししたい、という意向が強く働いたとしか考えられない。

時間稼ぎのために使われた凍土壁

では、遮水壁なしでどうするつもりだったのか。カネをかけずに汚染水を処理する方法といえば、海に流すしかない。地下から見えない形でどんどん流れて行ってくれれば、助かる。そんな思いを抱いていたのだろう。

汚染水の海洋流出防止には原発の周囲を囲む必要がある。そのためには、分厚い鋼板とコンクリートなどを使えば済む。これなら特に新しい方法ではなく、カネさえかければできる。ただ、その方法を選ぶと、東電に「早くやれ」というプレッシャーがかかる。しかし、東電がそんな資金負担をすると債務超過になってしまうから、それは選択肢とはなり得なかった。

そこで経産省が考えたのが、凍土壁だ。この方法では、これほど大規模な工事を行った経験はない。そこで経産省は、「これは新技術の開発であり、民間企業はそんなリスクを取ることができないから、国がやるしかない」という理屈で、国家予算による研究開発プロジェクトに仕立て上げた。こうすれば、本来は東電が支払うべきところに税金を投入できる。汚染水のコントロールは政府の国際公約だから国が前面に出るべきだ、という理由もうまく利用された。実は、同時期に民間金融機関からの東電の借金の借り換えが必要となっており、国費をどんどん投入するから東電は安泰だと、銀行に示すことも必要だった。そんな裏事情もある。

しかし、研究開発だということは、不確実要素があるというのと同義だ。案の定《あんじょう》、やってみたら、うまくいかない。凍らないからと氷を投入しても、やはり凍らないという、笑い話のようなことになり、結局、隙間《すきま》をコンクリートで埋めるしかないという大失態となった。

しかも原子力規制委員会は、凍土壁の運用に不可欠な地下水位の管理について、東電に具体策の提示を求めたが、東電はまともな答えができなかった。その後も凍土壁をめぐっては問題が次々と生じ、結局、約三五〇億円もの国費を投入しても、いまだに凍土壁の一〇〇%完成は達成されていない。

民間企業なら、こんなプロジェクトを提案し、失敗した担当者は左遷だ。しかし経産省と東電は、「税金だから、まあいいや」となる。反省する気などさらさらないということだろう。

地下の様子がまったく分からないから、対策についても、当然、正確な答えが出ない。確かなのは、いまも大量の汚染された地下水が、海側に流れているということだけ……。

それほど深刻な状況なのに、安倍政権は、原発再稼動と原発輸出にばかりのめり込んでいる。そんな暇があったら、福島の事故をどうやって収束させるのか、それに神経を使うべきだろう。

電力不足という脅しの逆効果

「原発がないと電力が足りない！」という脅し——二〇一一年の事故直後の夏、東電管内の計画停電で、一気に国民の間に定着した。その後も何回となく、「電力需給綱渡り」などと脅され続けたが、いまから振り返ると、二〇一二年以降、今日に至るまで、原発がなくてもまったく問題なく電力供給が行われてきた。いま、仮に川内原発（九州電力・鹿児島県）と伊方《いかた》原発（四国電力・愛媛県）が稼働をしていなくても、その結果に変わりはない。

それでも毎年、夏と冬になると「節電キャンペーン」が行われる。しかし当初とは違って、節電の数値目標は設定されなくなっている。

実は、電力はジャブジャブに余っている、というのが現実だ。その最大の原因は、省エネである。電力の需要は毎年、確実に減り続けた。大手電力一〇社の販売電力量は、事故前の二〇一〇年度の九〇六四億キロワット／時から、二〇一五年度の七九七一億キロワット／時へと、一二％も減少している。

省エネは、企業や家計から見ても確実に「儲かる」話だから、一度進むと元には戻りにくい。

しかし、ジャブジャブに余っているというと、原発なんかいらないといわれそうなので、経産省と大手電力会社は、いまも「いやいや」ながら、節電キャンペーンを行うのである。ただ、本当に節電が進むと困るので、数値目標は決して設定しない……そんな対応が続いている。

さらに、最近になって、電力会社自身が、電力は余っているということを白状し始めた。二〇一六年四月から始まった小売りの自由化に合わせて、大手電力は、新料金体系を発表した。これまでは、省エネ促進のために、電力使用量が大きくなるほど電気代の単価が上がる仕組みになっていたのを、新料金では、まったく逆、大量に使うユーザーに安い単価をオファーしている。つまり、電力が余るので、もっと使ってくれということを認めているわけだ。

ただでさえ電力が余っているのに、経産省や電力会社の目論見《もくろみ》どおりに原発の発電能力シェアを二〇三〇年に二〇～二二％に維持しようとすれば、これからどんどん再稼動する原発によって、電力はますますジャブジャブ状態になる。それは確実だ。

そろそろ原子力ムラも政府も、原発を動かさなくても電力は足りると公に認め、エネルギー基本計画を根本から見直すべきだ。

国民の目を脱原発から逸らすための自然エネ

東電叩きで責任を免れたとはいえ、経産省から見れば、なお、止まない反原発の国民世論の鎮静化は容易ではない課題だった。原発反対の嵐が吹き荒れているなか、原発維持のために再生可能エネルギーを抑制しているのではないかという疑いをかけられると、電源のベストミックスは何かという議論を誘発してしまう。そして、その時点で決着しようとすると、結論が脱原発になってしまう恐れがある。そのことを経産省は冷静に見抜いた。

当面は、「脱原発か？」といわれたら「政府も脱原発です」という。「この嘘つきが！」といわれたら「本当です。その証拠に、皆さんが大好きな自然エネルギーを本気で増やします」と答えるのである。そうなると反原発の市民は、「だったら本当に増やしてみろ」ということになった。

そうした思惑で二〇一二年に開始された固定価格買取制度（ＦＩＴ）は、自然エネルギーで発電した電力を、電力会社に一定の価格で、最長二〇年にわたって買い取ることを義務付けた制度だ。当初は、特に太陽光発電の買い取り価格について、四〇円を超えるという諸外国の当時の水準から考えると破格の価格設定が行われた。誰がやっても絶対に儲かる水準だ。

こうなると、企業にとって太陽光は「打ち出の小槌《こづち》」。孫正義《そんまさよし》会長率いるソフトバンクがメガソーラー（大規模太陽光発電所）構想をぶち上げて発電事業に乗り出すなど、太陽光ビジネスは一挙に盛り上がり、当時の民主党政権も、大はしゃぎでこの制度のＰＲを行った。それを見て脱原発派も歓喜し、その結果、民主党が脱原発の党だと勘違いした国民も多い。

いずれにしても、国民の目を脱原発から自然エネルギーに逸らして、脱原発世論の鎮静化に役立てるという経産省の目標は、かなりの程度達成された。

ＬＮＧ火力をベースロード電源から外す狙い

安倍政権は、二〇一四年四月にエネルギー基本計画を閣議決定した。そこには、原発を何が何でも守るという、安倍政権の強固な意思が示されていた。そこでカギとなるのが「ベースロード電源」という言葉だ。

ベースロード電源とは、季節、天候、昼夜を問わず、一定量の電力を安定的に低コストで供給できる電源のこと。そういう定義を聞けば、誰でも「極めて大事な電源だ」と思うだろう。

しかし、ベースロード電源とそれ以外の電源について、それぞれどれくらいの比率にするのか、その電源構成は「あえて」示さなかった。「原発は何％になるのか？」と聞かれても、どういう構成が最も望ましいのかという「ベストミックス」については、これから検討するというばかり……そこには経産省の深慮遠謀があった。

ベストミックス案は、続いてこう展開していく。「欧州などでは、このベースロード電源が概《おおむ》ね六割程度あるので、日本も同程度を目指すべきだ」と。一見「うん、なるほど」という感じがする。ただし、この議論を始めたときには、ベースロード電源に含まれる各電源をどの程度の割合にするのか、その点が慎重に避けられている。まずとにかく、六割という大枠の数字だけを既成事実としてしまうのだ。

ただし、ここにどれくらいの割合で原発が含まれることになるのかは、一切議論しない。マスコミは何の考えもなく、そうした政府の考えをそのまま垂れ流して報道した。

こうして「原発はベースロード電源として重要だ」ということを確保した経産省は、一年間、様々な伏線を張りながら、満を持して、自然エネルギーも含めた各電源構成をセットで一気に決めてしまう。二〇一五年四月二八日、二〇三〇年時点での望ましい電源構成（ベストミックス）案を公表したのだ。

しかし実は、この案にはほとんど根拠がない。そこには恣意的な操作が満載だ。

まず、ベースロード電源のなかには、最初からLNG（液化天然ガス）火力が入っていない。しかし実際には、東日本大震災のあと、一部でLNG火力がベースロード電源として稼働《かどう》している。ただ、これを入れてしまうと、原発比率を低くしてもベースロード電源が容易に六割に達してしまうのだ。それでは原発の比率を高くする必要がなくなってしまう。

そこで、石炭火力はベースロード電源としたのに、それほど発電単価が違わないLNG火力をベースロード電源から完全に外した。つまり、石炭をLNGよりも優先するという考え方だ。

二〇一三年度におけるLNG火力の割合は、四三%。原発が止まったので、一時的に割合が増えている。そして、ベースロード電源から外したのだからLNG火力の割合は相当減らすのかと思ったら、そうではなかった。LNG火力の割合は、二〇三〇年に二七%と、依然として非常に高いのである。

LNG火力がベースロード電源に入っていれば、原発の割合を高くする必要がなくなるので、原子力ムラは困る。そこで、ＬＮＧ火力は、とにかく外してしまえ、ということだったのだ。

国民ではなく原発のためのベストシナリオ

温暖化対策という意味では、本来、石炭火力も大幅な削減が望ましい。欧米では石炭火力の新設を禁止する国も増えている。しかしベストミックスでの石炭火力の比率は、二〇一三年度の三〇％から、二〇三〇年には二六％への引き下げにとどまった。実はこれが、原発比率引き上げのための伏線だったということは後で述べる。

一方、自然エネルギーのうち、出力が安定していてベースロード電源として認められる水力は九％前後、地熱は一％、バイオマスは四％だから、合わせて約一四％。石炭の二六％と合わせて約四割になる。先述の「ベースロード電源は六割」という前提に立てば、そこにはまだ二割の隙間があるから、それが原発の取り分になる。さらに、約二割といっておけば、四捨五入の範囲で、最後は二二％くらいまでを許容範囲とできる。それが経産省の作戦だったのだ。

最終的に発表された数字では、経産省の狙い通り、原発比率が二〇〜二二％、自然エネルギーが二二〜二四％とされている。これは、「原発依存度を可能な限り下げる」「自然エネルギーを最大限増やす」という公約に違反するといわれないよう、原発よりも自然エネのほうを少しだけ高くした、ということだ。

しかし、この書き方だと、両方とも二二％で同じとか、原発二二・四九％、自然エネ二一・五〇％で、原発のほうが自然エネより約一％多いということもありうる。なのにマスコミは、自然エネを原発よりも優先する姿勢を示したと政権の注文どおりの報道をしたのだ。

もともと原発比率は、東日本大震災前でも二八・六％だった。その後、福島原発だけでなく、老朽化した原発五基の廃炉も決まった。残った原発を原則四〇年で廃炉にしていくと、二〇三〇年、その比率は概ね一五％まで落ちることになる。一方、ベストミックスでは、原発比率が二〇〜二二％……ということは、四〇年廃炉原則を止め、例外規定の二〇年延長をフルに使って原発の寿命を延ばすか、原発を新設ないし建て替えするしかない。

現実には、コスト面の制約もあって、すべての原発を寿命延長することは難しい。現に、福島以外でも関西電力美浜《みはま》原発一号機・二号機、九州電力玄海《げんかい》原発一号機、中国電力島根原発一号機など五基の廃炉が決まっている。つまり原発の更新や新設までが視野に入っているのだ。

それこそが、「電源のベストミックス」のポイント。つまり、「ベスト」の意味は、国民にとって最善という意味ではなく、原発にとってベストのシナリオということなのだ。

しかし、ベストミックスの恐怖のシナリオは、ここで終わりではない。後述するとおり、安倍政権と結託した原子力ムラが、さらに一年をかけて、原発比率を二二％以上に引き上げる作戦を展開したのだ。しかし、それを、この時点で予想した人は、ほとんどいなかったであろう。

ベースロード電源としてもお荷物の原発

ところで、そもそも「原発が重要なベースロード電源」だという考え方そのものが、まったくの時代遅れであることは、日本ではほとんど知られていない。欧米では、確かに日本のいうベースロード電源を足し合わせてみると六割程度なのだが、その比率はどんどん下がっており、二〇三〇年頃には五〇％を切るのが常識だ。

しかもEU諸国では、自然エネルギーを全量使うことが原則となっている。そして、その変動を、石炭を含む火力や水力などで調整しているのである。日本とはまったく逆の考え方だ。温暖化対策のためにも、とにかく自然エネを全部使うという方針を採っているのだ。

そうなると、風力や太陽光などのように出力が振れる電源に対応して、いかに短時間で出力調整ができるかが、他の電源に求められるニーズとなる。日本では、いまだに石炭火力の発電効率を上げて喜んでいるメーカーがあるが、今日の状況下で最も重要なのは、火力発電の出力調整のスピードである。それがいま欧州では、重要な競争の要素となっている。

こうした観点で見ると、原発のように出力調整をしにくい電源は、むしろお荷物になってくる。原発はあくまでも自然エネルギーを増やすあいだの補完役に過ぎないという状況になってしまうのだ。ドイツやスイスなどが脱原発を決めたのにも、そうした考え方が背景にある。フランスのような原子力大国でさえ、原子力の比率を七五％から五〇％に下げようとしている。

こうした世界の流れを見れば、いかに日本の議論が周回遅れになっているのかがよく分かる。

ドイツは風力だけで原発三八基分を発電

日本における自然エネルギー比率の低さも指摘しておかねばならない。

最近、急速に太陽光発電が普及したことにより、日本の自然エネルギー発電のシェアは、全体の一二・六％まで上がってきた（水力を含む）。しかし原子力ムラは、二〇三〇年に自然エネルギーを二二％にすることも、たいへん野心的な案だとしている。なぜなら自然エネルギーは高くて不安定だから、だそうだ。だが世界の状況を少し見るだけで、これがいかにおかしな言い分なのかが分かる。

二〇一五年、世界各国の総発電量に占める自然エネルギーによる発電量の割合は、ドイツ三〇％超、イギリス一八％超、スペイン五〇％超、イタリア四〇％、フランス二〇％、デンマークは風力だけで四一％、アメリカが一四％超となっている。不安定で大量には導入できないと電力会社や経産省が主張している太陽光と風力だけで見ても、二〇一四年時点でも主要な欧州諸国は軒並み一〇％超。スペインやポルトガルは二〇％、デンマークに至っては三〇％を超えていた。

ちなみにドイツは、自然エネルギーの比率を二〇三〇年に五〇％、二〇四〇年に六五％、二〇五〇年には八〇％にする計画を持っている。イギリスでさえ、二〇二〇年の自然エネルギーによる発電量の目標割合は三一％だ。ドイツでは、陸上・洋上風力発電の容量だけで、二〇一四年末に三八・二三ギガワット（三八二三万キロワット）、つまり原発三八基分に達している。

先進国だけではなく、中国も自然エネルギーに舵を切っている。二〇一四年、中国で新たに導入された水力、風力および太陽光発電の累積容量は、五二ギガワット（五二〇〇万キロワット）にものぼるとされる（「自然エネルギー財団」コラム、ジョン・A・マシューズ、オーストラリア・マッコーリー大学経営大学院教授）。これは原発五二基分だ。

風力だけでも一年で二三〇〇万キロワット、原発二三基分が建設されたそうだ。もちろん、自然エネルギー電源の建設スピードは、原発の建設スピードの何倍も速い。

中国だけでなく、他の途上国でも、自然エネの普及が急速に進んでいる。その結果、世界全体で見た二〇一四年の自然エネの発電割合は、何と二二・八％と推計されている。

こうした世界の流れを知ったうえで日本のベストミックスを見ると、目の前が真っ暗になる……二〇一四年度時点で一二・六％である自然エネルギーの割合を、二〇三〇年までの一五年間で、やっと二〇％程度までに引き上げるというプランなのだ。

これは、欧州では既に数年前に達成してしまった低いレベル。つまり、二〇年遅れである。しかも、中国よりもはるかに遅れた計画でもある。

ところが二〇一七年二月、ＮＰＯ「環境エネルギー政策研究所」の調査で、二〇一六年五月四日の正午、日本の電力需要の四六・三%を、すでに自然エネルギーが賄っていたことが分かった。二〇一六年四月から公表されるようになった全国一〇の送配電会社の電力需要実績に基づいている。それによると、同年五月の平均でも二〇・二%……既に二〇三〇年の電源構成の目標値とほぼ同じである。

太陽光発電普及も経産省の利権のため

繰り返しになるが、二〇一四年四月に閣議決定されたエネルギー基本計画で、原発は「重要なベースロード電源」として、確固たる地位を確立した。ここまで来れば、あとは、原発再稼動が実現したところで、原発比率をより高くすることを認めさせるため、自然エネルギーを抑制していくだけでよい。「原発推進」というと反発が大きいので、自然エネを抑制して、引き算で原発の取り分を増やすのである。

そのための作戦は、突然、明るみに出た。先述のとおり、太陽光発電はFIT制度によって爆発的に普及した。二〇一三年中には尋常ではない拡大スピードに経産省も気づいていたのだが、それでも同省はこれを放置する。そして、二〇一四年の夏、降って湧いたかのように大問題が持ち上がる。

同年五月までに、認定した自然エネの電源の設備容量は、約七〇〇〇万キロワット（原発七〇基分）にまで膨れ上がっていた。しかも、そのうち九割が太陽光という異常な事態。九州電力管内では、夏のピーク電力を超える太陽光発電が政府の認定を受けたため、仮にそのすべてを買い取ると、既存の発電所の多くが不用になるということだ。誰がどう見ても設備が多すぎる。

しかも太陽光は、夜間は発電できず、日中も天候に左右される。その割合が高まりすぎると、電圧などを安定的に維持するのが困難になるなど、解決しなければならない課題を抱えている。このため、九州電力など電力五社は、自然エネルギーの買い取り契約に関する交渉を、二〇一四年一〇月以降、一時停止すると発表した。

買い取り停止の動きに驚いたのは、経産省から設備認定を受けた業者だ。すでに設備建設に着手している企業も多く、そのままでは巨額の損失を被る企業が続出しかねない事態に陥った。

このような状況を見て誰もが疑問に思うのは、なぜそこまで「太陽光」発電ばかりが増えたのか、ということだ。そこには、意外な事実がある。

それは、経産省とその所管業界である太陽光パネルメーカーとの癒着だ——。

自然エネルギーを高い価格で買い取る分は、電力消費者の料金に上乗せすることになっている。上乗せ額は、既に二〇一四年度、一戸当たり年間二七〇〇円に達していた（二〇一六年度は八一〇〇円）。普通に考えれば、これを何とか安くしようとするはずだ。

ところが経産省は、太陽光パネルメーカーも所管している。そこで邪《よこしま》な考えが出てしまった。太陽光の買い取り価格を高くすれば、太陽光発電への参入が増えて、しかも高い価格で太陽光パネルが売れるだろう、というアイデアだ。

一方、ドイツなどでは急速にパネル価格が下がり、太陽光発電のコストは当時、日本の半分以下になっていた。日本は後を追いかけるのだから、ドイツの水準を目指すべきだった。だがそれでは、競争力のない日本のパネルが売れず、中国メーカーに席巻されてしまう。そこで、異常に高い価格を設定してしまったのだ。

ちなみに、ドイツは自国製のパネルにこだわらなかったため、ドイツのパネルメーカーが中国メーカーに負けて買収されてしまったが、そのおかげで太陽光発電の単価は劇的に下がった。日本とは好対照である。

そして、シャープやパナソニックなどパネルメーカーの救済策は、太陽光発電の爆発的増加のおかげで功を奏したかに見えたが、所詮は対症療法に過ぎなかった。太陽光発電拡大抑制策が決まった二〇一五年末にシャープは事実上破綻し、経産官僚の餌食となり、二〇一六年に入ると、産業革新機構の支援を受ける方向に向かった。しかし土壇場で、台湾の鴻海精密工業が買収した。一方のパナソニックも、同様に太陽光パネルでは惨憺《さんたん》たる状況に陥ったが、二〇一六年からは、米テスラとの協力で再生を図っている。

安定しない自然エネという大嘘

マスコミは経産省の術中にまんまと嵌《は》まった。「太陽光が増えすぎて停電になる」という電力会社の言葉を無批判に垂れ流すから、「それなら、太陽光発電を少し抑えるしかないな」という考えが急速に広まってしまった。その結果、二〇一五年末に決まったＦＩＴの改革案では、大規模太陽光発電の買い取り価格は大幅に引き下げられ、しかも電力会社がいつでも買い取りを停止できるという、参入企業にとっては非常にリスクの高い仕組みになってしまった。

明らかに自然エネルギーの普及を抑制しようという姿勢だ。

経産省や電力会社が太陽光と風力を増やせないとする理由は、価格の問題の他に、主に二つある。一つ目は、「太陽光や風力は天候などで発電量が大きく変動するから、送電網に流れる電流が上下し、その結果、電圧などを一定に保つことが困難で、停電する可能性も高まる」というもの。そのため受け入れ可能な電力量の比率は五％程度だというのである。

しかし先述のとおり、スペインやデンマークなどでは、風力や太陽光で二〇％以上の電力を供給しているが、停電の問題は既に克服している。これら諸国でも二〇年前にはそうした問題があったが、発送電分離を経て、安い風力などを何とか使おうという競争の結果、技術が進歩して、課題が克服されたのである。

スペインの配電会社は、「日本の電力会社が五％でもダメだといっている」というと、嘲笑《あざわら》うかのように、「それなら俺たちがいつでも代わってやるよ」という。こうした批判に応えて、電力会社は、ぎりぎり一〇％くらいまでなら何とかなるかもしれないといい出したが、彼らの技術レベルは、スペインなどに比べて二〇年以上も遅れていることが判明してしまった。

自然エネ抑制の理由として挙げられるもう一つの理由が、日本は島国で、欧州と違い、周辺国とのあいだで電力を融通《ゆうずう》し合うシステムがない、ということ。しかし、これも理由にはならない。なぜなら、日本の電力会社の規模は非常に大きく、一つの電力会社の市場が優に欧州の小国を超える規模を持っているからだ。

スペインでは、外国とのあいだの連携線は、ピーク電力需要のおよそ一割程度だとされるが、これは、東京電力や北海道電力よりも低い数字だ。つまり、緊急時に、自分の市場の一割程度外国とのあいだで電力を出し入れするだけで、変動する太陽光や風力を全電力量の二〇%以上受け入れることができる。やはり日本の電力会社のいうことは、眉唾《まゆつば》だということだ。

いずれにしても、経産省は、自然エネルギーがどんどん拡大するという夢を「免罪符」として、反原発の世論を弱めることには、ある程度成功した。そしていまや、原発を残すため、自然エネルギーを抑制するという非常に困難な目標を、こうした嘘を積み重ねながら、大きな国民世論の反対も受けず、実現することに成功しつつある。

消費者が原発再稼働を願うように

ところで、太陽光発電が劇的に伸びることは、業者の動きを見ていればかなり前から分かっていたはずなのに、本当にどうにもならなくなるまで放置したのはなぜだろう。

実際、制度開始から一年経った頃には、太陽光が増えすぎるという懸念は顕在化し、北海道電力などでは早くから、発電容量の五％を超えると安定供給に支障が出る、という議論をしていた。しかし無理に議論すれば、「原発を再稼動したいから自然エネルギーを抑制しようとしているのだ」という批判が湧き起こり、せっかく鎮静化しつつあった脱原発運動を勢いづかせる。だから、しばらくのあいだ、議論は封印された。そして、誰から見ても、増え過ぎだというレベルになって、初めて気づいたかのように、抑制を始めたのである。

実は、問題を放置したのには、もう一つ訳がある。コストが高い自然エネルギーを増やすと電力料金が上がることを、消費者に思い知らせることができるということだ。相次ぐ電力料金値上げに加えて自然エネルギーの賦課金が上がると、消費者側から「原発を再稼動して電力料金を下げてほしい」という声が出るかもしれない、それを期待したのである。

こうした様々な嘘のいずれもが、原発再稼動という目標に向けたものだった。

世界では風力・太陽光発電が火力発電より安い

日本の自然エネルギー推進政策が世界に一〇年以上遅れてしまったため、日本の関連メーカーもまた、この分野で完全に世界で立ち遅れてしまった。そのため日本の自然エネルギーのコストは、世界に比べて異様に高いというのが現状だ。

その結果、世界で自然エネの主力となっている風力発電機の分野では、日本市場においてさえ、二〇一四年には海外機の割合が、何と日本製の二・四倍となった。いかに日本のメーカーの競争力が衰えたかが分かる。

世界に目を転じれば、技術進歩によって、風力発電のコストは石炭火力発電よりも安い水準にまで下がってきた。二〇一六年一一月には、デンマークの風力電力プロジェクトの入札で、一キロワット当たり四・九九ユーロセント（約六円）で落札された。南米や中東などでも、一キロワット当たり三円前後の劇安な風力や太陽光発電のプロジェクトが目白押しだ。

天候に左右されて不安定な太陽光と風力は、現在の技術では全発電量の一〇％程度までが限界だという「神話」が残っているのは、日本だけだ。原発のコストについては年々上昇し、いまや日本国内の有力な学者やシンクタンクの計算でも、他の電源より高くなっている。

諸外国で二〇％超の自然エネルギー導入が行われている最大の要因は、発送電分離と小売りの完全自由化だ。この二つがセットで行われると本物の競争が始まり、電力小売りをする企業は一円、いや一銭でも安く電気を調達しようとする。その結果、既存電源にこだわらず、新規参入者の電気も買うのである。

不安定な電源だからといって買い取りを拒否している日本の電力会社は、いわば殿様商売である。それに対して欧州の企業は、不安定でも何とかそれを使おうと必死の努力をし、技術が急速に発達した。いまや「全発電量の一〇％が限界」などといっている日本の電力会社は、世界の笑い物である。

ちなみに日本では、原発を安く見せるため、自然エネルギーのコストを不当に高く見せる仕掛けも使っている。たとえば、太陽光や風力は不安定な電源だからバックアップ電源が必要だとして、そのためのコストも上乗せされている。しかしバックアップという意味では、原発のほうがコスト高になるはずだ。小さなトラブルでも長期の運転停止をしなければならないからだ。そして、そのことは、福島原発事故のときにはっきりと証明された。

にもかかわらず原発では、バックアップ電源のコストすら上乗せされていない。原発を安く、自然エネを高く見せる仕組みだ。

自然エネで欧米に遅れること三〇年。いまだに発送電分離も実現できていない日本。世界のなかでどんどん取り残されてしまうのに、それに気づかない官僚と政治家たち。日本中枢の質は、世界と比べて、異様なまでに低いといわざるを得ない。

「原発は安い」を検証しないマスコミ

「原発は安い」という神話の代表が、経産省が発表している試算だ。原発のコストは、事故コストなどが膨らみ、試算が出るたびに上がっている。最新の信頼できる試算（大島堅一・立命館大教授）では「一キロワット／時あたり一二円」とされている。

この試算によれば、火力は一〇円弱、水力も四円弱だ。一方、最もよく使われていた試算は経産省が行ったもので、原発の発電コストは「一キロワット／時あたり一〇・一円〜」とされていた。しかし、よく考えると、おかしなことに気づく。経産省が行った同じ試算では、石炭火力は一二・三円、LNG火力は一三・七円などと示されていたのに、原発だけは末尾に「〜」という記号が付されていた。つまり、「原発のコストは最低で一〇・一円だが、もっと高くなる可能性がある」という事実を認めていたことになる。

実は、東電の事故処理コストは、まだほんの一部しか判明していない。そこで、分かっている分だけをコストに入れ、将来発生してくる数十兆円ものコストは入れなかったのだ。もちろん、廃炉や核のゴミの処理費用については、そもそも不確定要因が大きすぎるので、非常にいい加減な少額の数字を乗せただけ。ゴミの処分など、そもそもどうすればよいかすら分からないのだから、本来は、算定不能だ。仕方がないので「〜」として上限は示さなかったのだが、これでは原発が安いとはいえないはずである。

それでも堂々と、「原発は安い」と、経産省は断言し続けた。そして、こんな大嘘の試算を、マスコミは無批判に使い続けた。これほどいい加減な先進国は、日本しかない。

──二〇一六年一二月、経産省は、福島第一原発の事故処理費用が、従来の試算よりも一〇・五兆円増えて、二一・五兆円になると発表した。マスコミは、これを大きく取り上げたが、実は、この数字にはほとんど意味がない。

汚染水も廃炉もこれからどんどんコストは膨らむ。日本経済研究センターは、核のゴミの最終処分コストなどを含めた最終コストは、七〇兆円にものぼるという試算を出したが、政府は無視を決め込んでいる。そして政府は、いま分かっているコストだけを公表し、とりあえず東電破綻を避けるため、新たな資金支援の枠組みを作って、つかみの数字だけを出した。

そのうえで、融資してくれている銀行向けにも最低限のコスト増だけを公に認め、その分を税金と電力料金で賄うという絵を示した。これを可能にする法改正も行われる。しかも今後は、法改正しなくても、国民の追加負担を政府の一存で決められる仕組みも導入される。

——原子力ムラの目論見通り、一歩一歩、原発の永続システムの構築が進むのである。

原発の「運転コストは低廉」の意味

新聞に、「電力自由化後も原発支援」「原発の電気価格保証　自由化に備え」などという見出しが躍ったのは、二〇一四年の夏のことだ。これは、電力自由化が進むと、原子力発電による電力がコストに見合った価格で売れる保証がなくなるので、赤字になる場合、電気料金として上乗せして請求するのを認める話だ。

実は、これと似た制度が、イギリスで導入されている。イギリスは地震がほとんどないこともあり、福島原発事故後も突出した原発推進路線を採る珍しい国。しかし、他の欧州諸国同様、安全基準の厳格化によって原発のコストが高くなり、民間事業としては成り立たなくなった。そのため、政府が特別の助成措置を認めたのである。もちろん他の欧州先進国に、こんな馬鹿げた制度はない。

この話は原子力ムラの住人にとっては、痛し痒《かゆ》しだった。「イギリスがやっているのだから日本も原発に補助金を出そう」といえそうだが、一方で、原発が火力などに比べて高いことを認めることにもなる。

原子力ムラはこれまで「原発は安い！」と叫んできたのだから、原発は高いと認めた途端、「だったら、原発は止めろ！」といわれてしまうのが怖かった。だが、二〇一四年四月に閣議決定された「エネルギー基本計画」で、原発は「重要なベースロード電源」であると宣言された。原発の存続が国の正式な方針として確定したのだ。

こうなると、原子力ムラにとって渡りに船。閣議決定後すぐに、「原発は重要なんだから、維持が必要ですよね。でも、原発は事故の補償、廃炉、核のゴミ、いろんなコストがかさんで民間では維持できないんですよ。だから、税金か電気料金によるサポートが必要になります」といい出した。

そして、この話が正式に、経産省の審議会で検討の俎上《そじょう》に載せられたのだ。これは「原発はどんなに高くても維持する」という宣言にもなる。そうなると、原子力ムラはあらゆるコストを「実はこんなにかかるんです」と申告し、それをすべて税金と電気料金につけ回しすることができる、という流れができた。

その動きは、あらゆる分野でいっせいに表面化した。廃炉コストのつけ回しについては有識者会議を設置。事故が起きたときの電力会社の損害賠償の負担を軽くしたり、免責にして税金につけ回しをするための有識者会議も。原子力損害賠償支援機構（現・原子力損害賠償・廃炉等支援機構）を改組して、廃炉に税金を投入して支援する制度も始まった。

また、福島原発事故による汚染土中間貯蔵施設の建設に関連して三〇〇〇億円の地元支援も決まったが、これは本来、東電が負担すべきものを国が負担するもの。原発事故が起きても、そのコストはすべて税金と電気料金で面倒を見ることになる。

加えて、青森県六ヶ所村の核燃料再処理事業は、新たな政府系の組織を作って、そこが責任を持つこととし、再処理事業の負担は電力会社の代わりに税金を使って推進する道筋も付けられた。最終的なゴミの処分もまた、政府がその立地について前面に立って選定を進めるということにもなった。ちなみに一般の原発の廃炉コストについては、長期間にわたって、原発以外の電力も含め料金に転嫁し、消費者から徴収する会計制度の変更も実施済みだ。

福島原発事故に際しては、汚染水処理のための凍土壁建設を税金で実施し、汚染土の中間貯蔵なども国が行っている。今後の廃炉に必要な技術の開発も、国の費用で実施する。

……つまり、電力会社が負担するのは、直接の建設費と運転コストだけ。あとは結局、すべて税金と料金で負担することになるわけだ。

もちろん、立地地域への事実上の賄賂《わいろ》だと批判される交付金も、原発再稼動地域に手厚くする改正が行われる。規制委も、様々な安全措置を先送りすることを認めている。そして最終兵器が、先述した、原発がコスト割れになったら電気料金で補填《ほてん》する、という制度である。

原発は、電力会社にとっては、ある意味、低コストだ。というよりも、低コストになるまで納税者と消費者に別立てでコストを負担させる、ということなのだ。

しかし、どんなに強弁しようとも、電力会社が国に助けを求めているという事実が、すべてを物語る。原発は圧倒的に高い電源であることを自分で白状しているのである。

「そもそも原発は安いから、エネルギー基本計画で重要だといっていたはずだ」「いまさら高いとは、話が違うではないか」——そういいたくなる人も多いだろう。しかし、原子力ムラはこうあざ笑う。

「計画には、『運転コストが低廉《ていれん》』としか書いていない。が、『建設コスト』『事故コスト』『廃炉コスト』まで入れた総コストでは高くなるのだ。原発が高いのは世界の常識だよ。知らなかったの?」

こうした欺瞞《ぎまん》がまかり通るのが、原子力ムラであり、官僚の世界……私は総理官邸との連携を含めた彼らのトライアングルを、総称して「原発マフィア」と呼んでいる。

欧州では高い原発が日本では安い理由

ちなみに、欧州で建設される原発は、必ず日本よりもコストが高い。日本メーカーがイギリスに作る予定の建設コストは、計算にもよるが、一基八五〇〇億円にも上る。しかも、過去の例から見て、あとで建設費が増加するのが普通だ。

フランスのアレバ社がフィンランドに作っているオルキルオト原発三号機新設工事のコストは、安全基準が厳格化されたこともあり、建設費は当初計画の三倍の九〇億ユーロ（一兆一〇〇〇億円）にも膨れ上がった。すると、アレバ社は事実上の破綻状態に陥り、政府系電力会社EDFに救済されることになった。フィンランドといえば、億年単位の安定した地盤があり、地震がない。日本と比べれば、はるかに安全対策が実施しやすいはずの国だ。

一方の日本では、Jパワーの大間原発新設について安全審査の申請が行われているが、この原発の建設コストは、安全対策を強化したといいながら、わずか六〇〇〇億円だ。大間の付近には活断層が通っており、オルキルオトに比べればはるかに危ない場所なのに、建設コストが半分強なのである。日本の規制がいかに甘いかが分かるというものだ。

安全を無視して安い原発を作る日本の電力会社。それでも政府の支援を求めなければ、やっていけない。そして、何があっても「原発は安い」といい続ける原子力ムラ。さらに驚いたことに、それをそのまま鵜呑《うの》みにして報道するテレビと新聞……「日本の非常識」と「世界の常識」を、どうやったら国民に正しく伝えられるのだろうか。

九州電力の談合破りとは

安倍総理は、二言めには「原子力規制委員会が世界一厳しい規制基準に適合すると認めた原発は再稼動させる」と発言する。「世界一」だということへの批判が強まると、「世界最高水準の」といい換えたりするが、いずれにしても、これこそ「世界一の大嘘」だといってよい話だ。

もちろん、二〇一一年の福島原発事故前の基準に比べれば、かなり厳しくなったとはいえる。が、それでも、世界の常識からはかなり遅れたところがあるし、基準自体は厳しくなっても、その導入が先送りにされたりする。規制の執行力も極めて弱い。

いま私が最も信頼している原発専門家である佐藤《さとう》暁《さとし》氏によれば、アメリカでは、原発から半径〇・四マイル（約六四〇メートル）が立入制限区域、半径三マイル（約四・八キロ）が低人口地帯とされ、近くに人口二万五〇〇〇人以上の町があれば、そのはずれから四マイル（約六・四キロ）以上離さなければならない。五マイル以内に活断層があってもいけない。実際、建設中の原発の周辺に活断層が新たに発見され、その原発建設が中止された例もある。

ところが日本では、活断層が原発敷地内にまで入り込んでいたり、本来は低人口とすべき地域に大きな病院が建っていたりする。とても、アメリカ並みの基準にすることはできない。

アメリカでは、少しでも危ないなら建てないほうがいいという、ごく常識的なルールになっているのに、日本では原発の存在を何とか認めるために、ゆるゆるの規制にしているということが分かる。しかも、最近では、重要施設の下に活断層があっても安全対策を施せば原発建設を認めるべきだという議論まで出始めている。

もし、立地に関するアメリカの基準を当てはめれば、日本のほとんどの原発は廃炉にするしかなくなる。

地震についても、いろいろな問題が出てきている。地震対策をするに当たっては、原発ごとに予想される最大の揺れ（基準地震動）というものを決める。福島原発事故を含め、過去一〇年以内に五回も従来の想定を超える揺れの地震が起きたこともあり、原子力規制委員会は、各電力会社に、その見直しを要請した。

しかし、関電をはじめ電力会社は、これを頑《かたく》なに拒否した。そのために審査は一向に進まなかった。すると電力会社は、規制委の審査が遅いと批判して、政治的な圧力をかけた。マスコミでも、日本経済新聞などが、規制委の対応が遅いと書いて、これを援護した。

ただ面白いことに、その日経が、ある記事で、この基準地震動に関する電力会社の「談合」があったことを暴露した。見出しに「地震想定談合」という言葉を使ったのだから、よほどの確証があったのだろう。

記事によれば、規制基準適合性の審査が進まなかったのは、電力会社が地震想定の見直しを、スクラムを組んで見合わせたからだ、という。そのため審査が暗礁《あんしょう》に乗り上げていたのだが、その後、経営難に陥った九州電力が最初に談合破りをやった。こうして規制委の歓心を買い、その甲斐あって、川内原発が審査合格第一号となったというわけだ。

日本の場合、地震対策についても、規制委と電力会社が取引をして決めていくという実態がはっきりしてきた。普通なら、「地震の揺れについて見直しはしません」と電力会社がいった段階で、「それでは申請を却下します」と規制委が判断すればよい。というより、そうすべきなのだ。それなのに見直しを求めて交渉をしていたとすれば、そもそも規制委は、何のためにあるのか。再稼動を認めるためだけに存在する組織ではないのかと疑われても仕方ない。

原発の安全神話を復活させたのは規制委

「免震重要棟」という言葉を覚えているだろうか。重大な事故が起きたときに、事故収束のために作業する拠点として整備する建物のことだ。

大地震に際し大きな余震が起きても支障なく作業ができる場を確保しておこうという主旨だが、これは単に机上のアイデアとして決まったものではない。東電の柏崎刈羽《かしわざきかりわ》原発で、中越地震のときに事故が起きたことを教訓に、その設置を泉田裕彦《いずみだひろひこ》新潟県知事（当時）が東電に要請したものなのだ。

だが、ほとんどの電力会社は無視していた。ところが皮肉なことに、あの東電の福島第一原発には、ちゃんとそれが建設されていて、事故時の作業に極めて大きな役割を果たした。これで重要性が証明され、新たな規制基準では設置が義務付けられたのだ。

もし福島に免震重要棟がなかったら、事故の規模は格段に大きくなった。東京を含む巨大エリアが居住不能となり、何千万人もの避難民が流浪《るろう》することになったであろう。そう聞けば、どれほど重要な施設かは、素人《しろうと》でも容易に想像できる。

免震重要棟という言葉から分かるとおり、「免震」の建物であることが必要だ。免震とは、揺れないということ。揺れるが壊れることはないという「耐震」とはまったく違う。

考えてみれば当然のことだ。大事故が起きているさなかに、余震のたびに大きく揺れていては、何百万もの人々の命がかかる重要な作業が中断したり、誤操作を生んだりということになりかねない。だから、「壊れない」ことではなく、「揺れない」ということが重要なのだ。

そのように重要な建物なのだから、原発を動かす前に建設し、それを使った訓練も十分に行ってから再稼動、という手順になるのが当たり前だ。誰でもそう思うだろう。「事故はいつ起きるか分からない」というのが、福島の教訓。多分、大丈夫だろうという「原発安全神話」は、捨てたはずだった。

ところが何を考えたのか、規制委は、この免震重要棟（その他にも多くの重要な設備）の建設を五年間猶予《ゆうよ》した。さらに、免震でなくても、同様の効果を発揮できる（意味が分からない）建物なら耐震でもよいということにしてしまった。メチャクチャではないか。

猶予するということは、その間に事故は起きない、といっているのと同じだ。耐震でも免震と同じ効果を発揮するなど、絶対にありえない。つまり、当面、重大事故は起きないだろうし、免震でなければならないような余震は起きないだろう、そんな「安全神話」を、よりによって規制委自らが復活させてしまったのだ。

免震重要棟で九電の約束破り

二〇一六年一月二四日の新聞に、驚くべきニュースが掲載された。既に再稼動している川内原発で、本来建設されることになっていた「免震重要棟」の建設を取りやめると、九州電力が宣言したのである。

再稼働を急ぐ九電は、「免震棟ができるまで使う」として、免震棟を造ることを装い、耐震構造の小さな「代替対策所」を二〇一三年九月に完成させた。本来は、こんな建物を認めるような基準を作るべきではなかった。しかし規制委が、再稼動を早く認めるため、温情でゆるゆるの新基準を作ったことを奇貨《きか》として、九電は、これに基づく審査を全国で初めてクリア、二〇一五年には一号機と二号機を相次いで再稼動させた。このとき以降、九電が本格的な免震重要棟を造るはずだということは、誰も疑っていなかった。

ところが同年一二月になって、九電は、免震棟の建設をやめると発表。新たな「耐震」棟を建設するとして、一二月には、規制委に計画変更を申請した。

東京新聞によれば、九電幹部は、「当初は福島の事故でも活躍した免震が優れていると思ったが、審査を通った前例がなく、時間がかかる」と話したそうだが、どうも眉唾だ。審査さえ通って再稼動してしまえばこっちのものだという、邪な考えがあったとしか思えない。しかも九電は、「耐震棟のほうが安全性の向上につながる」などという暴論まで述べたという。

完全な居直りである。馬鹿にされた規制委だが、所詮、再稼動を認めるために作られた機関。二〇一六年一一月三〇日には、ついに九電の申請を了承してしまった。

実は関西電力も、当初は免震重要棟を造るそぶりを見せていたが、二〇一六年一月と二月に再稼動した高浜《たかはま》原発三号機と四号機では、審査の段階で、代替施設の建設で済ませるとして、審査を無理やり通してしまった。九電はこれを見て、大手を振って計画変更に及んだのだ。

このように、審査ではなく「交渉」で再稼動を認めていくのが規制委のやり方だ。そうなると、どこかの原発が少しでも緩い判断を勝ち取ると、すぐに他の原発も同じことを狙う。

所詮は原発を動かすための規制委。これからも、どんどん規制基準の骨抜きが進むであろう。

避難計画の審査から逃げた規制委

実は、原子力ムラは、日本だけに存在するものではない。実際には、アメリカやフランスなどの欧米諸国にも、日本同様に原子力ムラと呼ぶのにふさわしい巨大な利権集団が存在している。そして日本の経産省同様、公的機関の衣をまとっているものが、その利権集団の中核的な存在となっている。しかし、そうした実態はあまり知られていない。

なかでもＩＡＥＡ（国際原子力機関）と呼ばれる西側先進国政府が集まる国際機関が一番、罪が深い。ＩＡＥＡは、北朝鮮やイランなどの核開発に対し、先進国代表として、核査察などを行っている。そこで、いかにも核拡散を防止する「正義の味方」だと勘違いされているが、その実態はまったく違う。一言でいえば、西側先進国の原子力利権を守るために存在する利権クラブ、あるいは談合クラブというのが実態である。

彼らは常に、西側先進国政府と原発関係の利権をいかに守るか、という観点で協力している。その事務局には各国の原発関係者が所属しており、各国の利益を守るために、人知れず様々な活動をしているのだ。

ＩＡＥＡは、原発の安全規制についても、非常に重要な役割を果たしている。もちろん、表面上は、厳格な規制を各国政府に勧告したり、様々な提案を行ったりしている。しかし、そのおかげで各国政府は、「ＩＡＥＡのいうとおりにしています」と国内に対して説明し、それを免罪符として原発を推進しているのだ。

そのＩＡＥＡが打ち出している「深層防護（Defence-in-Depth）」という考え方がある。これは、原発の安全性を確保するために、五段階の安全対策をとることを各国に求めるものだ。その第一層は、異常の発生を防止する。第二層は、異常が発生してもその拡大を防止する。第三層は、異常が拡大してもその影響を緩和し、過酷事故に至らせない。第四層は、異常が緩和できず過酷事故に至っても、対応できるようにする。第五層は、異常に対応できなくても、人を守る、というものだ。

こんなものがあることは、日本人のほとんどは、福島原発事故の前までは知らなかった。

が、福島事故後は頻繁に、この考え方が紹介されるようになった。そこで日本も遅ればせながら、これに基づいて規制基準を作ることになった……はずであった。ところが実際には、規制基準の第五層が抜け落ちてしまった。

第一から三層までは、主として原発施設の設計など、安全を確保する対策が中心になる。基本的には、ここまでで過酷事故（炉心の燃料に重大な損傷を与えるような事故。要するに大量の放射能の飛散を招く事態だと考えればよい）を未然に防ぐということだ。

第四層は、過酷事故が起きてしまったときでも、それを何とか収束するための準備。施設的な対応も入るが、過酷事故発生後の人的な対応や関係機関との連携など、ソフト面の対応も重要な部分となってくる。

そして第五層は、放射能の大量飛散が避けられない状態になったとき、とにかく人的被害を最小限に食い止めるための対策。基本は「逃げる」ための準備だと考えればよい。

危ないから原発を動かさないのではなく、危なくても原発を動かすためには何をすればよいか、それを示したのが「深層防護」の考え方だ。しかし、これを守ったからといって、人的被害がゼロになる保証などない。ただ、原発事業者から見れば、ＩＡＥＡという国際機関がいったことを守っていれば、事故が起きて大変な被害を出したとしても、「国際ルールをしっかり守っていました」という言い訳ができる。その意味で免罪符であり、また命綱でもあるのだ。

したがって、仮に原発を動かすのであれば、最低限これをしっかり守ることが大前提になる。

もちろん深層防護といっても、具体的な内容は、各国が決める。日本では、原子力規制委員会が、この深層防護の考え方を守って、五段階の規制を決める必要がある。

ところが驚くべきことに、規制委は、最後の砦となる第五層の中核となるはずの「避難計画」の策定を規制基準の対象からはずしてしまった。この段階で、日本は国際的な常識から外れた規制を始めてしまったのである。

もちろん、他の独立した第三者機関が避難計画を審査して、その内容の正当性を担保するのであればよいのだが、実際には各自治体が勝手にこれを決めて運用するだけで、その内容に規制委はまったく関知しないばかりか、誰もその内容を実質的に審査しない、という仕組みになってしまった。世界が五層の防護なのに、日本だけは四層の防護という欠陥をかかえたまま、原発再稼動を堂々と認めているのである。

避難計画を捨てた委員長の資質

一般にはあまり理解されていないが、そもそも避難計画抜きに規制基準は決められない。

たとえば、ある民間の研究所が行った原発ごとの試算では、住民の避難に必要な時間は、八時間から六三時間だった。これは、いくつかの自治体の試算とも符合する。しかし試算の前提は、「すべての道路が壊れていないこと」……もちろん、実際は、原発事故が起こるような大地震では、道路は寸断される。大雪や台風、逃げ遅れたお年寄りや病人を探して逃がすこと、これらはすべて「想定外」のまま。それを考えると、実際の避難には、少なく見ても数十時間、あるいは一〇〇時間以上かかるだろう。

一方、メルトダウンは二時間で起きる。

規制委はフィルタベント（原発事故時に蒸気中の放射性物質を低減してから外部に逃がす装置）の設置を義務づけているが、放出される放射能濃度は、人体に有害なレベルでもいいことになっている。もし避難が完了する前にベントが行われると、住民に深刻な放射能被曝が生じてしまう。それを防ぐためには、ベントの設計基準を変更して、排出される放射能のレベルを人体に影響を与えない程度にまで下げるか、避難に要する時間だけベントしなくても済むくらい巨大な格納容器の設置を義務づけるか、そのどちらかが必要になる。

そういう連関があることを理解すれば、避難計画なしで規制基準を作ることはできないはずだ。規制委が避難計画を審査対象にしないということなど、ありえない話なのである。

規制基準から避難計画を切り離すという暴挙を行った田中俊一《たなかしゅんいち》委員長は、その資質自体に大変な疑問符が付いてしまったのである。

原発を動かすためだけの避難計画

避難計画の作成者を誰にするのが適切かについては議論がある。住民の生命や安全を守るのは、自治体にとって最大の関心事であるから、自治体に作らせるべきだというのは、一見もっともらしく聞こえる。

しかし実際には、原発立地自治体の首長や議会が真に住民のことを考えて行動しているかというと、まったくそうではない。というのも、原発が止まると原発関連の交付金や補助金などが減って財政が苦しくなる、あるいは原発事業者関連のビジネスが減って経済界が困る、などという理由で、安全対策がはっきりしないうちから再稼動を要請する自治体すらあるからだ。

これまでにできている避難計画は、はっきりいって、でたらめそのものといっても過言ではない。原発の大事故が起きるような地震が起きたときに、周辺の道路がまったく被害を受けないということなど、ほぼ一〇〇%ない。そう考えるのが普通だが、避難計画では、道路が寸断されるという想定はない。

四国電力の伊方原発（愛媛県の佐田《さだ》岬《みさき》半島）のように、海沿いの細い一本道しかない場所では、さすがに陸路が途絶えることを想定して、船で避難させる計画もある。が、港が壊れる想定はされていないし、事故のときに大きな台風が来ていたり、強風で船が着かないという事態も、「ない」という前提で計画が作られている。

実際の避難では、全住民がいっせいに移動を始め、道路が大渋滞になるはずだ。たとえば、新潟県の泉田知事（当時）は、柏崎刈羽原発の事故を想定して、わずか三〇〇家族だが、避難してもらう訓練を行った。しかしそれだけで、周辺の道路は大渋滞に陥ったのだ。

にもかかわらず想定では、住民にお願いすればいっせいに飛び出すこともなく、避難指示が出るまでじっと家のなかに待機しているはずだ、とされている。しかし普通に考えれば、渋滞になる前に出ないと逃げ遅れる、そう考えて、家に二台あれば二台、三台あれば三台の車に載せられるだけの家財道具を積んで、すべての車が動き出すのが自然だ。なにしろ自分の命がかかっている。福島原発事故の際の映像も脳裏に焼き付いている。政府を信じてくださいといわれて信じる人が、果たして何人いるだろうか。

また、病人や老人など動けない人にはバスを手配するというが、放射能汚染地域にバスを運行させたら、労働安全衛生法違反になる。そんなところには行かないと運転手がいったら、銃でも突きつけて強制するのだろうか。

「原発に向かって行く」避難計画とは

二〇一六年八月二七日、関西電力高浜原発（福井県高浜町）の重大事故を想定した広域避難訓練が行われた。

この訓練が行われた日は、特に目立った悪天候でもなく、ごく普通の天気だった。ところが実際には、「雲が多くて視界が悪い」というだけの理由で、四機飛ぶはずだった陸上自衛隊のヘリコプターのうち二機が飛べず、「波が高かった」という理由で、海上自衛隊と海上保安庁が出すはずだった三隻の船も、すべてが使えなかった。

ヘリと船で運ぶ予定だった避難者たちは救急車などで運ばれることになったのだが、何と、避難できる道路が一本しかないため、高浜原発のほうにどんどん近づいていき、最後には、その真横を通って逃げるということになった。

一週間後の九月四日に放送されたテレビ朝日のニュースでは、住民の避難ルートを実際に通って、避難訓練を再現した映像が流れた。車が原発に向かって進み、原発の姿がみるみるフロントガラスの向こうに迫る。そして、その真横を通過していくのである。

住民から見れば、こんなバカげたことはない。「避難経路が原発の横を通ること自体が異常。真剣にこの地区のことを考えているなら、そういうことはしない」という住民の声が、すべてを物語っていた。

もちろん実際の事故の際、こんなことは絶対にできない。非常に高い濃度の放射能を発している原発に向かってバスが走るなどというのは、自殺行為以外の何物でもない。第一、そんなことをするバスの運転手がいるのか。ちょっと考えてみれば誰でも分かる。

では、そういうときにどうしたらよいのか。そうした問題点については、避難計画には何も書かれていない。本来は、原発を避けるルートがない人たちの避難問題が解決するまで、計画の「完成」は見送るべきだった。

ちなみに、このときの訓練では、車は三〇台しか走らせていない。渋滞を避けるためだ。一方、避難計画（福井県広域避難計画要綱）では、交通手段について、一番先に「自家用車による避難が可能な住民は、自家用車による避難を行う」と書いてある。つまり、自動車による避難が「原則」なのである。

では、渋滞についてはどう考えるのかというと、「自家用車避難を行う場合の留意事項」として、「県および関係市町は、避難途上の渋滞抑制や避難先における交通混乱をできるだけ避けるため、乗り合わせ等による自家用車の抑制を図るよう努める」という文章があるだけだ。

高浜原発の半径三〇キロ圏内には、約一八万人もの住民がいる。どういうことになるのか、少し想像を働かせれば分かりそうなものだ。

渋滞には有効な対策がない、だから渋滞が起きないように訓練では車を使わせない……これは、官僚が多用する問題のスルー策。問題を解決するのではなく、そこから逃げるのだ。

ちなみに、渋滞対策はおそらくこのまま「ない」という状態が続くだろう。結局は、過酷事故が起きたら、住民は逃げられないまま、放射能を浴び続ける。これを、「まあ仕方がない」と考えているのが、安倍政権、経産省、規制委、そして電力会社だということである。

原子力ムラにとって避難訓練は、「住民を守るため」のものではなく、「原発再稼働を守るため」のものなのだ。

アメリカなら日本の原発は全廃

高浜原発のケースは、実は、ほんの一例に過ぎない。たとえば二〇一四年一一月二日と三日に行われた北陸電力志賀《しか》原発（石川県）の総合防災訓練でも、官邸の安倍晋三総理がテレビ会議を通じて自治体に住民避難を指示する際、一部で音声が途切れるという一幕があった。SPEEDIを使わない想定のために極めて重要な意味を持つ、ヘリによる空中モニタリングの訓練も、「雨のため」中止となった。さらに、住民が漁船や遊覧船で避難する訓練も、海が荒れたために中止……。

しかも、政府から派遣された災害対策本部副本部長の山本哲也《やまもとてつや》内閣府官房審議官が、「想定外のことが起きるのも訓練のうちだ」と発言。雨天が「想定外」では、ほとんどの事態が想定外ということになってしまうだろう。

二〇一五年一一月に九州電力玄海原発（佐賀県）の事故を想定して行った訓練でも、ちょっと波が高かっただけで、離島からの船での避難は中止。船着場まで歩けない老人がいるので、その部分は、市の職員などが「代わりに」歩いて時間を短縮したりと、ほとんど意味のない訓練を行った。

九州電力川内原発では、そもそも再稼動の時点で避難計画を作るべき三〇キロ圏内のうち、一〇キロ圏までしか病院や高齢者施設の避難先が決まっていなかった。一〇キロから三〇キロ圏内の施設については、事故が起きたあとの放射線量をモニタリングして、毎時二〇マイクロシーベルトを超えた場合に避難先を決めるというのだから、これは計画がないに等しい。

さらに愛媛県の伊方原発の避難訓練では、現地対策本部のトップである内閣府副大臣が、視界不良でヘリコプターが飛ばなかったためバスで現地に向かい、大遅刻……原発内のけが人を陸上自衛隊のヘリで搬送する訓練も一部中止となる、笑ってしまうほどのお粗末ぶりだった。

これがアメリカなら、原発の稼働は止められてしまう。

ロングアイランドの原発は、新設されたあと、避難計画が不十分だという理由で稼働できず、結局、そのまま廃炉になってしまった。というのも、陸路の渋滞とそれを回避するため、電力会社が多少の悪天候でも運航できる大型船の傭船《ようせん》契約を結んで確実に避難できるとしたのに対し、ではそのときにハリケーンが来たらどうするのかという住民からの反論が出たのだ。そうして結局、避難計画が不十分だということになった。

さらに二〇一七年一月には、ニューヨーク州が、周辺住民を避難させるのは無理だというのが主な理由で、州内のインディアンポイントの二つの原発を、二〇二一年までに運転終了すると発表した。もし、日本でもこれくらいまじめに避難計画を審査したら、日本中の原発が稼働不可能になるのは自明だ。だから、あえて、避難計画を規制から外した。安倍総理が「世界最高水準」という日本の規制が、いかにいい加減なものかがよく分かる。

こうした問題は、二〇一三年頃まで、ある程度は報道されていた。しかし再稼動が現実のものになった現在は、なぜか、ほとんど取り上げられていない。マスコミにおける原発事故問題への関心の低下、あるいは報道自粛が、国民のあいだの「原発無関心」を生み、知らず知らずのうちに「原発安全神話」復活に手を貸しているのである。

政府に責任を転嫁する首長の罪

川内原発を皮切りに、高浜、伊方、玄海と続く原発の再稼動について、まともな避難計画なしのまま同意してしまった県知事や市長……彼らの苦渋の決断に同情する人も多いかもしれない。しかしこれは、一般の住民が金に目がくらんで原発容認に動いてしまったというのとは訳が違う。福島原発事故が現に起きて、多くの住民がいまなお故郷に戻れず、大変な苦しみのなかにあるのを十分に承知したうえで、住民の命と安全を売ったのである。

どんなに批判されても仕方ないだろう。事故が起きたときに彼らは、どうやって責任を取るつもりなのか。

これほどの嘘とまやかしの塊である避難計画だが、それでも自治体にとっては「免罪符」として、どうしても必要だ。しかし、実際に命の危険を感じる住民から見れば、どう見ても有効な計画には思えない。おそらく、自治体の首長自身でさえ、これではとても使えないと分かっている。そこで、何とか責任逃れできないか、ということになる。

愛媛県にある四国電力の伊方原発は、先述のとおり、避難が極めて難しいといわれている。原発は佐田《さだ》岬《みさき》半島の付け根にあり、先端部に住む最大五〇〇〇人が、大分県などに船で避難することになっている。しかし、台風はもちろん、ちょっとした悪天候でも船が運航できない可能性が高く、その場合に地震で道路が崩れたりしていたら、五〇〇〇人の人々が見殺しにされる。それでも「安全だ」として再稼動を強行する地元の首長は、良心の呵責《かしゃく》に苛《さいな》まれるだろう。

そこで、中村時広《なかむらときひろ》・愛媛県知事が思いついたのは、自分の責任を誰かに押し付けることだ。そう、県よりも権威のある機関といえば、国しかない。そこで、政府と結託して究極のパフォーマンスを演じて見せた。

二〇一五年一〇月六日、まず、政府の原子力防災会議で、伊方原発三号機の周辺自治体の避難計画について、安倍総理に「具体的かつ合理的だとの報告を受け、了承した」といわせた。さらに原発事故時の責任について、「国民の生命、身体や財産を守ることは政府の重大な責務であり、責任を持って対処する」との言葉を引き出した。これを受けて中村知事は、「最高責任者である総理の直接の言葉は意味が違う。県民に報告できる」と胸を張ったのである。

しかし、安倍総理が責任を持って対処するといったところで、何の意味があるのだろう。しかも、この発言には、法的に何の根拠もない。

さらに原発の核のゴミの問題もある。これもまったく解決の目途が立たず、結局は立地自治体に留め置かれることになるのは、誰でも分かっていることだ。

いい加減なパフォーマンスで住民の命を国と電力会社に売り渡す自治体トップの罪は、安倍総理同様、極めて重いといわざるをえない。

原子力規制庁は原発推進官庁の牙城に

ここまで見てくると、一つの疑問に突き当たる。

「原子力規制委員会」とは、いったい何なのか、ということである。国民は「原発の安全を守る番人」だと信じているのだが、実は「まったく違う」と私は明言しておきたい。

東日本大震災直後の二〇一一年春から、経産省では、官僚たちが原発再稼動のための戦略ペーパーを作っていた。その後、新設されることになる原子力規制委員会を、いかに「再稼動のための組織」にするかが大きな課題だったが、彼らは見事にそれを成し遂げた。

細かい技術的な説明は省くが、まず規制委の人選を、国会ではなく、事実上、民主党の野田内閣が行うことができるようにしてしまった。関西電力大飯原発再稼動を、何の根拠もなく「政治決断」で強行した野田内閣が、である。彼らは、バリバリの原発推進確信犯である。もちろん、原発を止める人物は、委員には選ばれなかった。

その後の動きを見れば、いかに規制委が原発の安全より原発再稼動のために頑張ったかが分かる。

まず、二年はかかるといわれた原発を動かすための規制基準案を、わずか半年で作ってしまう。さらに規制委は、設立後一年近く、再稼動の準備だけに専念した。そのため福島の事故収束は東電任せ。結果、汚染水問題の深刻化と事故収束の遅れを招き、のちに大問題となった。

原発事故の避難対策を規制委の仕事ではないことにしてしまったことも先述のとおりである。

こうした規制委の活動は、基本的に事務局である原子力規制庁の官僚たちが仕切っている。彼らがいなければ、規制委の委員たちは何もできない。官僚は、委員に上げる情報も選別し、操作する。

そもそも原子力規制庁は、原発推進の経産省と文科省の牙城《がじょう》となってしまった。ほとんどが両省からの出向者で成り立ち、もともとはノーリターンルールで、出向者は元の官庁に戻れないことになっていたのだが、これにも当時の細野豪志環境大臣が抜け道を作ってしまった。いまは自由に、両省と規制庁のあいだを官僚が行き来している。

何のことはない。単に原発を動かすための組織を新たに作り、それを両省の植民地にしただけのこと。官僚たちの戦略にかかっては、規制委などひとたまりもなかったのだ。

なお、安倍政権になってからは、文科省の役人はどんどん端に追いやられ、いまや中枢のポストを経産省からの出向者が独占している。すなわち昔の原子力安全・保安院と同じ……経産省の付属機関と化してしまったのである。元《もと》の木阿弥《もくあみ》とはまさにこのことだ。

規制委委員長を選んだ野田総理の大罪

本書では詳しく扱わないが、川内原発の安全性に関し、火山爆発の危険性が大きな議論となった。規制委の問題は既に述べたが、その議論の過程において、規制委のトップである田中《たなか》俊一《しゅんいち》委員長の適格性の問題が極めて明確になったので、そのことを指摘しておきたい。

九州電力は、カルデラの巨大噴火が原発の稼働期間中に生じる可能性は十分低いという、根拠なき前提を置いている。さらに噴火が起こるとしても、きちんと観測していれば、その前兆が分かるから、核燃料を噴火前に運び出せばいいという、とんでもない考え方を示した。すると原子力規制委員会は、しっかり検証もせず追認してしまったのだ。

これに驚いたのが日本火山学会だ。火山学会の大多数の学者は、大噴火を予測することは現在の科学的な知見では困難であり、それができるという前提で作られた原子力規制委の規制基準は見直すべきだという提言を出した。

これに対して、二〇一四年一一月五日の記者会見で、原子力規制委の田中委員長は、「いまさらそんなことをいうのは、私にとって本意ではない」と述べたうえで、日本火山学会の学者に対し、「必死になって夜も寝ないで観測して頑張ってもらわないと困る」という暴言を吐いたのだ。

自分が間違えたのを棚に上げて、正しいことを直言した日本火山学会に八つ当たりしたこの態度こそ、田中氏の本性だろう。就任以来、福島のことを後回しにし、汚染水を取り返しのつかないレベルにまで放置しながら、何の反省もしない。電力会社の社長とは会っているのに、原発立地県である新潟県の泉田裕彦知事には、知事の再三の要請にもかかわらず、決して会おうとしなかった。それどころか、泉田氏を中傷するかのような発言までしている。

また、自分が答えられない質問を繰り返す記者に対しては、回答を拒否したり、馬鹿にするような発言をする。

原発の規制に当たる人は、外部の意見に真摯に耳を傾ける人物でなければならない。しかし田中委員長の姿勢は、それとは正反対だ。記者会見を見ていれば、決して委員長にしてはいけない人だということが誰にでも分かる。が、大手メディアはこれを報じない。

彼を選んだのは、バリバリの原発推進論者、民主党の野田佳彦総理。民主党の責任は本当に大きいのだが、これについても、マスコミはもう忘れてしまったかのようだ（二〇一七年四月、政府は同年九月に任期満了を迎える田中委員長の後任に更田豊志《ふけたとよし》委員長代理を起用する案を国会に提示した）。

ノーベル賞受賞者の懸念も無視するマスコミ

福島原発事故で避難を余儀なくされた地域のうち、比較的汚染度の低い避難指示地域について、政府は二〇一四年四月以降、少しずつ避難指示を解除してきた。二〇一六年になると、これを一気に加速、住民の帰還事業を強力に推進し始めた。

しかし、放射能汚染で健康被害が出る怖れが強いと避難させられたのに、今度は急に帰ってこいといわれても、住民はやはり怖い。現に、帰還してみたら、家の近くで非常に高い放射線量が出たという話が、あちこちで起きている。除染などが非常にいい加減にしか行われていないためもあるが、そもそも山の除染は行っていないから、安心な状況は作れるはずがない。

そんな不安もあって、地域によっては、住民が避難指示を解除しないで欲しいという要望を出したところもある。が、そんなことは無視して、国はどんどん避難指示を解除してしまった。本来、除染は東電の負担で行うのだが、復興拠点の整備という名目で、復興センター付近の除染は国のカネ、つまり税金で実施するという強引な施策も行った。

避難指示が解除されれば、それでも戻らない人は、「自分の都合で勝手に避難している」ということになる。そんな人には、東電は金を払う必要がない、という理屈もできる。すると東電の負担が減るので、東電再生には大いに役立つ。現に、二〇一七年四月には、今村雅弘《いまむらまさひろ》復興相が、帰還できない自主避難者について、「自己責任」と発言し大問題になった。原子力ムラの理屈とは、いつもこうなのだ。

しかし、帰還を急ぐ理由はそれだけではない。それを述べる前に、もう一つおかしなことを書いておきたい。

二〇一六年一二月二六日、ノーベル賞受賞者の益川敏英《ますかわとしひで》氏や、物理学者の沢田昭二《さわだしょうじ》・名古屋大学名誉教授らが、福島県に緊急の申し入れを行った。申し入れのポイントは、「甲状腺検診は自主参加による縮小でなく、拡大・充実すべき」というものだ。

ノーベル賞学者の申し入れだから、マスコミはそれに飛びつくかと思ったが、ほとんど黙殺されてしまった。なぜ、益川氏らがこのような申し入れを行ったかというと、いま福島県では、増え続ける子どもたちの甲状腺がんについて、何と検査の縮小を進めているからである。

そう聞くと、耳を疑う人も多いだろう。甲状腺がん及びその疑いがあると診断された子どもたちは、二〇一六年九月の福島県「県民健康調査」検討委員会の発表によれば、一七四人。これは、福島原発事故の影響としか考えられないという説が有力である。

ただし、これが福島原発事故の影響ではない可能性が高いという説もある。チェルノブイリ原発事故では、甲状腺がんが被曝から数年以上経過してから発病する例がほとんどだった。そのことを根拠に、事故から時間が経っていない時点から患者数が多い福島の事例は、単に検査しないから分からなかった患者が、検査対象になったために発見されただけだとする。

ただし、その説を採ったとしても、今後さらに増える可能性は否定できない。むしろ検査は、これまでよりも、これからのほうが重要だということになる。つまり、どちらの説に立つにしても、今後の検査は必要なのだ。

国際環境疫学会の協力を無視した背景

ところが二〇一六年夏、「県民健康調査」検討委員会の星北斗《ほしほくと》座長が、マスコミとのインタビューで、検査縮小の議論を検討委で始める方針を示した。これに呼応する形で、日本財団(笹川陽平《ささかわようへい》会長)が主催する国際専門家会議が開かれ、一二月には「健康調査と甲状腺検診プログラムは自主参加であるべき」という提言となって、福島県に提出された。

この会議には、原子力ムラのお抱え学者であるバリバリの放射能被害否定論者が集められた。一方、ロシアやベラルーシなどから参加した専門家は、早期診断や長期的な検査の重要性を強調したのだが、そのような意見は完全に無視されてしまった。

内堀雅雄《うちぼりまさお》・福島県知事は、この一民間団体の提言をまるで葵《あおい》のご紋のように「大事な提言として受け止める」として、検査縮小の意向を強く打ち出した。

ところが二〇一七年になって、前年一月に、「国際環境疫学会」が、会長名で現状を「憂慮している」として県民の健康状態を記録・追跡し、原発事故によるリスクを解明する手段を取るよう、環境大臣、環境省、福島県などに要請していたことが分かった。しかも、世界的権威の専門家組織として、日本の調査活動を支援したい、という申し出までしていたのだ。いかに日本の状況が国際的な関心を集め、かつ懸念を喚起しているかが分かる。

実は、この事実は、一部マスコミでは小さく報じられていたのだが、ほとんど埋もれてしまった。一年も経ってから、何と政府側が、この学会の正式な信書に対して返事さえしないという、非常に非礼な態度をとっていたことが分かった。もちろん国際環境疫学会の支援などを受けたら、いまよりもはるかに本格的な検査を継続的に行わなければならなくなる。

検査を続ければ、甲状腺がんがどんどん増えて、福島原発事故の影響だということになるから、そうならないようにしたいという原子力ムラの思惑は、容易に想像できる。

避難指示を解除して、住民を無理やり、地元に戻らせる。そして、健康被害が生じても分からないように健康調査を縮小する。それは東電のためでもあるが、実は、それより大事な理由がある。

それは、「原発事故があってもそんなに大したことはなかった、すぐに元通りに普通の暮らしに戻れた」というフィクションを作らなければならないという事情があるのだ。なるべく多くの地域で、住民が帰還して、普通らしく見える生活を始める。そこには、放射能の「ほ」の字も見えない……それを最も強く望んでいるのが、他ならぬ安倍総理だ。

二〇二〇年の東京オリンピック・パラリンピックで、世界に対して宣言したい。「福島の原発事故から九年余り。私は、ここに、福島が完全に復興したことを世界の皆さんに宣言いたします」――それが安倍総理の開会式のスピーチの目玉だ。

二〇一七年三月の自民党大会で、党総裁の任期が二期六年から三期九年までに改正された。これによって、二〇一二年九月に自民党総裁になった安倍総理は、二〇二一年九月まで総裁を続けられる。つまり、総理大臣でいられることになったのだ。こうして二〇二〇年の東京オリンピック・パラリンピックを自らの手で開催し、歴史に名を残すことができる。

もちろん、その時点でも、多くの福島県民が避難生活を続け、除染されていない山や川や溜池から、放射能が住宅地に広がっている。それを怖れる住民たち、とりわけ子どもを持つ親たちは、果たして純粋な気持ちで、オリンピックの開会式を見られるだろうか。

福島原発事故さえセールストークに使う御用研究者

二〇一二年、経済協力開発機構（OECD）の下部機関でパリにある原子力機関（NEA）が東京でワークショップを開いた。そこには福島県の伊達《だて》市長など、住民代表も参加していたという。福島に関する報道では日本で一番の「おしどりマコさんとケンさん」がそこで出会った厚労省傘下の国立保健科学医療院の研究者A氏。その会議のティーブレイクで、マコさんにこう囁《ささや》いたという。

「この会議の裏の目的はね、アフリカに原発を推進するのに、住民にどうやってリスクを説明して受け入れさせるかを考えることなんですよ。福島の原発事故のリスクを、除染して住む福島の住民が受け入れた。それを発信することは重要なんです。アフリカや韓国、中国にもまだまだ原発はできますからね。それを踏まえて、記事に書いてくださいよ」

驚くべき発言ではないか。福島の原発事故の被災者たちの復興に向けた血のにじむような努力を原発輸出のために利用しようというのだ。尋常《じんじょう》な人間の考えることではない。

この会議に日本の新聞社で取材に来ていたのは読売だけ。多分、他の社には案内を出さなかったのだろう。マコ・ケンさんは自分でOECDのホームページを見て、この会議を発見したそうだ。おそらく、その会議に来る日本のマスコミは、日本政府の息がかかった記者だけだと勘違いして、この研究者は、真正直に、本当のことを話してしまったのではないか。

オリンピック・パラリンピックのためだけではなかった。「福島の事故など問題ない」という大嘘は、世界中に原発を売り込むためのセールストークでもあるのだ。

まさに「死の商人」そのもの。開いた口がふさがらないとはこのことだ。これを知ったら福島の被災者はどれだけ傷つくだろう。

電力自由化に必要な電事連解体

二〇一六年初春、新聞やテレビでは、「電力自由化、どこを選べばお得？」「電力大競争時代」などというタイトルの記事や特集が氾濫《はんらん》した。実は、こうした報道は、二〇一四年初夏頃から始まっていた。新聞各紙に「東電：一〇月から全国で電力販売」「乱戦？　電力小売り」など、当時から電力自由化に関する派手な見出しが躍った。しかし、自由化されたはずの二〇一六年四月以降の動きを見ていると、そこには大きな疑問が湧いてくる。

確かに、「二〇一六年からの消費者向け電力販売自由化」が実施されたのは事実だ。理屈のうえでは、自由化されれば競争になり、料金は下がる。現に、新規参入する電力小売り各社は、既存の大手電力会社よりも割安の価格を提示して、顧客獲得に挑んだ。これを迎え撃つ大手電力も対抗値下げに打って出ている。しかし、日本中で夢のような競争時代が訪れると考えたら大間違いだ。

実は、家庭向け小口電力以外の大口需要家向けの電力販売の自由化が二〇〇〇年代から本格化し、二〇〇五年には五〇キロワット以上の大口は既に自由化されていた。しかし、電力需要の約六割を占めているこの大口契約において、新電力と呼ばれる新規参入組が獲得したシェアは、一〇年経ってもわずか六％程度だった。

さらには、大手電力会社間での競争はまったく生じなかった。厳密にいえば、一件だけ、自由化直後に中国電力管内のスーパーが九州電力からの電力購入契約を結んだが、それが業界で大問題となり、それ以降、まったく越境供給は行われなくなった。

こうした不思議な事態を象徴するのが、福島原発事故後の電力不足への対応だ。原発依存度が異常に高かった関西電力は、原発停止で供給力に不安が生じ、電気料金を二度も値上げした。本来なら供給力に余裕のある北陸電力などが、関電管内で事業者向け電力販売の営業攻勢をかけそうなものだ。

が、そうはならず、関電に余剰電力を「融通」して、関電の供給を助けるという行動を取ったのである。

電力業界では、「自由化＝競争」とはならないことを端的に示す事例だ。

小売り自由化に関しては、関電や中部電が東電管内で発電や小売りに参入する、東電も全国で小売りを始めるなどと報じられたが、そこにも疑問がある。東電とそれ以外の大手電力会社のあいだの競争は起きるが、後述する理由で、東電以外の電力会社同士、たとえば関電と北陸電の競争は起きない。

また東電は、福島原発の事故処理を自分ではできず、国民の税金が投入されている。それなのに、どうして発電所を作ったり、他の地域に出ていく余裕があるのだろうか。

これらの疑問に答えるカギが「電気事業連合会」（電事連）と「経済産業省」の存在である。電事連は、大手電力会社が集まって自分たちの利権を守ろうとする団体である。先進国ではありえない地域独占企業の連合体で、存在自体が独禁法違反といえそうな団体だが、任意団体なので、経理内容や会議内容は秘密だ。

しかし、ヒントはいくつかある。『国会事故調　報告書』（徳間書店）の四六五ページ以降を読むと、「福島原発事故以前に電事連を舞台にして電力会社が相談して、耐震設計審査指針を骨抜きにしようとしていた」という内容が記されてある。談合と呼んでもよい行為だ。

また、日本経済新聞が、原子力規制委員会が、各電力会社に対して、個別の原発ごとに地震想定を大幅に引き上げるよう指示したのに、電力会社が談合して見直しに応じなかったことを報じたことは前に紹介したとおりだ。このとき日経は、紙面で「談合」という言葉を使った。電事連の談合組織としての機能は今日も続いているということだ。

福島原発事故後、東電が原子力損害賠償支援機構の支援を受けて生き残りを図る過程で、事実上、経産省の子会社になって以降、大手電力会社が東電抜きの会議を頻繁に開くようになったという。東電には、役員として経産省の役人が現役出向している。電事連の会議で談合の打ち合わせをやったら、東電から経産省に筒抜けになるわけだ。危ない話をするときは東電を外さざるをえない。ということは、電事連は事実上、東電抜きの談合組織にならざるをえない。

そう考えれば、非常に分かりやすい。東電は、他の電力会社にとって、仲間ではなくなったのだ。そこで、中部電力や関西電力が東電管内で競争を仕掛けている。

この構図によって、東電対東電以外の大手という競争は進んでも、東電以外の電力会社間の競争は進まない。また、経産省は他の電力会社にも天下りを送っているから、東電の営業攻勢も、ほどほどのものとなるだろう。

東電以外の大手電力は、事実上の談合で地域独占を温存し、利益を確保できるから、余裕を持って競争できる。二〇一五年度の大手電力会社の決算では、全社が経常黒字を達成した。東電と東北電力に至っては、史上最高益だ。これでは、大手電力と競争する新電力も、大きな勢力にはなりえない。

消費者が、安くてサービスのよい電力会社を自由に選べる時代が本当に来るのか。そのためには、電事連解体と経産省からの規制権限剝奪《はくだつ》がカギとなる。

連合にひれ伏す民進党の「三〇年代原発稼働ゼロ」

二〇一六年三月二七日、民主党と維新の党が合流して「民進党」が誕生した。考え方の異なる両党が政策を一つにまとめるのは大変だという報道がなされたが、それがもっとも端的に表れたのが脱原発政策だ。

民主党議員の大半は、連合の支援がなければ選挙が戦えない。したがって、連合の有力メンバーである電力総連や鉄鋼・重工などの基幹労連の組合に気兼ねして、「脱原発」を声高に叫ぶことができない。さらに、安倍総理に負けないくらいのタカ派も多く、核武装のためには原発産業を残すべきだ、と考えている人さえいる。

実は、維新と民主が統一会派を結成する前提として、二〇一五年一二月に両党間の基本的政策合意なるものが作られていた。その文書で最終的に定められた文言は、「二〇三〇年代原発稼働ゼロ」だった。

しかし、いまから二〇年以上、原発を動かしますという宣言みたいなものだから、当然、脱原発を志向する市民の受けは悪い。自民党と同じじゃないかという人もいるくらいだ。

実は、安保法制反対も共謀罪反対も、いまや世論調査では半数の支持が得られていない。一方、脱原発は、いまだに過半数の有権者が支持している。来《きた》る衆議院選挙で安倍自民と戦うには、最も強力な政策軸になるはずだ。

そこで、民進党の蓮舫代表は、二〇一七年二月に唐突に「三〇年代ゼロ」を「三〇年ゼロ」に前倒しするといい出した。「なんだ、三〇年か。即ゼロじゃなくちゃ意味ないのに」という声も聞こえたのだが、その程度の前倒しでも、結局連合の反対で、あっさり断念。あまりのお粗末さに、「もう民進党は終わった」という声が広がったのである。

経産官僚にとって原発事故を超える災害とは

ここまで原発復活の様々な動きを見てきた。原発マフィアは、いまや完全復活を遂げたようだ。

一連の出来事は、その時々の「ニュース」として報道されるので、国民はそれを一つひとつが独立した事象だと考える。そして、その都度、安倍政権、経産省、電力会社などの原子力ムラの「横暴」に憤《いきどお》りを感じてきた。それを反映して、福島原発事故後、世論調査では、原発再稼動に反対する声は常に過半数を超えている。にもかかわらず、気づいてみれば、原発はいつの間にか復活してしまった。

しかし、あらためて振り返ると、そこには非常に周到な、狂気の謀《はかりごと》が存在していたことに気づく。そう、まさに「狂謀」だ。

台風のあとに川を流れる濁流は、無秩序に見えるが、もちろん重力の法則にしたがって動いている。それと同じように、原発復活の怒濤《どとう》のような暴挙の連続の裏には、仕組まれた「長期計画」ともいえる深慮遠謀があった。その道のりを、改めて総括してみたい。

それは、福島原発事故の直後から始まった。

二〇一一年の事故直後の状況を思い起こすと、今日の原発をめぐる状況は、ほとんど信じられない。原発が復活しただけではない。「原発は未来永劫《えいごう》、最も重要な電源として尊重される」ということが保証されつつあるからだ。

その道のりには紆余曲折《うよきょくせつ》があった。その過程を事故直後にすべて予測することなど、もちろん、不可能だった。そもそも、誰にも、原発再興のことなど、考えも及ばなかっただろう。

しかし私の記憶には、当時、原発再興への道筋について書かれた紙の存在が、深く刻まれている。二〇一一年四月か五月ごろ、つまり、事故の直後であるが、ある官僚の名前を冠した「Yペーパー」というもの。中身は、経産省幹部のあいだで議論されたことについて、である。この紙を入手しようとしたが、秘密管理が厳しくて、できなかった。

ただ、事故直後に、原発はもうダメだという悲観論が省内にも蔓延《まんえん》するなか、弱気になる幹部や政治家たちの顔をひっぱたいて、「正気」を取り戻させる役割を果たした重要な文書だったといわれる。

前述したとおり、当時の経産省にとって最大の関心事は、福島の事故の責任をどうやって逃れるか、ということ。もちろん、原発政策に直接関与してきた官僚たちの保身のためということはあるが、それだけではない。仮に、経産省の責任だとなれば、今後の原発政策の所管官庁から外されることになりかねない。その結果は、多くの天下りを含め、巨大な原発利権すべてを失う。それは、経産官僚にとって、福島の原発事故を超える巨大災害となってしまうのだ。

そうなるのを防ぐために、この章の冒頭で紹介したように、東電にすべての責任をかぶせ、自分たちは逃げ切ることに全力を傾けた。その賭けに勝った経産省は、その後の事故対策はもちろん、電力行政の権限の根幹は引き続き経産省の手中に収め、さらには東電を、自分たちの子会社とすることにもつなげた。究極の焼け太りではないか。

「原発は必要悪だ」というイメージ戦略

事故直後に責任逃れに成功した後の経産省は、「原発復活」というようなあからさまな言葉は極力避けた。当時政権を担っていた民主党の政治家には、ポピュリストが多い。反原発の嵐が吹き荒れているなか、まともに原発存続をテーマに議論すれば、世論に流されて、民主党が安易に原発廃止を決定してしまうかもしれない……。

経産省の官僚たちは、国民世論が移ろいやすいことをよく知っている。そこで、当面は、静かに頭を下げて反原発の嵐が収まるのを待つ作戦に出た。

一方、その間、何もしないで手を拱《こまね》いていたわけではない。彼らが狙ったのは、「原発は必要悪」というイメージ作りだ。事故前の「原発は、安全で、安くて、クリーンだ」というポジティブイメージの宣伝は封印。代わりに展開したのは、以下のようなロジックだ。

「だれでも原発なんか嫌いだ。原発事故が絶対に起こらないとはいえないというのも分かる。核のゴミの問題があることも認める。でも、原発を止めると、電気が足りないし、電力料金が上がって、とりわけ中小企業や貧しい人たちがかわいそうなんじゃありませんか？」

優しい問いかけに聞こえるが、実態は、「原発を動かさないなら停電させるぞ。料金も値上げするぞ」と脅《おど》しているのに等しい。

二〇一一年の事故直後の計画停電や、その夏に関西電力などが展開した電力不足キャンペーン、そして各電力会社の値上げが続き、国民は何か釈然としない思いを抱きながら、少しずつ「原発は安い」「原発がないと困る」というイメージを持つようになっていったのだ。

「原発完全復活」は伊勢志摩サミットから

さらに、それと同時に展開したのが、規制体制の抜本改革だ。原子力安全・保安院を廃止して、環境省に原子力規制委員会と、その事務局として原子力規制庁を作った。日本の規制基準は甘い、規制体制も電力と癒着した経産省傘下にあるのはおかしい、という批判を丸ごと受け入れたフリをしたのだ。

規制委は、規制基準に合格しても「安全だとはいわない」という立場を取り、国民は何となく納得する。

経産省と文科省は、規制庁に大量の出向者を出したが、彼らは二度と親元には戻らないといって、独立性をアピールした（もちろん、これも大嘘だが）。

一方、政権は、「世界最高の規制基準」になったと勝手に宣言。「どこが最高なんだ？」と批判されると、「世界最高『水準』の規制基準だ」といい換えた。しかし、国民には「世界最高」という言葉の響きだけが伝えられた。

さらに政府は、安全を最優先すると繰り返し述べる。一方で、「絶対安全」ということはありえないと強調し、「専門家」の判断を尊重し、規制委が合格を出した原発「だけ」を動かす、という立場を強調する。政府が動かすというのではなく、心ある専門家にしたがっているだけだ、というポーズである。

こうして、いつの間にか、規制委が基準に合致したことだけを認め、安全だとは断定していない原発が、あたかも安全であるかのように見えてきた。

それと並行して経産省が進めたのが、先述した再生可能エネルギーの固定価格買取制度（FIT）だ。とりわけ太陽光を優遇した。当時、世界の買い取り価格は一キロワット／時：二〇円台も普通だったのに、あえて一キロワット／時：四二円という高い価格を設定し、その後の爆発的な伸びにつなげた。

こうして、ついに自然エネルギーの時代が到来するという期待を国民のあいだに膨らませる傍ら、原発を重要なベースロード電源として位置づける準備を着々と継続し、ついに二〇一四年四月、エネルギー基本計画の閣議決定に成功する。

その後、経産省は、自然エネルギーの大ブームを見て、今度は一転して、自然エネルギーの抑制に舵を切った。

実は、ほとんど報じられていないのだが、二〇一六年三月には、経産省が「エネルギー供給構造高度化法」の告示を改正し、非化石電源比率（原発＋再生可能エネルギー）を四四％以上にすることを電力会社に義務付けてしまった。原発と再エネを合わせて四四%だから、再エネがあまり伸びないときには、その代わりに原発を現在の目標よりも増やすことになる。これも原発比率をさらに引き上げる方策だ。忍者のような動きである。

そして、「原発完全復活」の最終章は二〇一六年五月の伊勢志摩サミットに始まった。議長国として、安倍総理は、サミット前に、極めて大胆なCO_2削減目標をぶち上げる。これは、のちに「サミットで公約したCO_2削減のために原発を増やすのは仕方ない」という方向に世論を誘導するためだ。

この「CO_2削減」は、今後、「原発復活作戦」のなかで重要な役割を果たすことになる。その第一歩が、石炭火力発電所新設への環境省の反対に対する経産省の譲歩だ。これにより、ベースロード電源の一つである石炭火力の割合が減れば、もう一つのベースロード電源たる原発の割合を高める必要があるという議論が始まるだろう。

この先には、電力会社が原発で損をしたら、税金または電力料金で補塡《ほてん》する制度の提案が待っている。同時に、事故の際の電力会社の損害賠償責任に関し、非常に低いレベルの上限を設けて、事故リスクから解放することも準備中だ。

核のゴミの処理も、政府が前面に立って進めることが公言された。結局、電力会社は、何のリスクも責任も負わないで、野放図に原発を運営すれば利益が確保される。そのことが、暗黙の了解としてではなく、法律的、制度的な担保によって保証されることになるのだ。

二〇二〇年には、発送電分離が、極めて不十分な形ではあるが導入されることになっている。しかし実は、これが実現するためには、ある条件が必要なのだ。それは、上述した「原発を絶対に儲かる事業にすることを政府が保証すること」である。電力会社は、陰に陽に、それを求め続けている。

また経産省内でも、発送電分離が確実にできると楽観する声は少ない。電力会社を怒らせないようにしなければ、いつ彼らが反乱を起こして政治力を行使し、発送電分離の約束をひっ繰り返すかわからない、という不安感がある。

発送電分離が実施されたとしても、電事連の談合を維持すれば、結局は何も変わらなかったということになる可能性も高い。そして変わったのは、ただ原発を未来永劫維持する制度的な仕組みだけ……それが福島原発事故の成果だったということになってしまうのだろうか。

狂謀者たちが目指す日本とは

以上のとおり、二〇一一年三月一一日以降、六年以上をかけて、少しずつ、しかし、決して後退することなく、着々と「原発復活」への道のりを進めてきた経産省と原子力ムラ……その粘り強さと計算し尽くされた戦略には、いまさらながら驚きの念を禁じえない。このような深慮遠謀は、正気の人間には、思いつくことも実施することもできないだろう。このカラクリに気づいた人は、いい知れぬ無力感にとらわれるとともに、背筋が凍るような恐怖感を覚えるに違いない。

常人には計り知れない、まさに「狂謀」と呼ぶにふさわしい。

しかし冷静に考えると、こんなことがすべて計算どおりに進んだのだろうか、という疑問が湧く。どうして、これほど難しいミッションが成し遂げられるのか。

――彼らを助けた要因として、まず、政治的な状況が挙げられる。

自民党が原発推進派であるだけでなく、民進党も全体としては原発容認派である。与党と野党第一党が原発を認めているのだから、実は原発が復活しないほうがおかしいのかもしれない。

ここで問題となるのが、政治資金の問題だ。自民党は、経団連企業など多くの原発関連企業から献金を受けているし、民主党議員の多くも、電力総連が強い力を持つ連合傘下の組合の支援を受けている。これでは、原発をなくせといっても難しい。やはり企業団体献金を、パーティー券なども含め、全面禁止しなければならない。

もう一つ、マスコミのスポンサー問題がある。電力会社はもちろん、原発メーカーなどの関連企業が、テレビや新聞の大スポンサーになっている現状では、原発に異を唱える報道は、極めて難しい。こうした状況を改善するために、少なくともテレビ局には、企業ごとのスポンサー料の合計を公表することを義務付けてはどうか。視聴者の目を抑止力とするのである。

しかし実は、原発復活に手を貸した最大の敵は、私たち自身である――。

東日本大震災、あのときの思いは、果たしてどれだけの人の胸に残っているのだろうか。官邸前や国会前の抗議行動は、着実に参加者が減っている。川内原発が再稼動したときの憤りと比べて、高浜や伊方が再稼動したときの心の動揺は、弱まっていたのではないか。心のなかに慣れが広がり、どこかに諦《あきら》めに似た気持ちが芽生《めば》えてくる。

今後も、訴訟で再停止していた高浜、そして、玄海、大飯、美浜と、原発がどんどん再稼動していくだろう。再稼動の既成事実ができあがれば、原発をどれくらい動かすかという議論がタブーではなくなる。

原発を動かして電力料金を大幅値下げする、という電力会社の作戦も待っている。生活苦に喘《あえ》ぐ庶民へのアピールとしては最高だ。

さらに、温暖化対策として、CO_2が増えない「いいことづくめ」の原発を維持するのは当然だ、増設だって安全な原発への転換だからいいのではないか……こんな原発推進の議論がまかり通るようになる。

これも結局は、国民の選択ということ。国民は、原子力ムラの粘り強さに、ただ脱帽するだけなのか。それとも、それを上回る粘り腰で大逆転できるのか。これから、私たち一人ひとりの真価が問われることになるのだ。

新潟県知事選挙で見えた光

ここまで読んだ読者の皆さんは、原発マフィアたちの途方もない力と、想像を超える緻密な策略と、そして比類なき粘り強さに驚き、無力感に襲われただろう。

しかし、その巨大なモンスター像に多くの人々が圧倒され、なぎ倒されるのを見て、戦う前に戦意を失わせることこそ、実は原発マフィアたちの戦略なのである。

彼らと戦うには、彼らを超える巨大な力が必要だと思うから、「それは無理だ」となって諦めてしまう。残った人は、ごくわずかとなり、したがって戦いにならない。

しかし、確実に市民が戦える舞台がある。それが選挙だ。

もちろん、カネと脅しで選挙に影響を与えることはできるが、投票の秘密が守られている限り、面従腹背で原発マフィアたちを裏切ることは、誰にもできる。それを見事に証明したのが、二〇一六年一〇月の新潟県知事選挙である——。

米山隆一《よねやまりゅういち》氏は、連合と袂《たもと》を分かち、民進党の支持も受けないまま立候補した。そうして市民連合が中心になって応援したことが勝因になった。しかし意外なことに、米山氏には、自民党支持層の三割程度の票が流れていた。マスコミの出口調査で判明したのだ。

自民党からは二階俊博《にかいとしひろ》幹事長が選挙終盤に新潟入りし、建設業界はじめ自民支持の団体を回って引き締めを図った。が、それにもかかわらず、三割の人々は「面従腹背」を見せた。

つまり世論調査のとおり、原発停止は国民過半数の支持を得ているのだから、原発を主たる争点にすれば、十分に原発マフィアたちに勝てる。

この選挙では、米山氏が、県民が不信感を抱く民進党との関係を断ち、人気のある泉田裕彦知事の政策を引き継ぐ公約を掲げた。県民は脱原発を強く意識して投票行動で示したのだ。

今後は、この教訓を生かし、原発を止めるため、原発マフィアと首長選挙で戦い勝利する、そうした道筋が見えてきた。一筋の光明である。

終章　東京都知事選挙と民進党の全内幕

都知事選で復活した対立軸

二〇一六年夏に行われた参議院選挙と東京都知事選挙では、実は、ある注目すべき変化が起きた。「小池劇場」という言葉が生まれるほど、報道は都知事選に集中した。圧倒的な支持を得て小池《こいけ》百合子《ゆりこ》知事が誕生したのだが、彼女が掲げたスローガンが「東京大改革」だった。

この「大改革」という言葉には、二つの意味が込められていた。一つは、文字通り、大きな改革が必要だという意味。そして、もう一つは、東京都議会自民党の利権、あるいは既得権を暴く改革。ドンと呼ばれる実力者とそのグループに対する戦いという意味だ。

二つの意味を、一つにまとめれば、「既得権と戦う改革」である。そして、この言葉が浸透することによって、自民党は既得権を守る守旧派という位置づけとなった。この対立軸は、二〇一二年に民主党政権が倒れるまでのものと同じである。

一方、都知事選の陰に隠れた感のある参議院選でも、同様の構造的な変化を読み取ることができる。それは、おおさか維新の会（当時）の躍進である。改選前の二議席を七議席に伸ばし、合計一二議席とした。これにより同党は、参議院で、予算を伴わない法案を単独で提出することが可能となった。

おおさか維新といえば、石原慎《いしはらしん》太郎《たろう》氏との合流、橋下徹氏の慰安婦問題発言、松井《まつい》一郎《いちろう》代表の安倍政権への擦り寄りなど、タカ派のイメージが強かったが、参議院選では、その色を完全に消して、ひたすら「唯一、ホンモノの改革政党」と訴え、有権者の支持を得た。橋下氏の政界引退後、その勢いが一気に落ちて、じり貧の道を進むのではないかと囁かれたが、その予測を完全に覆した。

ここにも、目立たないが、有権者のなかの根強い「改革志向」が見て取れるのである。もちろん、改革という言葉は、自民も民進も使ってはいるが、どちらも、経済団体や労働組合に支えられた選挙を行うので、「既得権と戦う」というイメージがない。

この両党を「改革政党」だと位置づける人は、ほとんどいないだろう。

つまり、単に改革という言葉だけでは足りず、そこに「既得権と戦う」イメージが一体化して初めて、有権者は、「改革政党」と認めてくれるのである。

鳥越擁立に至るまでのドタバタ劇

東京都知事選の結果は、自民党と野党共闘側にとって、目も当てられない惨状となった。小池百合子氏の得票率四四％に対して、自民党の増田寛也《ますだひろや》氏が二七％、野党共闘で立った鳥越《とりごえ》俊太郎《しゅんたろう》氏は、わずか二一％しか取れなかった。首都・東京は、本来、革新系が強いところだ。そこでこの惨敗だから、特に野党側にとって、その衝撃度は非常に大きかった。

この選挙では、筆者自身、一時、野党共闘で立候補するよう民進党都連や他の野党から要請を受けた。しかし告示二日前、急転直下、鳥越氏擁立《ようりつ》に決まるというドタバタ劇があった。その裏話を紹介しておこう。

　筆者がこの選挙に直接関わったのは、市民連合の幹部から立候補要請を受けた二〇一六年六月三〇日が最初だった。そのときは宇都宮健児《うつのみやけんじ》氏が立候補するという話が出ていたので、私は「候補一本化を市民連合の側でしてほしい」と要請した。分裂選挙では勝ち目がないから、当然のことだ。

　ところが市民連合側は、「それは無理」というのだ。その理由は、市民連合にはいろいろな考えの人たちがいて、特に宇都宮支持の人たちは、宇都宮氏以外の人を推すと極めて強く反発するからだという。無理に統一すると、市民連合が分裂するから、そういう話はできない、と。

　では、どうするのかと聞いたら、仕方がないから、「民進党を中心に野党のほうに決めてもらう」という。結局、市民連合有志ということで、民進党の枝野幸男《えだのゆきお》幹事長（当時）に打診したところ、「古賀茂明を候補とすることはできない」という回答が来たそうだ。そこで、私の立候補の話はいったん、消えたと思っていた。

　その後、民進党現職議員や何人かの有名人の名前が挙がったが、七月八日になって、俳優の石田純一《いしだじゅんいち》氏が、「野党統一候補として」という条件付きで立候補を表明した。もちろん野党側は、石田氏で統一する意向だったのだが、結局、石田氏には、スポンサーやテレビ局からの圧力がかかり、一一日に立候補を断念する事態となった。

なぜ石田氏がドタキャンしたかについては、氏に対するスポンサーからの違約金要求が莫大なものになったとしか報じられていないが、実際には、想像もつかないような圧力がかかっていたという。その話は選挙後に教えてもらった。

詳しいことは書けないが、少なくとも、石田氏が準備不足で失敗したということではない。自らのスポンサーやテレビ局からの石田氏への違約金請求の話は当然、予想していたことで、それは覚悟のうえでの立候補表明だった。が、それとは別の、極めて理不尽《りふじん》な圧力がかかり、私から見ても断念するのは当然だという状況に追い込まれたのだ。

その間、民進党や市民連合は、石田氏擁立が危ないという状況下で、渡辺謙《わたなべけん》氏に立候補打診をしたりしたが、とにかく一貫して「有名人路線」をとった。しかし、これには、民主党東京都連を中心に非常に強い批判があった。石田氏が擁立できないのではという状況下で、東京都連は、最終的に私に立候補要請をしたいと打診をしてきたのだ。

私は、民進党のなかの状況を知っていたので、簡単には乗れないと思った。そのため直接、共産党の小池晃《こいけあきら》書記局長と会って、野党共闘の可能性などについて確認したあと、東京都連の松原仁《まつばらじん》議員らと会った。結果、石田氏断念会見直後の一一日午後四時に、東京都連からの立候補要請を受けることにしたのだ。

ただ、実はこのとき、もう一つ別の動きがあることを私は知っていた。それは、鳥越俊太郎氏が、一〇日深夜になって参議院選での野党大敗を知り、自分が都知事選に立って政治の流れを変えようと決断したという話だ。

一一日朝から事態は急転していった。その話は、口外無用という形で、ある筋から聞いていた。だから民進党本部は、時間さえ間に合えば、私から鳥越氏に乗り換えるだろうと思った。なにしろ枝野幹事長はもちろん、岡田代表も、私の擁立については反対。だが時間がないので、やむを得ず容認した、という話を聞いていたからだ。

ところが午後四時の会見直前に、松原都連会長が枝野幹事長に、古賀擁立について最終確認をしたという。「やっぱり、鳥越さん擁立《ようりつ》は、いろいろな条件面で折り合うのに、時間が足りなかったのかな」などと思い、要請を受けることになった。

帝国ホテルのスイートで待っていた岡田代表

一四日の告示まで、実質二日。急いで公約をまとめなければならない。とりあえず早く作業をしようと急いで帰宅する電車のなかで何回も携帯が鳴った。電話に出ると、それは民進党の江田憲司代表代行からだった。

「今晩、岡田さんが、どうしても会いたいといってる。八時半ごろ来てもらえますかね」

「公約をまとめなければならないので、ちょっと時間がありません。電話じゃだめですか」

「直接、会いたいといってるんだ」

私は、このやり取りで、すべてを理解した。鳥越さんに乗り換えることに決めたのだ、と。

岡田代表も枝野幹事長も私の擁立には反対だから、鳥越氏が出てきたことで、そちらに乗り換えた。しかし問題は、一度出馬を要請した私との関係だ。これは、さすがに電話で、というわけにはいかない。

夜の八時半に指定されたのは、帝国ホテルの一六階。行ってみると、立派なスイートルームである。以前、仙谷官房長官もスイートルームを使っていたことを思い出して、「さすがに組合のお金があると強いな」などと思って部屋に入った。

しかし岡田氏は、なかなか鳥越氏のことを切り出さない。人がいいのだろう。私のほうから鳥越氏立候補のうわさを聞いたがというと、実はそうなんだと、困った顔をする。その瞬間、私は即断して、岡田氏にこういった。

「鳥越さんで行きましょう。私は鳥越さんと約束してるんです。出るなら応援する」と。

岡田氏は喜んで、「ああ、よかった」というかと思ったら、そうではなかった。

「では、その線で至急調整してみます」

私に「既に決まっている」とはいいにくかったのだろう。

私は、すぐに部屋を出て、一階のレセプション前で、東京都連の松原会長に電話し、顚末《てんまつ》を説明した。もちろん松原氏にとっては、面目丸つぶれのどんでん返しである。党本部に確認したうえで、午後四時に出馬要請したら、その四時間半後に党本部がそれを引っ繰り返したのだ。

しかし、告示までに時間がない。恨み言はすべて封印するように依頼して、すぐに共産党の小池氏に電話した。すると思った通り、岡田氏から既に「鳥越氏で行きます」という電話が入っていた。既定路線になっていた、ということだ。

翌一二日の鳥越氏の出馬会見には、私のほうから「飛び入り」参加することにした。その時間帯は午後のバラエティ番組が生中継している。そこで二人が握手すれば、「内部対立」というようなことは書かれなくて済む。最も手っ取り早い団結誇示の絵になるという計算だ。

鳥越氏は、さすがテレビマンというか、「あれ？　古賀さんが来てくれましたよ！」と、派手に驚いて見せてくれた。

都民の欲求に応えなかった鳥越陣営

しかし、テレビ番組が連日報道を続けた都知事選は、予想通り小池氏の圧勝に終わった。小池氏が自民党の公認を得られなかったことを逆手に取り、自民党都連の内田《うちだ》茂《しげる》幹事長を「悪の権化《ごんげ》」に仕立て上げた。そして「魔王と戦うジャンヌ・ダルク」「改革の旗手・小池百合子」をアピールする戦略で、都民の判官《ほうがん》びいきの応援を一身に集めた。

私は、この展開を見ていて、「非常に危ないことが起きている」と感じた。なぜなら、小池氏は決して純粋な改革派ではないと思っていたからだ。少なくとも自民党時代に、彼女が改革派だと感じたことは一度もない。

というのも私は、小泉改革以降、自民党の改革派といわれる人たちとは、様々な場面で一緒に仕事をしてきた。しかし、彼女が大事な場面で活躍したのを見たことがない。クールビズで有名になったが、あれは決して改革というようなものではない。

現に彼女は、ずっと東京都連の国会議員でありながら、これまで内田氏と戦ったという話も聞いたことがなかった。つまり、完全な「にわか改革派」なのである。

むしろ、小池氏といえば、霞が関ではタカ派の政治家として有名だ。核武装を容認するニュアンスの発言をしたり、日本会議との関係も以前から取りざたされていた。原発も容認している。しかし都知事選では、外交安保は主要な争点にならないので、この点は都民の関心事項ではない。

結局、小池氏のイメージ戦略によって、彼女が超タカ派であるとは夢にも思わず、「筋金入りの改革派」だと勘違いした都民が多かったのではないだろうか。共産党支持層からもかなりの票が流れたという調査もあるから、その可能性は高いと思う。

いずれにしても小池氏の勝因は、改革への期待だった。しかも、強大な既得権と戦うというストーリーに、都民は酔った。二〇一五年の橋下徹氏による大阪ダブル選の再現である。

そうした都民の改革に対する潜在的な欲求に対し、鳥越氏は、ほとんど応えなかった。主張の大半は、「反安保」と「脱原発」である。その他の福祉関連の公約は、小池氏も増田寛也氏も同じように語るから、基本的に差別化にはならない。

結局、色分けとしては、「既得権と戦う小池」「左翼の鳥越」「古い政治の増田」という分かりやすい図式になってしまった。その結果、改革を最も重視する層は、「タカ派からハト派まで」すべてが小池氏に投票した。鳥越氏は、左翼層と原発を最重視する層は獲れたものの、保守層へはほとんど支持を拡大できなかった。

本来、鳥越氏のほうが、「既得権と戦う」という意味では、実績は上だったはずだ。医療、介護、公共事業などの既得権に具体的に切り込むような分かりやすい主張を展開すれば、自民党にどっぷりつかっていた小池氏がついてこられたかどうか。

しかし残念ながら、終盤になればなるほど、鳥越氏の主張は改革からは離れて、反安保と反原発だけにシフトしていったのだった。

蓮舫と民進党の賞味期限

安倍政権と自民党への支持率が、いつまで経っても高い最大の理由は、野党第一党の民進党が、あまりにもだらしないからだ。そういう声は、国民の間でかなり広く共有されている。

その民進党には二つの根本的な問題がある。一つは、政策の軸が分からないこと。もう一つは、信頼されていないこと、もっといえば、反自民の有権者の多くに嫌われていることだ。

二〇一六年の参議院選挙後に、民進党がこの問題に対応するために選んだ戦略は、党首交代による人気取り路線だった。世論調査を見ると、蓮舫代表への期待は、民進党に対する期待よりもはるかに高かったので、蓮舫人気が続けば、選挙にプラスに働く可能性はあった。

一方、政策については、大きな変革はなされていない。このまま「政策軸」が不明確な状態が続けば、蓮舫人気の賞味期限は、あっという間に過ぎてしまうことは明らかだった。

他方、小池百合子知事は人気先行であったかもしれないが、その後「改革軸」に沿った具体的な行動によって、その人気をより強固な支持基盤に変えていくことに成功しつつある。同じ女性リーダーとして、小池氏と比較される蓮舫氏は気の毒な感じもするが、やはり「政策軸」を劇的に変えたという評価を得なければ、民進党の浮上は望めないだろう。

その観点で、蓮舫代表で臨んだ二〇一六年一〇月の二つの選挙、衆議院補選（東京一〇区、福岡六区）と新潟県知事選は、千載一遇の機会だった。しかし新潟県知事選では、連合に気を遣うあまり、民進党の衆議院候補だった米山隆一氏の支持を見送り、自主投票にしてしまった。米山氏が、柏崎刈羽原発の再稼働に慎重な態度を取ったため、連合が反米山に回ったことが原因だ。

しかも、選挙終盤で米山優位が明確になった時点で慌てて蓮舫代表が応援に駆け付けるという、醜態まで演じている。東京一〇区の補選でも、野党共闘で戦ったのに、これまた連合に気兼ねして、四野党党首そろい踏みの街宣に候補者を参加させないという喜劇を演じた。いっていることとやっていることがバラバラで、ほとんど政党としての体《てい》をなしていない。

その後、失敗に気づいて、「政策軸」の明確化をしようとしたが、はっきりいって戦略的にはほとんど意味をなさないものになっている。「人への投資」というような標語で、分配重視の優しい政治というイメージを打ち出しているが、こうした政策は、いくら声高に叫んだところで、自民党のバラマキ政策との差別化は困難である。結局はバラマキ合戦になるだけなのだ。そうなると、大言壮語するだけでなく、実際の予算でどんどん政策を実施してしまう与党に勝つことは無理だ。

そして、前述した「二〇三〇年原発ゼロ」への前倒し失敗。蓮舫代表による民進党再生の夢はほぼ絶たれたと見てよかった。

改革派を総取りする政党とは

民進党が埋没するのは自民党との関係だけではない。新たな日本維新（旧おおさか維新）の会と将来設立される可能性がある小池新党との関係でも、埋没感をさらに強めていくだろう。参議院選挙と都知事選の解説で、小池知事と日本維新の「改革」戦略の類似性を挙げたが、その背景にある選挙の対立軸の変化を前提に考えると、民進党の未来はさらに暗いものになる。

振り返ってみると、二〇〇九年に政権を取ったときの民主党は、明らかに改革政党であった。当時はまだ、おおさか維新の会は存在せず、改革政党といえば、みんなの党があるだけだった。つまり民主党は、改革政党として、圧倒的存在感を示していたのである。

それがいまはどうか。政権担当時代にほとんど改革を達成できず、至るところで連合という組合の利害に影響され、「改革」の二文字は霞《かす》んでしまった。東京都知事選や衆院補選でも、これでもかというくらい、連合の言いなりであることを日本中に示した。このイメージを払《ふっ》拭《しょく》しない限り、どんなに頑張っても、民進党が改革政党として認めてもらうことは不可能だ。

一方の日本維新は、改革政党であるとともにタカ派政党でもあるが、先述した通り、そのタカ派色を消すことに一定程度、成功している。ただし、森友学園問題では、維新議員の右翼的傾向があぶり出され、その作戦に影を落としている。

それはともかく、彼らが目指す対立軸は、改革派政党か守旧派政党かという二分法である。そして、「連合と連携している限り改革はできない」という攻撃を、民進党に対して仕掛けている。

小池新党ができた場合、彼らもまた、改革派という旗印を掲げるであろう。そうなると、仮に民進党が改革派の旗印を掲げても、誰も相手にしてくれない。そして、分配とか格差是正とか人への投資とかいっても、先述のとおり自民党との差別化ができないばかりか、改革政党からは、連合べったりの「バラマキ政党だ」とレッテルを貼られて終わる。

残った軸は、反安保法と憲法改正反対だが、実は、そもそも党内がまとまらないので、この対立軸を明確に打ち出すこともできない。仮に、無理にそちらに政策をシフトしても、共産党にはかなわない。

脱原発と反カジノを掲げられないならば

このように、民進党の立ち位置は結局、不明確で、いまのままでは与党に対しても、また野党のなかでも、明確な政策軸を打ち出せず、完全に埋没していくしかない。

そこで、与党と差別化できる政策で、しかも世論の過半の支持を得られるものは何かを考えると、残っているのは「脱原発」と最近出てきたテーマである「カジノ」しかない。世論調査で見ると、安保法制や共謀罪法案については賛否が拮抗しているが、脱原発とカジノ反対は、どの世論調査を見ても、またどの時点においても、一貫して過半数の支持を得ている。

しかも、自民党のみならず日本維新の会も、「カジノ」には賛成、原発に対しても本音は「推進」なので、明確にカジノ反対、再稼働反対とはいえない。民進党が「再稼働反対」を唱えれば、自民・維新との明確な対立軸になる。

ちなみに小池知事は環境派だといわれているが、原発は容認派だった。都知事就任後も脱原発を唱えることはない。やはり、完全廃絶には舵を切れないと見てよいだろう。

ところが民進党は、連合の言いなりで、再稼働反対を明言できずにいる。

電力総連の組織内候補である小林正夫《こばやしまさお》議員の二〇一六年参院選での得票は、全国で二七万票あまり。一方、反原発の世論が過半であることを考えれば、脱原発を明確にできないことで失っている票数は、その何倍、いや何十倍にも上る可能性が高い。

カジノについても、民進党は党内に多数の推進派を抱え、反対に回れない。
このままでは、民進党の未来は八方塞がりである。土井《どい》たか子氏という女性委員長の人気で一瞬輝いたあと、坂道を転げ落ちるようにして党が消滅した社会党を連想するのは私だけではないだろう。少しものの分かった野党支持層のなかには、やはり、民進党には期待できない、いっそのこと、早めに消滅してくれたほうがいい、という声が増えている。
民進党に対する市民の声を代表するものとして、ある週刊誌コラムの声を紹介しよう。

「自民と対抗する最大野党だからとたくさん我慢もしてきたが、もう我慢せず叫んでもいいよね。バーカ！　バーカ！」「もうバカは前に出てくるな！　次の衆議院選挙で主導権を握ろうとするのはよせ！　今回の新潟知事選と都知事選で、わかったろ。え？　まだわからない？だとしたら、ほんとうに残念なバカですよ。個人単位では良い議員がいっぱいいるから、惜しい」
（「週刊朝日」二〇一六年一一月一一日号、室井佑月《むろいゆづき》氏）

――そのとおりだと思う。残念である。

市民団体は日本会議に学べ

「日本会議」と聞くと、なんだか恐ろしい右翼団体というイメージを持つ人も多いかもしれないが、必ずしもそういうわけではない。日本会議から派生した団体や、会員や思想において共通性のある団体、これらが重層的に活動しており、それらのなかには、極めておとなしく地道な活動を続けているものもあるようだ。

多くのリベラル系市民活動が、ハンドマイクを握って、大音量で政権に対し、聞くに堪えないような罵声《ばせい》を浴びせる……そんなスタイルと比べれば、はるかに「穏健」だという人もいる。

最近のブームを機に、多くのマスコミ関係者が、日本会議系組織が開く「カフェ」と呼ばれる集会に参加しているが、彼らのレポートによれば、こうした市民向けの啓発活動では、何も知らない一般参加者に対する扱いが、リベラル系団体とはまったく違うということだ。

従来の市民活動では、活動方針に反するような意見や質問をすること自体、許されない雰囲気があった。そうした質問をすると、バカにされたり、疎外されたりした。ところが日本会議は、そのようないわゆる「素人《しろうと》」も、非常に温かく迎え入れようとするらしい。

右派系団体のほうが包摂的で、リベラル系団体のほうが排他的だという指摘が正しいのかどうか、私自身直接の経験がないので判断できない。ただし、そうした印象を受けるマスコミ関係者が一定数いるということは、非常に重要なことではないかと思う。

どのようなテーマであっても、従来型の市民活動では、「政府のいうことに反対するのが当たり前」と考える傾向がある。それは、その組織に所属する人々のあいだでは自明のことかもしれないが、どちらが正しいか分からない人たちから見ると、声高に汚い言葉で政府批判をして内輪で盛り上がっている人々の話を聞いてみようという気持ちにはなれない。

右派系団体は、長いあいだ、バカにされた存在だった。そのため、自分たちの主張を声高に叫ぶだけでは理解してもらえないという皮膚感覚を持っている。だからこそ、少しでも聞こうという姿勢を見せた一般市民に対しては、仲間に引き入れようと努力するのではないか。

リベラル系市民活動の集まりに行くと、高齢の男性が、自説を滔々《とうとう》と述べる姿をよく目にする。面白いことに、そういう団体では、ネットを使えない会員が幅を利かせている。そのような旧《ふる》い体質では、若者はおろか、日夜忙しく働いている人々には、ほとんど相手にされない。

こうした市民活動の在り方について一石を投じた、ある女優の発言が話題になった。


「こういう人って、いつも同じことしかしなくて、新しいことを提案しても受け付けてくれないんです」「『ツイッターやフェイスブックを使って情報を発信しましょう』と言っても、メール打つのがやっとで対応できないとかね」「やるのは、昔ながらのアジビラ。ハンドスピーカーで『原発やめろ』って怒鳴ってもね。時代とずれてるんですよ」

（「週刊新潮」二〇一六年一一月一〇日号、木内《きうち》みどり氏コメントより抜粋）


逆にいえば、従来の市民活動が輝きを取り戻すには、まず、聞く姿勢を見せてくれた人には、それだけでもありがたいという姿勢で臨むことが必要だ。同じ顔ぶれで集まるのでは何の意味もない。初めて来る人を増やすためにどういう努力をしたのか、知らない人を惹きつける話力や魅力を各人が持っているのか……つまり「お客様は神様です」といいながら、売り上げを伸ばすのと同じだ。あるいはネットを駆使して販路を拡大する企業の営業部隊としての能力を競い合えば、市民活動にも、新しい展開が期待できるのではないだろうか。

新潟と鹿児島の知事の大違い

民進党のドタバタぶりは先述したとおりだが、二〇一六年一〇月の新潟県知事選は、久々に、市民への朗報となった。

それに先立つ七月の鹿児島県知事選では、原発慎重派といわれる三反園《みたぞの》訓《さとし》知事が誕生していたが、定期点検を終えた九州電力川内原発の再稼働に同意して、反原発の市民から厳しい批判が続いている。

それに比べて、新潟県知事の米山隆一氏は、おそらく、三反園知事よりもしっかりと筋を通そうとするだろう。もちろん新潟でも、県議会は自民党が支配しているので、そんなにすんなりとはいかない。しかし米山氏の場合、再稼働容認の民進党や原発推進の連合の支持を受けていない。だからこそ、再稼働反対の立場を明確にして選挙戦を戦うことができた。つまり、原発を最大の争点として選挙に勝ったので、議会に対しても、より強い立場に立つことができるわけだ。

鹿児島と新潟を比較すると、選挙後も市民のための政策実現を目指す知事を選ぶには、五つの要素を満たすことが必要だ。

第一に、候補者は左翼系ではダメ。特に、地方の選挙では、左派系の票だけで当選するのは難しい。その現実を見れば、保守層からも票が流れることが重要だ。この点、三反園氏はもちろん米山氏も、左翼系候補ではなかったことが大きな勝因となった。米山氏は、もともと自民党から、みんな、維新と転籍したので、保守系の票が流れやすかった。

第二は、民進党と一線を画すこと。民進党支持層であっても民進党に愛想を尽かしているという有権者が多い。米山氏は民進党の推薦を得られなかった。それが逆に民進党支持層を惹きつけた。さらに、民進党にいじめられたというイメージが、かえって票固めに有効だったということも重要な点だ。

第三は、連合と決別することである。これにより、米山氏は脱原発をより明確に訴えることができ、市民の声にしっかり応えることができた。しかも、公約で掲げたことは、当選後も議会に対してはっきり主張することができる。

第四は、全国的な関心を集め、電話勝手連（市民が自発的に行う電話による投票勧誘活動）で、全国の市民の支援を受けることだ。これによって、地方選挙が一躍全国マターとなり、地元の支持者の士気も上がった。選挙後も、全国の市民の支持を得ることができ、それが政権与党への圧力にもなって、公約実現を進めやすくなる。

そして第五に、というより、これは大前提だが、本人が原子力ムラを怖れず、またカネや地位への執着がない、ということが最も重要だ。知事という地位を得ることが目的なのか、自分の信念に基づいて政策を実現するのが目的なのか、そこをわれわれは見極めなければならない。

三反園知事は、知事になることが目的だったのだろう。脱原発という政策は、そのために利用した手段に過ぎなかったとしか思えない。一方、新潟県では、この五つの要素が満たされた人が知事になった。だから、簡単に落城することはないはずだ。

米山知事が原発再稼働を止めるためには、まず、市民の関心を集め続けること。そして、密室での取引を止める。米山知事は、原発の再稼働について包括的に検討を行う会議体を立ち上げ、数年かけて議論することを表明している。もちろん、そこでの議論はテレビやインターネットに載せる。そうすれば、必ず市民の支持を得ることができる。

米山知事は、その経歴からも明らかなとおり、公の場で議論しても決して負けない論客だ。だからこそ、公開討論主義が、パフォーマンスではなく、政策貫徹の切り札になる。そういう意味で、市民の夢を実現するための戦略に明かりが射したのかもしれない。

森友学園問題の真実

二〇一七年二月に明るみに出た、大阪の森友《もりとも》学園の小学校建設をめぐる大阪府の認可と財務省の異常安値での国有地売却問題が、予想以上の激震となって安倍政権を襲った。

特に、同学園理事長（当時）の籠池泰典《かごいけやすのり》氏の国会証言により、安倍昭恵《あべあきえ》夫人の関与疑惑が深まったことで、一気に政権中枢の問題となった。本件には二つの論点がある。

この事件を理解するうえで非常に重要なのは、行政実務上、認可申請をどう扱うかという点である。認可申請というものは、通常は突然は行われない。事業者側は、事前に役所に相談するのが普通だ。実際の申請を行うまでは、何ヵ月かあるいは何年かかけて、不認可にならないように調整して、だいたい大丈夫となったところで申請するものだ。森友学園の場合は、二〇一四年一〇月の認可申請の時点で、それまでの指導に沿った内容だったことを大阪府が確認したうえで、申請書を受理していたはずだ。

とすると、認可しようという大阪府の判断は、それよりもかなり前になされていたことになる。その後、大阪府私学審議会での審議があるが、実は、これは役人が仕切り、事務方が責任を持ってその了承をとるのが普通だ。

近畿財務局の土地の賃貸や売却の契約はこれとは異なるが、このケースのような随意契約の場合は、やはり、事務方との事前調整を済ませたうえで、審議会は、役人が通すというところは同じだ。

森友学園の場合は、少なくとも二〇一一年には大阪府（当時の知事は橋下徹氏）に対し、籠池氏のほうから審査基準の規制緩和の要望（幼稚園法人が小学校を新設するときに借金があってはいけないという規制を撤廃する）が出され、二〇一二年四月には松井一郎《まついいちろう》知事がそれを実施している。その後、鴻池祥肇《こうのいけよしただ》参議院議員事務所に二〇一三年八月に土地関係の相談に訪れており、そのときのメモに借地に関するやり取りが記録されている。

したがって、そのとき既に、借地に学校を作るという前提で話が進んでいたことが分かる。ところが、大阪府の審査基準では、借地の上に「校舎」を建ててはいけないことになっていた。にもかかわらず、それを無視して大阪府は認可する方向で籠池氏側と調整した。そのうえで、二〇一四年一〇月に正式な申請を受理しているのだ。その時点で、大阪府は、基準違反の申請を認可することを、事実上、最終的に約束したことになる。

近畿財務局では、これと並行して、大阪府の認可を前提に借地契約の締結の準備が進んでいった。大阪府が認可する方針だとなれば、近畿財務局は、何とかうまく土地を森友側の条件に合わせ引き渡さないと、自分たちが悪者となり、右翼的政治家たちの逆鱗《げきりん》に触れるかもしれない、と怖れた可能性がある。

これが、役所の行政実務を前提にした本件の解釈だ。これを前提にすると、一つの仮説が導かれる。それは、本件については、「遅くとも二〇一三年には、どうしても認可しようという強い判断が役所の側でなされていた」ということだ。これがのちに、籠池氏が、「これまで役所の支援を得て進めていたのに急にはしごを外された」という趣旨の発言をすることにつながったのであろう。この間に政治的な圧力、ないしは、何らかの力が働いたのではないか――そのことについての検証が必要だ。

また、二〇一五年以降、近畿財務局が大幅な値引きを行った過程では、これとはまた別の力が働いた可能性が高い。安倍昭恵氏の関与が疑われるのもやむを得ない面がある。

私が大阪府の関係者の一部に取材したところでは、遅くとも二〇一三年ごろには、「本件は当然認可されるべき」という意識が内部で共有されていたこと、それには近畿財務局からの働きかけというより、松井氏あるいは橋下氏（またはその両方）が本件を進めることを望んでいるはずだという点が前提になっていたこと、などの証言を得ている。

ただし、両氏、あるいは他の日本維新の会の関係者などが事務方に何らかの具体的な指示や働きかけをしていたかどうかについては、関係者の口が重く、確認できていない。それは、今後の国会の審議や捜査当局による捜査などを待たなければ、なんともいえないところだが、現実には、安倍政権はすべてを闇に葬り去るつもりだ。マスコミも二〇一七年四月には早々と幕引きモードに入ってしまった。

官僚の忖度とトカゲのしっぽ切りの損得勘定

森友学園事件で話題になった官僚の忖度《そんたく》。国語辞典で調べると、「他人の心を推《お》し量《はか》ること」などとあるが、官僚文化のなかでの「忖度」には少し違う「色」が付いている。

役所の忖度は、その相手が、「表向きにはいえないこと」を考えているというのが前提だ。「表向きにはいえないこと」とは、違法なこと、やってはいけないこと……つまり、違法まがいの問題を常に孕《はら》んでいるのだ。

次に、忖度の対象は、自分の上司、または、自分の出世（目の前のことだけではなく、一生を通じての）に影響力を持つ人だ。政治家や業界関係者なども含まれる。

忖度できない官僚は、その組織には非常に居づらくなる。さらに、不忖度を選択して役所を辞めると、その後の人生において、霞が関全体から差別的に取り扱われるリスクが生じる。江戸の敵《かたき》を長崎で、ということである。

また、官僚は、天下りで少なくとも七〇歳くらいまでは役所の世話になる。忖度への報酬は六〇歳定年までだけではなく、その後も一〇年以上にわたって続く。「忖度」利回りが、他の組織よりもよいのである。

よく「トカゲのしっぽ切り」といわれるが、ことはそれほど単純ではない。忖度した結果、責任を取らされてしっぽ切りされる人たちが可哀そうかどうかは、その後の「報酬」の大きさ如何《いかん》だ。

真実を語らず、文書廃棄までして安倍政権を守り通した忖度には大きな報酬が約束される。問題となった財務官僚などは、今後長期にわたり、天下りで手厚い処遇を受けるだろう。安《あ》倍《べ》昭恵《あきえ》夫人の秘書だった経産省の谷査恵子《たにさえこ》氏も、すでにイタリア赴任（事実上の長期休暇）が決まった。

彼らは、役所のなかでは英雄扱いだ――。

官僚は、そういう複雑な計算を瞬時に行いながら「忖度」行動をとる。国会で答弁する財務官僚に悲愴感《ひそうかん》が見えないのは、そういう理由があるからだろう。

安倍総理夫人が森友学園側に一〇〇万円を寄付していたというニュースが流れたとたん、民進党などは、ここぞとばかりに国会で攻勢に出た。反安倍の市民たちのあいだでも、「ついに流れが変わる」という期待が高まった。

しかし、仮に安倍政権が倒れたとしても、その後の政権は自民党政権であることに変わりはない。そして、これだけの大激震で自民の支持率が落ちても、ほとんど民進の支持率が上がらなかった。蓮舫代表への求心力は地に落ちるばかりだ。

私は、政界に大きな動きがあると判断すれば、橋下徹氏が政界復帰する可能性も十分にあると見ている。そうなれば、次の総選挙で、小池新党が大躍進し、維新もそこそこの議席を確保するかもしれない。うまくいけば、これら保守野党の協力を得て、自民の議席減を補い、改憲勢力三分の二を維持、というシナリオが成立する。もちろん、民進党はじり貧で、消滅への道を歩むという筋書きだ。

エピローグ——日本を救う一四の踏み絵

いま、タカ派とハト派、改革派と守旧派という二つの対立軸をめぐり、信頼できる政治勢力を見つけられない有権者たちは、「迷える子羊」のごとくさまよっている。日本は、外交安全保障でも経済社会のあり方についても大きな岐路に立たされている。

しかし、後述するとおり、実は、既存政党の枠組みに頼っている限り、答えは見つからないというのが、私の結論だ。現に市民活動側も、これまで既存の政党の枠組みに囚《とら》われ、真に自分たちが信頼できる候補者を立てることができなかった。

一方、そうした不幸な経験から、今後の市民活動転換のヒントも得られた。

新潟県知事選や近年の世論調査ではっきりしたのは、与党候補者との差別化のカギとなるのが、原発再稼働を止めるといえるかどうか、そして、カジノ反対の姿勢を明確にできるかである。さらに、左翼系市民以外の中道・保守系市民にも支持を広げるためのカギが、格差是正を目指すが、自由主義・資本主義経済の基本は守るということ。さらに、既得権と戦い、バラマキにノーといえるかどうか。

標語でいえば、「改革はするが、戦争はしない」「既得権と闘う改革」「原発再稼働反対でも左翼じゃない」「既存の政党、もういらない」ということだろう（詳細は後述）。

これらを実現するため、身を捨てて戦う真の勇者が一人でも現れれば、市民はきっと立ち上がる。いまも私は、そう信じている。

二〇一四年一一月二八日、俳優の菅原文太《すがわらぶんた》さんが亡くなられた（享年八一）。

私が文太さんと最初にお会いしたのは、二〇一一年秋、経産省を辞職した直後のこと。私の当時の行動に共感して、文太さんが対談に呼んでくれたのだ。その後、ニッポン放送の「菅原文太 日本人の底力」にも出演させてもらった。

だが最初、私は、文太さんのことがよく分かっていなかった。本当の凄さを知ったのは、細川護熙《ほそかわもりひろ》氏が東京都知事選挙に出馬したときのことだ。

文太さんは、細川陣営の中心的な役割を果たされた。単に推薦人として名前を連ねるというだけではなく、厳寒の雷門《かみなりもん》や数寄屋橋《すきやばし》で、精力的に都民に語りかけていた。その一部は、いまもネットで見ることができる。

八〇歳という年齢を感じさせない、凛《りん》として温かみのある語り口。大声でがなり立てる、ありきたりの選挙演説とはまったく次元の異なるものだった。その声は、人々の心に、すっと、奥深くまで染み通っていくように感じられた。

亡くなる直前、二〇一四年一一月一日、沖縄県知事選挙での文太さんの演説。一言、一言、ゆっくり訴えた。

「政治の役割は二つある。一つは国民を飢えさせないで、安全な食べ物を食べさせること。もう一つは、これが最も大事です。絶対に戦争をしないこと」「沖縄の風土も、海も、山も、空気も、風も、すべて国家のものではありません。そこに住んでいる人たちのものです。辺野古もしかり。勝手に他国に売り飛ばさないでくれ」「アメリカにも良心が篤《あつ》い人はいます。中国にもいる。韓国にもいる。その良心ある人とは、国は違え、同じ人間だ。皆、手を結び合おうよ」「今日来ている皆さんも、そのことを肝《きも》に銘じて実行してください。それができない人は、沖縄から、日本から、去ってもらおう」——最後の力を振り絞った、魂の叫びだ。

一万人の観衆は、水を打ったように静まり返り、多くの人々が涙を流した。

二〇一七年春に、世界中を驚かせた北朝鮮危機。北朝鮮によるアメリカへの核攻撃能力が現実のものとなることを怖れたトランプ政権は、それを阻止するために北朝鮮を脅し、いまにも先制攻撃をしかけるようなポーズを取った。大統領選中の韓国では、巻き添えを怖れ、先制攻撃にはすべての候補者が反対したが、安倍政権は、手放しでトランプ大統領を支持した。アメリカは自国防衛のためにやっているのに、日本はアメリカに「守ってもらっている」という錯覚に陥り、米朝戦争に巻き込まれる恐れが、現実のものとなった。

文太さんの最後の呼びかけをもう一度かみしめ、日本の進むべき道を考え直すときではないだろうか。そうしなければ、日本に北朝鮮のサリンあるいはVXガス搭載のミサイルが何発も着弾して、何千、何万の人々が犠牲になるかもしれない。そうなって初めて、日本の国民は、安保条約と在日米軍基地によって日本が守られていたのではなく、安保条約と在日米軍基地のせいで無用な戦争に巻き込まれたことを知ることになるのではないか。

文太さんとの初めての対談でのこと（小学館「本の窓」二〇一一年一二月号「連載対談　外野の直言、在野の直観」）。

「古賀さん、共鳴する人たちを集めて党を作ることは考えていないの？　立候補するための党でなくても、いまいったようなことを発信するための集まりを」

「古賀さんにはそろそろ行動に移ってほしい。馳《は》せ参じる若者がたくさんいるだろうし、……古賀さん、匠《たくみ》の技を発揮してください。それを期待している国民は大勢いると思うんだよ」

文太さんの熱い期待に応えたいと、私は思った。だが、時が経つにつれて、正論が伝わらない世の中にどんどんなっていった。同志だと思った人たちも、次々と転向していった。もがきながら、何とかしなければという思いばかりが募っていく日々……。

文太さんは、対談、ラジオ、街宣活動でお会いするたびに、そんな私を「元気か」「頑張れよ」と励ましてくれた。食事のときも「体にいいものを」と気遣ってくださった。一緒にいると、何とも心地よいひとときを過ごせたものだ。

そんな文太さんに、私はただ甘えていた。もしかすると、文太さんはがっかりしていたかもしれない。

それでも、亡くなる直前の一一月一九日に、また対談に誘ってくださった。しかし、前日になって突然のキャンセル……心に芽生えた不安が現実になってしまった。もう、この世に文太さんはいない――。

時の流れのなかで、文太さんの危機感の正しさは、次々と証明されていく。安全保障や原発、メディアの危機、そして、食の安全……その背景にある、人々を思考停止に追い込み、身動きを取れなくするシステムは、強固になるばかりだ。

もしかしたら、もう手遅れなのかもしれない、そう思うこともある。でも、ここで諦めたら、文太さんに永遠に顔向けできなくなってしまう。

文太さんは、日本中に種を蒔《ま》いた。その種が芽吹き、きっと花開く時が来る……。

私には、宝物がある。文太さんが亡くなったあと、奥様から形見にといただいたネクタイだ。それを見るたびに、私の心には勇気と決意がみなぎってくる。文太さんはきっと、天国で私たちの行動を見てくれているはずだ。

「いったたろう、応援するよ」

勝手な思いかもしれないが、そんな文太さんの声が聞こえてくるような気がする。以下に述べることは、私が心のなかで文太さんと語り合った日本の未来像だ。「必ず、やり遂げてくれよ」——文太さんの声は、このときだけ一際《ひときわ》強くなって耳に響く。

■「改革はするが戦争はしない」勢力

さて、ここまで述べた議論を前提にして、今後の政治の目指すべき方向性について考えるために、一つの仮説を提示してみたい。まず、第五章で解説した「改革と守旧」「タカ派とハト派」という二つの対立軸をもう一度思い出していただこう。図表1（二一八ページ）と図表2（二二三ページ）を見たうえで、さらに、これらの対立軸に関する二つの図を重ねることで、重要な示唆が得られる（図表3＝三九八ページ）。数学で習った言葉では、四分割されたゾーンを右上から左回りに、右上第一象限、左上第二象限、左下第三象限、そして右下が第四象限となる。そして、それぞれの象限の特徴を単純化して、キャッチフレーズ的に呼べば、以下のようになる。

第一象限　改革はするが、戦争もする
第二象限　改革はしないが、戦争はする
第三象限　改革はしないが、戦争もしない

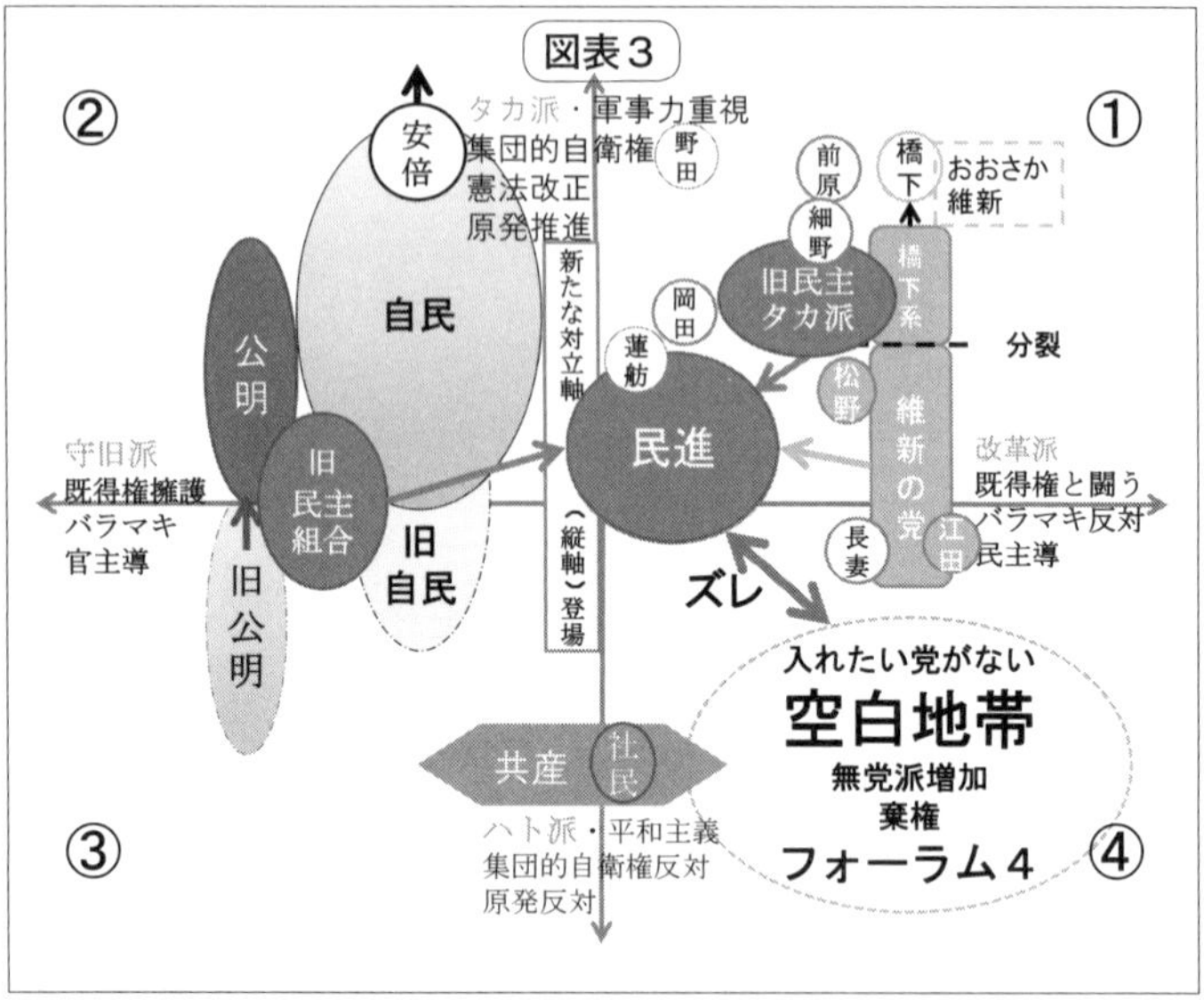

第四象限　改革はするが、戦争はしない

ここで面白いことに気付く。与党は第二象限、改革はできないが戦争はするというところに固まる一方、野党は、主に第一象限と第三象限に分かれる。民進党は第二象限にもいる。与党が「改革はしないが、戦争はする」第二象限にいるのだから、その対極をなすのは、対角線上の「改革はするが、戦争はしない」第四象限であるはずだが、なぜかそこに明確に位置取りする政党はなく、議員レベルでも数えるほどしか思いつかない。

この第四象限の可能性は極めて大きい。自民党の支持率が三〇～四〇％であるのに対して、民進党と共産党、社民党を合わせても一〇～一五％程度である。一方で四〇

%前後の無党派層がいる。無党派層のなかには、かなりの割合で、第四象限の政党を望んでいるが、それが存在しないために無党派になっているという層が存在するはずだ。仮にそれが二〇%ないし三〇%あるとすれば、ここに新たな政党が現れれば、一気に野党第一党を狙うことができる。

そこで、私は、「フォーラム４《フォー》」という市民キャンペーンを始めてみた。

それは、いきなり第四象限の党を作るのではなく、第四象限の考え方を共有できる市民が議論し、また連帯しながら、活動するための共通プラットホームを提供するというものである。ネット上で展開し、国会議員や地方議員をはじめ二五〇〇人を超える人々が「自分の名前をネット上で公表して」賛同署名している。ネット上では、往々にして無責任なコメントが増えてしまうリスクがあるので、原則、名前を出して参加してもらうことにより、それを防止することにした。今日では、フォーラム４の賛同者が、リアルの世界でさまざまな集会を主催したり、他の市民活動を支援したり、あるいは共同の活動をしたりしている。

二〇一六年春からは、政治活動も行うグループが新たなサイトをオープンし、特に、夏の参議院選挙では、神奈川選挙区の真山勇一《まやまゆういち》議員の応援で実績を挙げた。

■フォーラム４の基本理念

フォーラム４の基本理念は二〇一五年春に発表された。それを参考までにここに記しておこう。

「改革はするが、戦争はしない」

「改革」とは、「格差を縮小し、働く人々と真の弱者のための改革」。

これがフォーラム４の基本理念です。

フォーラム４は政党ではありません。

「改革はするが、戦争はしない」という基本理念に賛同できる政治家や市民がフォーラム４をプラットフォームとして、基本理念を実現するための様々な活動を広げていければと考えています。

より具体的には、下記のような基本理念を掲げています。

□子どもの未来と国民の命を最も優先する
□政治の透明化を徹底的に進める
□民間でできることは民間に任せる
□地方にできることは地方が行う
□電力会社、医師会、農協などの既得権グループの利権をなくし、私たち市民に還元する
□自由主義と資本主義を基本とする

□グローバリゼーションを否定せず、市民のために活用する
□公正な競争は促進するが、普通に頑張れば普通に幸せな暮らしができる社会を目指す
□成長のための改革を実施するが、大量生産大量消費をやめて、市民生活の質を重視する
□自然とともに、自然を生かし、自然に生かされる生き方を基本とする
□地方再生の柱に自然エネルギーを位置づける
□原発は再稼動せず、世界一の自然エネルギー大国を目指す
□軍事偏重の「積極的軍事主義」ではなく、真の平和主義に立脚した外交・安全保障政策を実施する
□集団的自衛権の行使は違憲であるとの立場を堅持し、認めない
□戦後の日本が七〇年かけて築いた平和な暮らしを誇りとし、これを守るために憲法九条改正に反対する（ただし、平和主義をより厳格に規定するために憲法改正について議論することを否定しない）
□海外で米国と一緒に戦う日本というイメージを払拭し、武器を使わず人道支援しかしない日本の平和ブランドを取り戻す
□情報公開を徹底的に進め、表現の自由、報道の自由を回復する

今後、これにいくつかの項目の追加や修正をしていくつもりだ。

このフォーラム4の「改革はするが、戦争はしない」というキャッチフレーズについては、「市場原理主義には反対だ」という批判が出ることが多い。小泉内閣時代に「改革」＝「市場原理主義」という短絡的な批判がなされるようになった名残《なごり》だ。これも一種のレッテル貼りだが、今日問題となっている「格差」が現に存在する以上、改革によって競争が激化し、弱者が切り捨てられるのではないかという不安が出てくるのは自然なことかもしれない。

しかし、実は、このことは、特に社会的弱者と呼ばれるような人々にとっては、かえって不幸なことだ。なぜなら、こうした弱者にとってこそ、現在の経済・社会の仕組みを大胆に変革することが必要であるからだ。いまのままでは、格差はなくならないどころか、ますます拡大する。

一方、改革という言葉を嫌い、単に「分配」という言葉だけで有権者の歓心を買うような政治が横行すれば、必ず日本は立ち行かなくなるであろう。実は、市民の多くはそのことに気付いている。共産党が票を伸ばすといっても限界があり、民進党がにわか仕込みで分配と叫んでも、決して多数派にはなれない。

■真の先進国になることとは

では、いま本当に必要な「改革」とは何か。

私がフォーラム4で唱えた改革の基本的な哲学を簡単な言葉で説明してみよう。

フォーラム４の基本理念では、「改革」とは、「格差を縮小し、働く人々と真の弱者のための改革」だとしている。これを別の角度から表現すると、「日本が真の意味で先進国になること」と表現することができる。

先進国を定義する際には、普通は一人当たりＧＤＰなどの経済的指標を基準にするのだが、実は、それだけでは足りない。そこにもう一つの要素を加える必要がある。

具体的には、「経済的なゆとりがあって、より人間的で、理想を追い求める生活が実現できる国」である。さらにいえば、「人間を大切にする国」「自然や環境を大切にする国」「公正な社会を目指す国」ということもできる。

そして、この基準を当てはめてみた場合、日本はまだ真の意味での先進国にはなっていない。なぜなら、日本は、経済的にはかなり豊かになったが、そこから生まれるゆとりを人間や環境を大切にする国づくりに生かそうとする姿勢、また、社会的正義を求める姿勢が弱いからだ。

実は、人間や環境を大切にするということは、経済の発展段階から見て、先進国にとっては合理的である。先進国になる前は、経済的豊かさを追求する過程で、労働を最優先し、その他の活動を劣後させる。人は、ただただ働き続け、企業のために多くのエネルギーを費やすことが善とされる。

その結果、個人の自由な時間は極めて少なくなる。家庭生活、労働運動、消費者運動、環境保護活動、社会福祉関連ボランティア、地域ボランティアなどの時間はほとんどないから、これらの活動が低調となる。それを補うためには行政にお願いするという立場になり、労働問題と福祉は厚生労働省、消費者問題は公正取引委員会や消費者庁、環境問題は環境省、地域活動は地方自治体、国際貢献は外務省などと、すべてがお上《かみ》頼みだ。

その結果、労働者が忠誠を尽くす企業は繁栄し、庶民の陳情を受ける役所はどんどん肥大化する。他方で、市民としての活動が社会に占めるウェイトが低いのである。

しかし、経済的に豊かになるにつれて、人口増加が止まりやがて減少に転じ、人手不足が始まる。労働者の労働条件をよくしなければ企業も人を集められなくなる。したがって、労働時間や給与などの労働条件は向上する。また、少子化を止めるためには、育児の環境を整備する必要が生じるし、女性の活躍も必要となるから、倫理的な要請だけでなく経済的な要請としても人を大切にする社会にならざるを得ない。

労働時間が大幅に短縮されれば、労働以外の活動に割く時間ができる。人間が単なる労働力ではなく、真に社会の中心的プレイヤーになり、企業と役所だけでなく市民の活動が社会の重要な要素となる段階が来るのだ。

また、資源や環境を浪費・破壊しながら発展を続けることは、経済規模がある程度大きくなると自ずと限界に突き当たり、この面では自然保護が、経済的にも要請されるようになる。

そして、いずれの要請にもコストがかかるのだが、経済発展の段階が、そのコストを払っても社会が維持できるところまで進展してきているのが、先進国だと考えることができる。

ここで、「日本が先進国ではないな」と思うことをいくつか例示してみたい。

最近非常に大きな関心を集めている「待機児童問題」はその典型例だ。そもそも、国民自身が、いまだに途上国的発想から抜け出せていない面もある。

日常的に普通の企業で行われているサービス残業の横行。その底流にある考えは、サービス残業を完全に禁止したら大手企業でさえ困るし、中小企業の多くはやって行けなくなるから、とても本気で取り締まりなどできない、というものだ。

人よりも企業、いや、企業経営者を大事にしているのである。

また法律上、厚生年金に加入しなければいけないのに、加入していない事業所が五万件存在し、二〇〇万人が加入漏れしている。しかも何十年にもわたってだ。ここでも、中小企業は経営が苦しくて保険料負担ができない、無理をさせれば倒産する、というのが言い訳だ。

こうした問題を正していくのは、単に場当たり的なバラマキ策で庶民の歓心を買う「格差解消策」とは次元が違う難しさがある。しかし、それをやり遂げなければ、本当の意味で格差の解消にはつながらないし、人に優しい社会は実現しない。

■賢い市民の気分は？

無党派層の多くは、実は、賢い市民である。彼らに対して、単純なバラマキ政策を提示したり、甘い言葉で支持を得ようと考えても、それはむしろ逆効果だ。

「もう成長はいらない。分配こそ成長戦略だ」とか「成長よりも分配を重視」などと聞くと、「なに甘いこといってるの?」という反応になる。市民の多くは、現在の日本経済の厳しい状況を理解しているからこそ、分配するためには予算が必要で、成長なしでそれを行うことは不可能だと思っている。ただ分配されても、将来が不安だから消費などしないし、景気がよくなるなどとも思わない。逆に、そんな椀飯振《おうばんぶ》る舞《ま》いして大丈夫なのかと心配になる。

「競争より共生」とか「競争による弱者切り捨て反対」というのも、彼らにはまったく受けない。縮こまって肩を寄せ合って貧しさに耐えるという生き方には賛同しない。そういうことを信じる人たちは共産党を支持すれば済む。そういう生き方を是《ぜ》とする考えを持つ人がいることを否定するわけではないが、彼ら自身はそう考えられないからこそ無党派になるのだ。

彼らは、弱者切り捨てはいけないとは思っているが、競争をしなければ進歩はないだろうと感じている。ただ、競争の土俵は平等にしてほしいし、自分が敗者になったときは、それなりのセーフティネットは欲しいと考えている。

結局、いまの第四象限の無党派層の声に応える政党はない。したがって、彼らの気分は、「政党なんかうんざりだ」という状況にあるのではないかと私は見ている。次の国政選挙では、「No More Parties!」という標語を掲げると共感を呼びそうな気がする。

■「既得権と戦い真の弱者を助ける」改革

では、単なるバラマキや甘言ではない「格差を縮小し、働く人々と真の弱者のためになる改革」とは、どんなものなのか。

ここに、そのポイントを挙げてみよう。

第一は、既得権と闘うということだ。一部の人だけが正当な理由なく守られ得をする仕組み、これを放置したまま庶民に負担を求めても、拒否されて当然だ。経団連、電事連、医師会、歯科医師会、農協、中小企業団体など、各種業界団体が献金と選挙協力で自民党を支援し、その見返りに自民党はこれらのグループが喜ぶ政策を実施……彼らが困る政策はあえて避けてきた。これをすべてひっくり返すくらいのことをやらなければ市民は納得しない。

第二に、単純なバラマキを止めることである。選挙のたびに補正予算などを組んでは公共事業をバラまき、二〇一六年春のように年金生活者に多額の現金を配布する。「高齢者」「農家」「中小企業」は大変だろうという理由で、資産のある裕福な高齢者、農家、中小企業経営者に対しても、十把一絡《じっぱひとから》げでお金を給付したり、税金をまけたりする。こんなことのために借金を積み増しされては、「改革」をといわれても賢い市民はまったく従う気にはなれない。

第三に、真の弱者を助けることである。高齢者でも農家でも中小企業者でなくても、今日生きるのもぎりぎりだという本当に気の毒な人はたくさんいる。弱者救済の対象をどう決めるかといえば、決して裕福ではない一般市民が、自分の小遣いを減らしてでも、あるいは一食抜いてでも寄付したいと想うような人かどうかを判断基準とすればよい。それなら、市民は税金を取られても文句はいわない。

四つ目に重要なことは、企業が倒産することをタブーとしないこと。もちろん、リーマンショックのような外的要因でたくさんの企業が一度に倒産するという事態では、緊急避難的に企業を助けて庶民の生活を守るということは是認《ぜにん》される。

しかし、庶民、労働者、あるいは社会のためになることをやると、結果、企業が困るという場合に、それを諦めるのは間違っている。

日本は、企業を守るのに必死で、企業がつぶれてしまったあとの労働者のケアは、失業保険とお仕着せの職業訓練とろくな仕事がないハローワークしかない。企業の淘汰《とうた》は競争に任せ、その代わり、倒産や失業を機会に、その労働者がスキルアップして、よりよい仕事に就けるような仕組みを作らなければならない。

第五に重要なのは、公正な競争環境を整備することである。日本では、いまだに経団連の名だたる企業による談合が毎年いくつも摘発される。しかし、それらの大企業のトップがクビになったとか、企業の経営が大打撃を受けたという話を聞いたことがない。罰則を強化し、公正取引委員会の機能をもっと強化すべきである。

公取委の重要な仕事には、消費者や弱い立場にある企業の保護ということもある。たとえば、大企業が下請けに不当な値引きを強要することが頻繁に行われているが、たいていは泣き寝入りだ。新しい技術を元請《もとう》けにとられてしまうのも日常茶飯事《さはんじ》。こうしたことを放置しながら、「頑張って競争しなさい」といっても、弱い立場の人にとっては、競争なんかしても負けるだけだ、ということになる。自然と、「競争」＝「弱肉強食」というイメージとなり、「競争より共生」などというスローガンが広まることになるのだ。

が、競争がない社会で成功した国はない。競争の結果、もちろん、勝者と敗者が出るが、その敗者を社会から排除するのではなく、再び包摂《ほうせつ》し、新たな競争への参加を後押しする仕組みを作ることだ。そして何よりも、競争の土俵が万人にとって公正であることが重要である。

六番目に挙げたいのは、規制の実効性を上げることだ。

日本が表面上先進国らしく見える理由の一つとして、安全や安心、あるいは社会的不正の防止のための先進的な規制が広範な分野で存在することがある。

しかし、その多くがザル法である。たとえば、産地表示規制がほとんど当てにならないことは誰もが知っている。単に役所がアリバイ作りのために行っているだけだ。決まったことを、決められたとおりに実施するというだけで、この国はもっともっと市民に優しい国になるはずだ。

■政治家の嘘を炙り出す踏み絵の作り方

前述したとおり、いま市民に一番必要とされているのは、「改革はするが、戦争はしない」

第四象限の政治勢力だ。しかし、政党や政治家の公約をただ眺《なが》めていると、自民党でさえ「アベノミクスで改革だ！」と叫んでいるし、「戦争をしないための集団的自衛権行使容認だ」と解説している。これでは、自民党も第四象限の政党だと騙されてしまう人も出てしまう。このように、単に選挙の公約を見て、あるいは、単に選挙カーから叫ぶ候補者の言葉だけで政治家を選ぶことでは、正しい選択はできない。

そこで、本当の意味で第四象限かどうかを見極める基準を作ってみたい。いわば「踏み絵」である。このとき注意すべきは、政治家や政党の本音を炙《あぶ》り出すために、一ひねりして、「逃げ場を与えない文言」で作らなければならない。

また、単なるバラマキ競争になってしまう傾向がある項目は除いたほうがよい。たとえば、子育て政策を踏み絵にするのを止めてしまうのだ。これは多くの場合、社会福祉関係の政策に共通する問題である。

そこで、どんな項目が踏み絵になるのか、具体例を並べ、ごく簡単に解説してみよう。

①パーティー券購入を含めた企業団体献金の全廃とすべての政治資金・政党交付金・文書通信交通滞在費などの支出を領収書を含めてネット公開する。

主に旧民主党の議員の多くが実はこの項目に反対だ。組合に頼っている議員や、もともと企業と癒着している議員がたくさんいるからだ。そうでない議員を選んで応援しなければならない。
②議員歳費を三割、公務員給与を二割、プライマリーバランス回復（その年の行政に必要な経費〈国債費を除く〉をその年の税などの収入で賄《まかな》い、国債が増えなくなる）まで削減する。
公務員の組合と癒着している一部の旧民主党議員が強く反対する項目だ。また、自身の給与を減らすことに反対する議員も多い。
③天下りの全廃と四〇歳以上の現役出向・官民交流の禁止。
天下りの廃止は長年の懸案だが、実は、現役出向や官民交流という制度で事実上の天下りが行われているのはあまり知られていない。現役出向は、役所と関係が深い独立行政法人や特殊会社などに役所との緊密な連携を行うためなどの目的で出向する制度。官民交流は、本来は、若手官僚を民間企業に出向させて経験を積ませ、役所に戻って民間のノウハウを生かそうという制度なのだが、民主党政権のときに、天下りの代わりに、肩たたきの対象となりそうな五〇歳前後の官僚を独立行政法人や民間企業に出向させるようになった。そうして何年か給料を払ってもらって、また役所に戻って、普通に退職金をもらって退職するという仕組みができた。その後、出向していた組織に天下りするのだが、それまでの間のつなぎに現役出向や官民交流を使うのである。天下りつぶしは官僚の総攻撃に遭うから、相当な覚悟がないと公言するのは難しい。
④国税庁と日本年金機構を統合した歳入庁を創設し、財務省から切り離す。

年金保険料の徴収漏れの問題を改善したり、貧困層の税と保険料の一体的な把握《はあく》を前提として、給付付き税額控除や年金・介護などのサービス提供を一元的に扱うことが必要になってくるなかでは、避けて通れない課題だ。この政策は、財務省が最も強く反対する。なぜなら、国税庁は政治家の資金の出入りを把握しているので、財務省に逆らう人物を脱税や政治資金不正の問題で葬り去ることができるという、まさに権力の切り札であるからだ。

⑤マイナンバーを、政治家・官僚・医師などの資産・所得把握に優先適用し、税・政治資金・診療報酬などの不正摘発に活用、一般への拡大はその後とする。

そもそもマイナンバーに反対という政党もあるが、いまや民間利用を拡大する準備まで進んでいる。一方で、せっかく導入したのに、政治家などの銀行口座とのリンクさえ行われていない。これをやられると非常に困る野党議員も多い。また、医療への適用については、医師会が自分たちの不正を暴かれるので大反対している。医師会が怖い議員は賛成できない踏み絵だ。

⑥最低賃金をたとえば二〇二四年頃までに平均時給一五〇〇円に引き上げ。

自民党政権は、一九九〇年代以降、競争相手を途上国だと勘違いして、賃金切り下げ（派遣・請負の拡大など）で競争力を維持しようとしたため、本来は二〇年くらいかけて行うべき構造転換が遅れてしまった。これを七年程度で実現する必要がある。二〇一八年からスタートし、当初三年間は、中小企業に賃上げのための助成措置を講じるが、四年目からは、これを段階的に縮小し、三年程度で中止する。その後は、企業淘汰を進める。経団連や中小企業団体が反対するから、政治家としてはなかなかそこまでいえない議員が多い。
⑦相続税・高所得者課税の引き上げ、富裕層の年金カット、高齢者層の医療費負担優遇を廃止(若者と同じに)、金融所得分離課税などの富裕層優遇政策を廃止。
お年寄りなら誰でもかわいそうだという前提に立った非常におかしな制度がたくさんある。しかし、野党も含めて、そこに切り込むと票が減ると思い、口に出さない。金融所得が日本の格差拡大に大きく寄与していることも周知の事実だ。ここに切り込むことも、やはり高齢富裕層の反発が怖くてできないのが現状だ。
⑧農協に地域を越えた競争を導入し、農協系団体による補助金行政独占を撤廃、農協の組合員外向け金融・保険事業を廃止する。
農協改革に一番効くのが、この三つの政策。野党も地方での票を得るために農協を敵に回したくないので、農協改革はなかなか進まないのが実態だ。
⑨すべての原発の再稼動を認めず(原発即ゼロ)、電力系労組の支援は受けない。
二〇三〇年代ゼロなどという見せかけの政策に騙されないように、単純にすべての原発再稼動に反対といえばよい。連合から圧力がかかって、民進党のほとんどすべての議員はこれを公約に掲げられない。
⑩カジノを未来永劫《えいごう》認めない。
民進党や公明党にもカジノ賛成の議員は多い。カジノ反対は世論調査で過半数に上る。カジ

ノに反対だというポーズをとる議員も多いので、「未来永劫」反対だと表明するかどうかを問うべきだ。

⑪集団的自衛権行使、憲法九条、基本的人権に関する条項の改正（ただし人権拡大のための加憲は除く）と緊急事態条項の創設を「将来的にも」認めない。

民進党の議員には、集団的自衛権行使、憲法九条改正、緊急事態条項創設に賛成の議員が非常に多い。ただ、選挙のために反対しているのだ。「安倍政権の下での」憲法改正反対というフレーズが聞こえてくる。「将来的にも」反対といえるかどうかで見極めることが必要だ。

⑫沖縄の辺野古《へのこ》基地建設の白紙化と高江《たかえ》ヘリパッド建設の中止。

沖縄辺野古基地建設には、民進党議員の多くは本音でも賛成だ。明確に反対といえるかどうか。いろいろと条件を並べるような人は、建設賛成派だと考えたほうがよい。高江ヘリパッドについても同様だ。

⑬武器輸出三原則の完全復活。

武器輸出三原則廃止は、民主党にも責任があることは前述のとおり。憲法と並ぶ日本の平和主義の根本規範ともいえるこの原則についてどう考えるのかは、大きなポイントである。

⑭日米地位協定の抜本的見直しをアメリカに提案し、反対されても諦めずに協議を呼び掛ける。

二〇一六年四月、沖縄で、元アメリカ海兵隊員の軍属による女性の殺害事件が起きた。こうした痛ましい事件があるたびに日米地位協定の改訂が議論される。しかし、どんなに世論が盛り上がっても、地位協定を改訂することはもちろん、アメリカ側に改訂を求めることもなかった。その最大の理由は、その議論を始めると必ず、日米安全保障条約のあり方の議論に入らざるを得なくなるからだ。

しかし、国際情勢の変化を理由にして、憲法九条さえ改正しようという政府が、安保条約はもちろん、地位協定の見直しをしないというのは、まったく理屈に合わない。もちろん改訂は相手のある交渉だから、簡単には約束できない。しかし、治外法権を認める多くの条項を一つ一つ見直していくことを明言できるかどうかで、政治家が、国民、とりわけ沖縄県民に寄り添う姿勢を持っているのかどうかが分かる。

なお、長期的には、安保条約そのもののあり方を見直すことも必要だが、これは、中国やロシアとの関係についての見直しとセットで行う大きな課題である。この点を短い言葉で踏み絵にすることは誤解を生む恐れがあるので、避けるべきだろう。

二〇一七年五月

古賀《こが》茂明《しげあき》

著者略歴

古賀茂明（こが・しげあき）

一九五五年、長崎県に生まれる。一九八〇年、東京大学法学部を卒業後、通商産業省（現・経済産業省）に入省。大臣官房会計課法令審査委員、産業組織課長、OECDプリンシパル・アドミニストレーター、産業再生機構執行役員、経済産業政策課長、中小企業庁経営支援部長などを歴任。二〇〇八年、内閣審議官（国家公務員制度改革推進本部事務局審議官）に就任し、急進的な改革を次々と提議。二〇〇九年末に経済産業省大臣官房付とされるも、二〇一一年三月の東日本大震災と福島第一原子力発電所の事故を受け、四月、日本で初めて東京電力の破綻処理策を提起したが、経産省から退職を勧告され、九月に辞職。その後、大阪府市エネルギー戦略会議副会長として脱原発政策を提言。二〇一五年「改革はするが、戦争はしない」市民のためのプラットフォーム『フォーラム4』を提唱。シナプス「古賀茂明の時事・政策リテラシー向上ゼミ」主宰。テレビ朝日「報道ステーション」、朝日放送「キャスト」などのコメンテーターとしても活躍。二〇一五年、外国特派員協会「報道の自由の友賞」受賞。

著書には、ベストセラーになった『日本中枢の崩壊』『原発の倫理学』（以上、講談社）、『官僚の責任』『利権の復活』（以上、PHP新書）、『官僚を国民のために働かせる法』（光文社新書）、『国家の暴走』（角川新書）などがある。

日本中枢《にほんちゅうすう》の狂謀《きょうぼう》

二〇一七年五月三〇日　第一刷発行
二〇一七年六月二二日　第三刷発行

著者——古賀茂明《こがしげあき》

カバー・本文写真——乾晋也

装幀——鈴木成一デザイン室

発行者——鈴木　哲　**発行所**——株式会社講談社
東京都文京区音羽二丁目一二―二一　郵便番号一一二―八〇〇一
電話　編集〇三―五三九五―三五二二　販売〇三―五三九五―四四一五　業務〇三―五三九五―三六一五

落丁本・乱丁本は購入書店名を明記のうえ、小社業務あてにお送りください。送料小社負担にてお取り替えいたします。
なお、この本の内容についてのお問い合わせは、第一事業局企画部あてにお願いいたします。

印刷所——慶昌堂印刷株式会社　**製本所**——黒柳製本株式会社

ISBN978-4-06-219650-5

定価はカバーに表示してあります。